似水华年

《水》与一个家族的精神传奇

王道◎编

新星出版社 NEW STAR PRESS

我们的家庭刊物《水》

张以勤

记得爸爸以前常深情地给我们回忆：他小时候家里很热闹，姐妹们在一块演戏，因为他年龄小，所以总跑龙套；还办了家庭刊物《水》，后来因为战乱就停了……1996年初，妈妈从《新民晚报》上看到《水》复刊的消息，惊喜地告诉我们，立刻又给三姑写信，期望能有一份。听说当时印得很少没能如愿。1996年11月妈妈不幸离开了我们……

第二年，从苏州怡和姑妈家得到一份她转印的《水》，当时感慨万分，我想这正是爸爸、妈妈思念、盼望的《水》，它复刊了，我们得到了，他们在天若有知，一定很高兴。我将得到的第一份《水》在墓前献给了他们。后来二姑从怡和姑妈那里得知这一情况后，拨通了我家的电话，通话中我们都很激动……至此以后，每当《水》和她的书出版，二姑总先给我寄来。每次接到它们看着这严密的包装和认真用毛笔书写的邮面，想到她九十多岁高龄为我而忙碌，不禁深深感动，每次收到后总会给她写信或回人动作、反应都差了，也经常误操作，把版面弄得乱七八糟，然后叫我们帮他纠正改错。慢慢地也能成篇了。看着那么多文章从他的键盘下一个字一个字跳出来，真有点令人不可思议。也记不清从何时起，他耳朵听不见了，眼睛也渐渐不行了，但他还是坚持天天打点字。从以前七八小时逐步减到二三小时。同时还要校阅许多关于张家史实的文章，家里的访客络绎不绝，许多材料他都要事前分门别类地整理好备用，这也要花去大量的时间。

爸爸和他姐姐、兄长们一样，都属于外表柔弱，文质彬彬的那种，但在学习和做事上，他们都能认真坚持、持之以恒。真像水一样，看似平静柔和，但日复一日也能水滴石穿，在历史上留下一点记痕。

爸爸的最后十几年，是和"水"在一起的，他看着"水"，想起了许多往事往景，想起了许多老友故人。他在码字间隔时会讲上一段，有抚掌大笑的，有击节叹息的，也有唏嘘落泪的。暮年有这样的经历也可算丰富多彩了。

有时，我似乎觉得他还坐在电脑前，用放大镜看着屏幕，随时会叫：张以迪，你来一下，电脑出问题了。

张家第五子张寰和大学时期照片，曾任苏州乐益女中校长，为《水》杂志复刊后第二位主编。

2000年复刊第14期《水》封面，封面照片为苏州九如巷张家小院的老井。

爸爸和《水》

张以迪

爸爸走了,他卧室里键盘的敲击声、打印机的吱吱声终于停止了。很多年了,他每天都要在电脑上花上几小时,有时甚至整整一天,极其耐心地录入一篇篇文章,发收电子邮件,核实一件件往事。当一期"水"终于完成以后,紧接着又开始下一期的准备工作了。电脑换了二台,键盘换了有三四个,打印机换了二台。当他接受了允和二姑等兄长们决定把停了几十年的家庭刊物"水"重新办下去的任务后,他倾全力在做这件事。开始的几期是用惠普中英文打印机打的。从头学打字,真是很艰难。当时每天能进步一点、打得快一点、多录入一点他都很高兴,打好的文章还要经过剪切粘贴、成为原始版,再到复印店复印。把一大叠纸核对装订再分寄各地。因为不能排版,我建议他学用PC机,但告诉他难度可能大一点,他很有信心。于是他开始学习使用电脑,一点一点从零开始,居然也能用起来了,虽然速度很慢,但他耐心极好。八十几岁的作官看待，都没有以级别论贵贱习惯。他的职位，只模糊听说在慢性萎缩，直到文化革命，才痛痛快快一落到底。

落实政策时期，窦舅舅过重庆出差，盛夏，特意绕几百里路来自贡看看我们。很有兴致地参观了旧式盐井。我知道他常失眠，夜里他却始终很平静，说烦躁没有用，不如安安静静地闭目休息。我也试着学，还是忍不住打破了静寂：

"窦舅舅，有个问题我想了很久：过去地下工作的革命者，这二十几年，我举不出谁从来没挨过整。您见得多，能举出几个吗？"

"……"

"要不方便就算了，这不该问的。"我有点嗫嚅。

又归沉寂。过了很久，他忽然平静地说："我举不出。"

窦舅舅不姓张，对创办《水》的那代人和他们的后代，一律报以胜似亲人的友爱关怀。其实那热情从来不限于对张家有关的人，在他最后的住院日子里，不能讲话了，还时时想着帮助病友，恰似浓缩地再现了一生的本色：总是在周密细致地为别人设想，即使在逆境中，在自己最痛苦的时候。

　　　　　　沈虎雏　为纪念祖麟舅舅逝世十六周年而作

于对一张简陋棋盘产生过程的神往。那些毛笔画的粗糙线条给我的启示，可能远大于"范本"对其他人的作用。我自己珍藏的，却有几张脏脏的设计草图。那是从上海回川后，仍在当铣工时画的。我在信中告诉窦舅舅：没有图板、丁字尺，蹲在机器之间，在一张小凳面上，能画出比例准确的总图，和师傅们一道，再亲手把它做出来，我乐意这么生活，巴不得经过长期修炼，好摘掉小知识分子帽子……他回信却劝我有计划地抓学习。因为我说到本厂有的钳工连个弹簧都做不好，他还寄来一本《手工制弹簧》小书。

我告诉窦舅舅：生产常常停滞，时间是有的。早想自学点日文，资料室借不到教材。他马上回信说，陈信德编的日语自修读本合用，他也只能借别人的看，准备一课一课抄给我。不久，第一课果真就抄来了。谢天谢地，我总算从厂里发掘出一本，才卸下窦舅舅自愿挑的这副担子。每当想到所学那点儿只堪应付评职称考试，而没有对事业起到更多作用时，总是深感不安。

我和哥哥从小就知道窦舅舅是个共产党员，并无神秘感。他和王阿姨结婚时，新房似在昆明火车站附近，去车站的煤渣小路，路边一溜墙，墙根常有几个卖使君子的小贩，左边是垃圾渐渐侵吞的脏水田、慈菇田，岔进一条更窄小路就到了新房。床脚附近，有个小火炉顶着一口大锅，正在炖鸡汤，散发出奇特气味，不知是烟煤气，还是鸡的处置不当，别的东西已无印象了。虽受主人挽留，我们没分享那汤，因为实在无处落脚，可能碗也不够——解放后，窦舅舅一家的生活好了些，还听说当了某种领导。他既是老革命，出生入死经历过许多磨难，又懂专业知识，当个官也很自然。可无论是他自己还是我们，谁也没把窦舅舅当他再来龙街时，见孩子们没什么玩的，就说教我和龙朱哥哥玩跳棋。让我们用泥巴捏了许多像宝塔糖样的棋子去晒干，一部分还裹上旧纸，要用墨染色。窦舅舅自己拿裁衣尺在报纸上比来比去，然后用毛笔靠着裁衣尺画起来。六角星形的网格，在我们注视下一笔一笔奇妙地画成了。他比量时盘算的神气，竭力驾驭毛笔画直线的专注表情，不知为什么牢牢地抓住了我，半个多世纪了，我跳棋还是下不好，但把握工具，动脑、动手去处理物质或抽象的材料，把它变成预想的另一种事物，早已成为我生活的重心。无论耗资很大的工程，或比钩针更简单的事情，都同样能引我倾心投入。那份盘算和筹划，竭力驾驭过程的专注，以及期待结果时感受着风险的分量，给我的满足往往超过成功带来的快慰。窦舅舅一定料不到，在影响我选择生活道路上，他和一个物理老师不经意间所起的作用，超过了我的父母。

　　1970年我从"天下已治蜀后治"的四川到沪出差，顿觉时间倒退了两年，所去的部门干部多未解放，批斗会不断，形势仍然"不是小好"。窦舅舅一家人包围着我，昏暗灯光下有说不完的话，直到后半夜。谈到文革，样板，音乐，钢琴……钢琴自然早就没了。谈到一位女钢琴家，我印象不错的，"她死啦……窦舅舅望着我低声说……后来又看照片，是用计谋保存下来的一些，看到祖龙舅舅，曾在云南见过的，窦舅舅又望着我低声说："他死啦……"那一夜，这句低沉的话一再突然插进来，他望着我的眼神，至今仍清清楚楚留在记忆里。

　　从青年到中年，我有机会画过许多图。近年听说，其中一部分被收存起来，作为对年轻设计师进行质量教育的范本。想必是些图面漂亮而规范之作。谁也想不到，能有这些漂亮东西，本源

我的窦舅舅

沈虎雏

我家的舅舅比铁梅的表叔还多，当然姨也多。

大约70年前，三个亲姨和妈妈，四姐妹组成的"水社"，比五个亲舅舅的"九如社"实力雄厚一些，因此能率先创办《水》。然而据史料记载，《水》的出版，也有赖于事事热心的窦祖麟舅舅。从刻版、油印，到分页、装订，都有他不倦的身影。能经常介入这两个社团的活动，提出新奇主意的人，大概唯有窦舅舅。譬如，当时水社成员开风气之先，参加子女自行车、女子游泳、女子篮球，以至于女子足球运动，即使在开明的外公家里，若没有窦舅舅的鼓励、教练、保驾，也难成为事实。

我上学前家住云南龙街。窦舅舅来了，他显得比其他舅舅苍老，眼角有些皱纹，那眼光和皱纹时时含着笑意。妈妈说，打毛衣缺个钩针，他就掏出小刀破竹子，不一会钩针削好了。我惊奇他能用小刀从竹竿上截下一段，他就顺手再截一段，给我削了个竹哨。

早期的《水》杂志除了张家姐弟编印外，张家孩子们的同学和朋友们也会参与进来，如窦祖麟就是《水》的创刊人之一，常常在张家参与编写和印刷，还在张家吃饭，后来窦家与张家成为世交、姻亲。图为1980年，窦祖麟在上海家中。

报，叫《明日》。是祖麟兄采用18世纪美国著名诗人朗费罗所写一首诗的诗名而题的。每天一期，每晚把寝室门窗关紧，卷起铺盖，用行李毯密遮。利用床板，祖麟兄在各色粉画纸上，发挥他熟练的工程机械画本领，很快地画好十分精美的粗细框格。然后，由我用蘸钢笔誊写稿件。我们轮流在楼梯口把风。次日清晨，别在校门进口篮球场旁的一块布告栏上。内容有文章、诗歌和《每日谈》（小评论）等，吸引很多师生观看。我们还组织了"七星篮球队"（Seven Stars），祖麟兄任"克泼登"，战绩辉煌，名震全校。他被昵称为"白川大将"，因他个子较矮，却球艺精湛，并非美化日本侵略者也。

张窦一家人，现在我们把《水》办下去，办好它，是纪念祖麟兄和宗和大哥的一种最好方式。

2000年4月 张寰和致窦达林

回忆祖麟兄二三事

张寰和

谈起《水》，必然想起祖麟兄。想起70年前他来九如巷和允姐、兆姐、充姐、大哥等创办《水》的情景。他们忙着写稿、编辑、装订，我们年纪小一些，挤不上，但是经常在一起踢小橡皮球、打篮球也就十分熟悉了。他剃个平头，个子矮墩墩的。他一来，家里带大哥的夏干干，带二哥的郭大姐（也是干干），带三哥的高干干，带四哥的老妈妈（汪干干）就嚷嚷起来了："萝卜头又来了！萝卜头又来了！"因为，大家"皮"得一身汗，要洗澡，要洗衣服；鞋子破了要她们做鞋帮、纳鞋底。所以，"萝卜头"成为她们的"不受欢迎的人"。

他在杭州笕桥航空学校读书时，因共党嫌疑被捕，出狱后无高中毕业文凭不能考大学。原来他和大哥同班，比四哥和我要高四、五班，后来竟和我们同班了。我们同在上海康脑脱路西摩路口光华实验中学读高三。光实中学是允姐和光华大学一些同学创办的。我们在学校里组织了一个社，叫"明日社"，出版一份墙的摧残，受难的自然不止他一人；由张先生拟作的《安安的一天》，则记录了她的曾外孙、张华奎的第六代、两岁的安迪幸福而淘气的童年。

《水》中有不少手稿的复印件，让我看到了沈从文(张先生的三妹夫)抄录的"乐益女子中学十五周年纪念碑文"，张先生的四妹手书的她母亲的诗稿，她三妹作词、三弟谱曲的曲谱《趁着这黄昏》，还有叶圣陶先生之子至善先生写给她的信。第四期中复印的一件"家报"堪称文物，封皮上的字是"封粘固限日行四百里毓秀堂张家报大少爷同治六年正月十一日到"，是1863年张华奎在外地专送给他父亲、淮军将领张树声的信件。

按照以往僵化的"阶级分析"，像张冀牖这样出身淮军将领、大官僚家庭，本人又拥有巨资的人，只会有反动的地主、资产阶级立场。但事实是，他不仅独资办起了苏州第一所女子中学，还聘中共党员侯绍裘、张闻天、匡亚明等来校任教，使苏州第一个中共独立支部得以建立。他的出身和经历似乎不可能使他有"劳动人民感情"，他却很关心家中的用人，还让子女教各人的保姆识字，从中我看到了一向被忽略的知识的力量和人文精神的价值。

我们期待着第5期《水》，愿《水》长流！

愿《水》长流

葛剑雄

去年我曾写过一篇《我家有一本〈水〉》。原以为张允和先生能看到，就没有将报纸寄给她。后来收到她寄来的第2、3期《水》，还附有一封信，说她是在《中国方域》杂志中得知有我这篇文章，我才意识到犯了一个不小的错误。好在一星期后就去了北京，当面向张先生呈上拙文，并且告诉她，这份邮件能收到真是幸运，因为她把地址写错了。

春节前，《水》第4期又寄来了，这是今年1月刚印出来的，还附着一份张先生集曲迷组成的贺年信。

《水》是一份家庭杂志，从这3期里，我分明看到了中国的百年巨变在这个大家庭的投影：《张华奎传》记载了张先生的祖父——清光绪年间川东道台的宦迹；有关她父亲张冀牖的文章最多，使我从多方面认识了这位毁家兴学的教育家、破旧立新的思想家、乐善好施的慈善家；有几篇记录了张先生的弟弟宗和在"文革"中的悲惨遭遇，可以想象这场浩劫对张氏家庭印本还是手抄本。

今天的《水》是张允和倡议复刊的。复刊号两万字，20面，用原稿印出，是电脑的成果。

张允和是主编兼发行人，这位86岁的老人亲自操作电脑。丈夫是九十老人、语文学家周有光。两老带了12岁的孙女、13岁的外孙女都学电脑。

我还没有看到《水》。是最新一期《香港文学》上范用的文章带来这一信息的。图文并茂，图片中也有好文章，是《水》以外的作品。《香港文学》的介绍是："范用，中国著名出版家，前人民出版社副社长，北京三联书店总编辑。"

《明报》1996年8月15日

八六老人办杂志

罗 孚

北京出了一份新奇的刊物，《水》。

这是一份新刊物，又是一份老杂志。它新，是今年2月7日出的；它老，70年前就创刊了，今年2月是复刊。

这是一份家庭杂志，是苏州张家办的。张家有名，张家有个女婿更有名，那就是沈从文。他是张家的三女婿。

张家十位姐妹兄弟，排下来是元和、允和、兆和、充和、宗和、寅和、定和、宇和、寰和、宁和。前面四个都是女的，名字上都有"两条腿"，都走到别人家里去了。后面六个，都是男的，都有"宝盖头"，就都留在家中。

70年前的张家，在苏州九如巷，有十姐妹兄弟。现在二姐张允和是86岁，当时才16岁，大姐张元和恐怕也不过二十不到吧。下面最小的不是只有一两岁就是还没有出世。实际上能带头办杂志的只有前面的几员女性。

当年的《水》是月刊，出了25期，两年多一点，不知道是排小时候，我同5位堂兄弟也办过一份手抄的家庭刊物，至今还记得是用一种银墨印的原稿纸抄写的。6个人还各自取一笔名，想当作家过把瘾。一晃也快60年了，几位堂兄，或亡故，或离散，不能像张家，还能圆这个复刊梦。

我不知道现有多少家庭刊物。家庭刊物，大概不会有壮言宏论，不过是谈家常，叙家史，甚至油盐柴米，鸡毛蒜皮。然而，感情却是真挚的，涓涓细流，点点清水，不是假大空。从一篇《保姆列传》，或许可以见到人性之善、人情之美。退休养老，打麻将打保龄球，养花养鸟，爱好不同，悉听尊便。像张家那样办家庭刊物，既自娱以延年益寿，又教育子孙陶冶情操。

我们每天喊"精神文明"，这样算不算精神文明？且听我一曲《水》之歌。

一封电报和最后的眼泪　张允和

《从文家书》后记　张兆和

张宗和日记摘录

附录

张蔼青手书

张冀牗诗词、寿周企言手书

张冀牗词送周有光远行

韦均一山水画送有光、允和赴美

张充和词《望江南》

集诗书画，琳琅满目，读手书，如闻墨香，如见其人。

收到《水》，我给允和先生写了封信，说《水》的复刊，乃"本世纪一大奇迹，可喜可贺"！附去15元作为1、2期定费（其实只是复印费），请接受我做它的"长期订户"。

隔了两天，允和先生来信，搬出家规：

我们的《水》，只接受10家姐弟的捐款；我们的《水》，学我们爸爸张冀牗办乐益女中不收捐款的作风；我们的《水》，只能是赠送知己朋友的小小刊物。因此，您寄来15元，原璧归还。否则，我将受姐弟们的谴责！

"本世纪一大奇迹"，您太夸奖了，我们受之有愧。

十姐弟至今健在的有8位，年龄70到90，8位老人尚有豪兴继续办家庭刊物，岂非奇迹！不为名，不为利，起码得给个"老有所为"奖。

机不可失。我立即打电话给沈从文夫人张兆和,求她赐赠一份,或者借给我看一看也行。张先生欣然慨允。

复刊号《水》,约2万字,共20面,全部由原件复印。刊前有主编发行人张允和的一封信——第一号信,建议复刊的征稿信。信里说:

> 多少年来我有一个心愿,想写我们的爸爸张吉友。叶圣陶先生几次催我写,寰和五弟也要我写。我想,不但要写爸爸的事,还要写我们一家人的真人真事。这是一个宏大的工程,不是我一家人的力量可以完成的,我要发动张吉友一家人,就是我们爸爸的10位子女和他们的配偶来完成,也要他们的子女共同努力来完成。
>
> 首先,大家都来写我爸爸的回忆录。其次,写自己,写配偶,写子女,甚而至于孙子、重孙都可以。最后,写在我们家的外人,如教书先生、保姆、门房、厨子等。
>
> 我自幼在家塾念古书,最佩服古人司马迁。我想用司马迁的体裁,写一篇叫《保姆列传》。

信的后面,附印了她写的三篇样品:写自己的《本来没有我》,写爸爸的《看不见的背影》,写四妹充和的《王觉悟闹学》。

复刊号的目录如下:
复刊词　从文、允和
启蒙教育家张冀牖　余心政

1997年复刊的第5期《水》封面，画面为沈从文孙女沈红少时绘画的张家楼房，1976年，9岁的沈红随着祖父沈从文在苏州张家避难唐山大地震，正赶上张家楼房遭遇政府拆除，沈红的绘画无意中成为了珍贵的留念，沈从文还在画下写了短跋。

20世纪50年代，张允和因为受到当时的运动影响身体生病，不得不回到苏州休养，五弟张寰和为她拍摄了一些照片，这幅摄于苏州南园。

《水》之歌

范 用

70年前，苏州城内九如巷张家十姐弟元和、允和、兆和、充和、宗和、寅和、定和、宇和、寰和、宁和办了个叫《水》的家庭小刊物。前面四个是女儿，名字都带"两条腿"，因为会嫁人走掉；后面六个是男儿，名字有"宝盖头"，因为都留在家里。

刊物名叫《水》，因为他们喜欢水的德性，正如张家三女婿沈从文说的：

> 水的德性兼容并包，从不排斥拒绝不同方式侵入生命的任何离奇不经事物，却也从不受它的影响。水的性格似乎特别脆弱，极容易就范。其实则柔弱中有强韧，如集中一点，即涓涓细流，滴水穿石，却无坚不摧。

《水》每月一期，出了25期。70年后，张允和建议继续办下去。今年2月17日，复刊问世。

我最近大病了一场，幸亏朝阳门医院家庭医疗中心及时抢救，我又活了，也是奇迹，我毕竟已是88岁的老太婆了。

病后，偶尔翻翻《唐诗三百首》，在167页上，有韦应物的一首诗：

> 去年花里逢君别，今日花开又一年。
> 世事茫茫难自料，春愁黯黯独成眠。
> 身多疾病思田里，邑有流亡愧俸钱。
> 闻到欲来相问讯，西楼望月几回圆。

在"邑有流亡愧俸钱"上面，有一句批语："范文正叹为仁人之言"。我才恍然大悟，原来范用先生是范文正公的第X代孙，今年才74岁。范文正公的千古名言"先天下之忧而忧，后天下之乐而乐"不但是世界名言，也是文正公的家教。我不禁对范用先生肃然起敬！

我小时候喜欢替人家改起姓名，把四妹张充和改名换姓叫"王觉悟"。年纪大了更是改不了这个恶习。我斗胆想为范用先生改个名字，可是大丈夫行不更名，坐不改姓，万万不可。但是不妨送一个雅号，不是笔名。

能不能称"范文周"，文者，范文正公之孙也；周者，用字加一个口字，这叫作文心绣口。不知文周先生以为如何？

1997年9月20日

范用买水　　丁午

出版家范用先生曾向张允和预支订费购买《水》杂志，并写作文章支持《水》的复刊，主编张允和为此很是感激并坚决退回了订费。这幅丁午创作的《范用买水》漫画，形象可爱，发表后范用特地寄给了张允和，后又刊发在《水》上。

范用吃醋

张允和

我在我张家的小小的家庭刊物《水》上，写了一篇《曾蕾何许人也》，范用先生大吃其醋。他说我为什么不写他而写小蕾。曾蕾是个小孩子小姑娘，没有人知道她，也没有名气，我捧这嫩角儿好玩。范用先生是位大名鼎鼎、世界有名的大出版家，何必要我这个家庭妇女为他宣传捧场。可是范用先生大捧我们的《水》，说是"20世纪一大奇迹"。我想，来而不往非礼也！只好在我们《水》上，捧他一小场。

范用先生在《光明日报》上，发表了一篇《〈水〉之歌》，拿到180元稿费。他说因为转录了我们《水》上的一些杂文，就把这180元汇给了我，我也怕侵占了他的著作权，就原封不动地退还给他，过了不久，他又送来80元。这老头真绝。我不好意思再退还。但是我家有家规，不能接受。只好封存在我的一本小账上。这本小账都是他人代我付的复印费和劳务费，到现在存下了360元，这以后我还不知道如何处理这笔钱。

第一编　水源木本

新一期主题，令人期待。

愿《水》长流，期待新一期的《水》精彩亮相。

乙未年冬于苏州金鸡湖畔

孙辈稚童趣事的报告……享五世同堂天伦之乐。所刊文字不仅文学色彩浓，艺术性强，还有不少史事具有史料价值。滴"水"映辉，国族的衰盛、社会的万象、人情的冷暖，异闻雅趣尽囊其中。如果说家庭是社会的细胞，那么肥西张氏后裔（老九房）的家庭杂志《水》可谓当代社会的一个缩影，是民间文学的一朵奇葩。

历史学家葛剑雄先生曾得到张允和寄送的早几期的《水》，读后颇有感触，撰文在媒体发表，其中提及：

按照以往僵化的"阶级分析"，像张冀牖这样出身淮军将领、大官僚家庭，本人又拥有巨资的人，只会有反动的地主、资产阶级立场。但事实是，他不仅独资办起了苏州第一所女子中学，还聘中共党员侯绍裘、张闻天、匡亚明等来校任教，使苏州第一个中共独立支部得以建立。他的出身和经历似乎不可能使他有"劳动人民感情"，他却关心家中的佣人，还让子女教各人的保姆识字。从中我看到了一向被忽略的知识的力量和人文精神的价值。

沧浪之水，源远流长，张树声曾经在苏州任上精心修复了沧浪亭，张家几代人守着九如巷的老井，这个曾培养出一代代人才的新学之地，依旧保留着一份如水的斯文。

2015年6月18日，张充和女士在美国去世，无数人追忆、纪念。2015年9月，龙朱先生、虎雏先生受邀赴美参加文学活动，趁此机会去追念了四姨充和，并收集了珍贵资料，成为《水》的从北京创刊，到回到苏州的家，再回到北京编辑发行，它的风格和主旨一直没有变过。

书评人绿茶看过《水》选集后，写道：

这本"奇特"的杂志，除了记录一个百年望族历史外，最重要的是体现出了一种亲情的纽带，通过这本杂志，流散世界各地的亲人们心里始终有着一份惦记和安心。尤其是，当定期收到有着亲人气息的杂志时，那份感情的慰藉该是多么的厚重啊。当我们读到这些情感真挚的文章时，一定也会为其所感动，所以，阅读这本书，就是一种最彻底的感情发泄，你可以任意想象，想象自己亲人间的亲情和感动。

2009年，著名出版人张昌华先生、汪修荣先生共同编辑出版了《水——张家十姐弟的故事》，此书编辑雅致、用心，影响一时。张昌华先生撰文说：

《水》的内容丰富极了，有家族列传、年代札记、秋灯夜雨、乐益百年、昆曲之叶等栏目。初期，健在的"和"字辈是主笔，亦有七八岁的稚童上阵。文体有诗词、随笔、小品、书札、绘画、书法、篆刻、摄影和歌曲。文字有中文、英文和法文。兼容并包，温情脉脉。记录人事的时间跨度长达150年之久，既有对19世纪50年代先辈张树声、张华奎等历史事迹的追述，又有对20世纪初张家姐弟沧桑世事的回忆；既有当代小字辈们生存现状的描摹，又有21世纪重

《水》真的与"兼容并包"的德行彻底吻合了。

只是年事已高,眼睛和精力都不饶人了,于是,再后来张寰和将《水》的主编任务就交接到了沈从文长子沈龙朱先生手里。母亲张兆和女士本就是复刊副主编,且龙朱先生常常助理五舅编辑《水》,只是在做了多年幕后工作后,主编的名字还是张寰和先生。龙朱先生请五舅把关每一期的《水》的出版,而且沈红、周和庆等晚辈也会主动助编。龙朱先生文图兼具,他的不多的文字却简洁富有韵味,具有一种明亮的色调,而他的绘画更是风格夺人、鲜明、质朴、隽永。《水》到了龙朱手里,版面更为雅致、明快。

随着读者阅读习惯的变化,龙朱还把《水》搬到了互联网上,从传统的打印稿,到形成电子版,后来通过亲情信箱传递制作好的《水》,这样更加方便、快捷,还便于查找以往的《水》。张家的《水》与世界接轨了,万涓成水,终将汇流成河,汇入江海,这是《水》的前行,也是水的丰富。

2014年11月21日,张寰和先生在苏州去世。尽管时代变化太快了,为《水》的组稿和编辑都带来了困惑,但龙朱先生仍然克服家庭和现实的困难种种,把《水》办下去。我曾参与编辑张寰和先生的纪念专辑,在编辑的过程中切实体味到坚持出版一份家庭杂志的不易。龙朱先生对每一个文字谬误都不放过的认真精神,令人自然会联想到沈从文先生的遗风。

张家的《水》最初手稿本复印25份,到允和去世时已经发行300份,到了现在已经无法统计读者的具体人数,这个不计其数的人群还在追着《水》的足迹其人数还在继续扩大。《水》

《水》流向了全国各地，又流向了世界各地。当《水》出版到第19期时，张允和于2002年8月14日去世。第20期的《水》即作了一期纪念允和的专刊。封面写着："你是一个'平凡的家庭妇女'，但却为了家庭、亲友和祖国的文化事业，做出了不平凡的贡献。大家以悲痛、真挚的情意，写下了纪念你的文章，为你送行。亲爱的二姐，大家怀念你，九如巷怀念你。老井庭树依旧在，魂兮归来！"

四 《水》之源远流长

根据张寰和先生的自定年谱，2000年2月，允和嘱托五弟寰和："我已年过九十，《水》13期起正式交给你接编。"自此，张寰和成为《水》的主编，他虽也已经迈入老年行列，但仍接棒继续组织出版这份家庭刊物。

在编辑《水》后，张寰和先生还向周有光先生学习使用电脑，将手写稿件一一录入，并使用电脑编辑版面。张寰和先生本就是摄影家，利用这一优势，他对版面的组合很是得心应手。张寰和先生曾在《水》选集序言里提及：

《水》的文体有诗词、随笔、书信、书法、绘画、摄影等；文字包括中文、英文、法文；作者有耄耋老人、也有幼童，有名家、也有小字辈；从时间上讲，既有上至19世纪50年代的先辈张树声、张华奎的历史事迹，又有21世纪新一代稚童趣事，时间跨度150多年，涉及了7代人；从内容讲，既有家庭琐事，又有对中华民族传统文化的研究和弘扬。

张家的作品，这期是《水》的回流，都是人家写我们。我手边收到的有六十多篇，这里只登了不多几篇。他们夸我们，勉励我们，我们非常感谢他们。我希望他们以后多多给我们批评和指教。有光的《语文闲谈》续编中有一篇《木乃伊写书》，里面有句话："英国剑桥大学的霍金教授，得了肌肉退化症，全身干瘪麻木，只有三个指头可以活动。大家说他是活的木乃伊。但是他头脑没有萎缩，他用三个指头，在电子打字机上写成一本著作《时间简史》。"这篇报道，给我莫大的启发，也是我复刊《水》的推动力。我想，天生我材必有用，每个人都应该努力表现自己的才能，这样才不是虚度年华。即使是一点一滴的水，也对人类有益。我在这里希望姊妹兄弟们源源来稿。凡是能在纸上承载的都要，我们的《水》承载的是"真"和"爱"。苏州九如巷三号的无花果老树，我多么想你："你在74年前，有情有义地忽然飞到了我家，在墙边瓦砾堆上生根。你不占好地，你不需要人工精心栽培，自然叶茂枝繁、果实累累。你实际不是没有花，不过是把美丽的花藏在果实里，不在人前花枝招展罢了。我在此祝你——多情多意的无花果老树永远年轻！"

　　我怀念生活在九如巷的日日夜夜，更怀念无花果树下过世的爸爸、大大、妈妈、宗和大弟、寅和二弟；我想念现在散居国内外的姊妹兄弟和他们的子子孙孙，真想知道你们现在是怎样生活的。我衷心希望九如巷无花果树下"水"样的人们，都来加入我们的《水》流。愿我们清洁、清凉、点点滴滴的《水》，长流不息流向人间！

不常出门的86岁高龄的三姐[1]也特地来二姐家编审稿子，一住就是三天，还叫沈红[2]画封面。让我们向几位老人学习吧！

张家的《水》在北京复刊，引起了各界的关注，多家媒体关注报道。张家的友人、出版家范用先生特地给允和写了封信，说《水》的复刊，乃"本世纪一大奇迹，可喜可贺"！范用还附去15元作为1、2期订费，说"请接受我做它的'长期订户'"，但是被允和以"家规"婉言谢绝了，而《水》则是按时奉上。漫画家丁聪以此为题材作了幅漫画《范用买"水"》刊于报端，叶至善又撰文推介这份家庭小杂志……一时间，《水》成了一个话题。

张家的《水》除了在张家国内外亲族间流通外，也会发给有意的友朋，如叶圣陶后人、范用、葛剑雄、胡忌等文化界人士。《水》上发表了大量的张家十姐弟以及配偶、孩子、朋友们撰写的回忆文章和文艺作品，并编辑过一期《水的回流》，用来刊发朋友们对《水》的关注的文章。

第10期时，张允和写了一封信给姐妹兄弟们，即《给无花果树[3]下的人们的一封信》：

亲爱的姊妹兄弟们：

第十期《水》又和大家见面了。过去九期《水》大都是

---

[1] 张兆和。
[2] 沈从文的孙女。
[3] 苏州张家小院栽植有无花果树，成为姐弟们成长的记忆代称。

张蔼青手书

张冀牗诗词、寿周企言手书

张冀牗词送周有光远行

韦均一山水画送有光、允和赴美

张充和词《望江南》

在复刊号上，还有张寰和先生的夫人周孝华女士代写的《编后》，可谓是介绍了《水》之复刊的来龙去脉：

《水》，复刊的第一期，分为两部分，第一部分，主要写张冀牗和《水》的事；第二部分是用原件复印张冀牗等人的信和诗词。

我（周孝华）去年12月来北京，和有光兄（即耀平）、二姐（允和）朝夕相处了两个多月。二位老人的生活是十分充实而愉快的。两个人各拥有一台sharp电脑，有光用了七八年，得心应手不必说，而二姐苦苦学习不到一年，《水》的第一部分大半是她一人、日夜敲打出来的，她是用汉语拼音转变汉字打出来的。她半夜起来，把衣服遮住灯光，怕吵醒有光兄。有时光线不足时，还站着打。87岁高龄的她，一连七八天紧张地将稿子打出来。她不但自己打电脑，还培养了六七个6岁到13岁的孩子。她说："我们要向世界看，我们要为孩子着想，要为后人留下点东西。"国家语委同事们来向有光祝贺90岁生日说："看到老奶奶学电脑、培养孩子们使用电脑，真叫我们汗颜！"

溪——流到小河——流到大江——汇入汪洋的大海！

水啊！你是生命的源泉！

允和还在复刊的《水》上发倡议信说：

多少年来我有一个心愿，想写我们的爸爸张吉友。叶圣陶先生几次催我写，寰和五弟也要我写。我想，不但要写爸爸的事，还要写我们一家人的真人真事。这是一个宏大的工程，不是我一家人的力量可以完成的，我要发动张吉友一家人，就是我们爸爸的10位子女和他们的配偶来完成，也要他们的子女共同努力来完成。

首先，大家都来写我爸爸的回忆录。其次，写自己，写配偶，写子女，甚而至于孙子、重孙都可以。最后，写在我们家的外人，如教书先生、保姆、门房、厨子等。

我自幼在家塾念古书，最佩服古人司马迁。我想用司马迁的体裁，写一篇叫《保姆列传》。

1996年2月17日《水》复刊号的目录如下：

复刊词　从文、允和
启蒙教育家张冀牖　余心政
一封电报和最后的眼泪　张允和
《从文家书》后记　张兆和
张宗和日记摘录
附录

确很有趣。"①

按照张家人的说法，《水》在抗战期间停刊了，战后忙于复兴乐益女中学校和各顾家庭，《水》也没有继续办下去。而那些先前出版的《水》也因为战争下落不明。这是最为可惜的事情。

三 《水》的复刊

从20世纪90年代起，在北京的张家二女允和就打算复刊《水》，她已经年过八旬，由于年事已高，不是没有过身体或者其他方面的顾虑。但是到了1996年年初，她还是撑起了复刊的旗，在当年2月出版的复刊第一期《水》，允和的复刊词这样写道：

66年前，我们张家姐妹兄弟，组织了家庭小小的刊物叫《水》。那时我们年少，喜欢水的德性。正如沈二哥（沈从文）说过：

水的德行为兼容并包，从不排斥拒绝不同方式浸入生命的任何离奇不经的事物，却也从不受它的影响。水的性格似乎特别脆弱，极容易就范。其实，柔弱中有强硬，如集中一点，即涓涓细流，滴水穿石，却无坚不摧。

如今，我们的"如花岁月"都过去了。但是，"人得多情人不老，多情到老情更好"，我们有下一代、下下一代。我们像细水长流的水一样，由点点滴滴的细水，流到小

---

① 赵景深：《记张定和作品演奏会》。

年还谱写了社歌:"九如巷中九如,我等振起精神。前途之广大永无尽,努力努力向前进。"10岁的四弟宇和作词,12岁的定和谱曲。对于三哥的回忆,张家小五弟张寰和则有不同记忆,他记得姐姐和大哥最早成立的文艺社团,叫水社,后来其他哥哥又成立了九如社,当时嫌他年纪小,就不带他加入。他小时候顽皮,就拉起了自己的"队伍",趁着哥哥们社团开会,就过去捣乱,被哥哥们一顿好训,还编了词训斥他:"九如巷中强盗头,戳戳捣捣扔砖头。你不要以为是没人管,吃苦的日子在后头"云云。于是张寰和就和巷子里的孩子们成立了涓流社。不过几经变迁,几个社还是自觉合并了,并出了刊物《水》。姐姐哥哥们自然是出版的主力队员,但也有窦家兄弟、周有光等人"外援"。在平时,父母基本是不管事的,任由孩子们去自由完成采写、编辑、印刷、发行以及出《文选》,还会借出乐益女中的印刷工具给他们用。

《水》的文章不限题材,散文、小说、诗歌、杂文都可以刊登,当张家的孩子陆续出去到外地上高中、大学时,《水》仍没有停刊。有一年,因为江浙战争,张家全家搬迁到上海避难,但《水》仍旧照常出版。

直到抗战时期,这个刊物还在张家人手里传递着,张家的朋友、戏剧研究学者赵景深曾撰文回忆:"抗战期间,他们姐妹弟兄,流转各地,但仍编订抄本刊物,轮流邮寄。我曾在立煌安徽学院与宗和同事一年半,看到他们的家庭刊物《水》。这是二姐写的诗,她害了怀乡症,就以此为题。三姐的外子沈从文和孩子虎雏都有大作在上面。刊末订有规约:一、收到刊物的人须将他的近作附在里面;二、刊物到后,一星期以内请寄予某人。这的

1931年7月2日，上午拼命写蜡纸，一共印了19张。照这样下去，不到一星期，我们的《水》的选文就可以产生了。

1931年7月17日，早上我在楼上印《水》的文章的时候，二姐叫我到图书馆去找周耀①，……周耀到乐益里，帮我们工作。折纸头堆起来成一本一本的书。

1931年8月11日，做《水》的工作，把封面装好这才大功告成。

1931年8月27日，祖麟带来一本最近一期的《水》，25期，8月号。

从宗和的日记可见，《水》创办时为月刊，但出版日期不定，到1931年8月27日已经出了25期了。根据张家小五弟张寰和先生推测，"关于《水》的确实创办时间，如今很难准确记得，根据宗和大哥的日记，为每月一期。1930年11月13日出版总第15期，1931年8月27日出版总第25期，依此推算，可能创办于1929年8月"。

二　水社

张家三子、音乐家张定和曾撰文回忆张家孩子成立社团的旧事："1928我12岁时，和四弟、五弟寰和，还有紧邻小友高奕鼎等组成一个文艺爱好者的社。我们都住在苏州城内近小河、小桥的一条小巷——九如巷中，社名就叫九如社。"1928

---

① 语言文字学家周有光以前的学名。

日记进行追溯。宗和记录：

　　1930年10月9日，《水》9月份来了，他们叫我不要给四姐①二弟看，但是我今天带了回来，四姐已经看了。

　　1930年10月26日，把做好一篇的东西誊在稿纸上，寄给祖麟②，题目《夏天的晚上》。祖麟叫我多寄些稿子，以备有哪一个月缺稿可以补上，这样合订本不至于太薄。

　　1930年11月17日，我最近做好一篇《星期六的下午》，预备这一期（11月号）《水》的稿子。抄了12张才抄完，抄得我手都酸了。1930年12月23日，宗和与充和一起作诗：春风无意拂花枝，花与春风两（本）不知（依）。春自残兮花自落，何须惆怅忆芊时。1931年2月15日，第18期《水》，是特大号，共有111张，222页。1931年3月21日，写《逃难日记》，共5张纸，讲民国14年，江浙战争，一家人跑反去上海的情形。1931年6月10日，出22期（5月号）《水》。1931年6月27日，乐益③下星期一要开欢迎会，所以今天她们都来练习。许文锦④也来了，坐在四姐的旁边，看我们水社开会。会后，到乐益去试印打字机。真讨厌，我觉得没有钢板好写。写时用的墨水，其中有阿摩尼亚，臭不可闻，写了几个字，头都被它冲昏了。我想还是以笔板油印便当些，好省去不少手脚。

---

① 张充和。
② 窦祖麟，张家十姐弟的朋友，曾帮助张家办《水》。
③ 张家创办的苏州乐益女中。
④ 张充和的好友，后成为图书馆学者钱存训的妻子。

它在20年间，发生了很多的变迁，张家的人也是去去来来，元和、允和、兆和、充和、寰和、晓平……用周有光先生的话说，"残酷的自然规律"。当然，《水》也在创造一份家庭刊物的历史和奇迹，它的引起关注也是淡淡的，如水，文学家、社会学家、出版家、曲家、普通读者等等，《水》成为了一个话题，成为很多人热衷写点什么的题目。因此，主编巧妙地策划了一期"水的回流"，让张家人与关注《水》的家外读者隔空对话，文字交流。

《水》对于张家的朋友们来说，是一个传奇，是一段长长的斯文的流动；《水》对于张家人来说，则是一份情感，是一个大家庭的亲情纽带；《水》对于一个家庭杂志，对于一个国家来说，它可能更是最小分子的历史亲历和见证。不管如何，《水》会继续办下去，因为每个张家人都无比地爱着这份刊物，就像他们相互关爱着对方一样，无论他们是在大洋彼岸，还是大海的这一边，没有什么能阻隔得了亲情，就如同没有什么能够阻止得了自然生物的生长和延续。

《水》就像是一个自然之物。《水》实际上已经是自然之物了。它将继续地给予我们无私的馈赠，我们期待着它的新一期的面孔，就像是在等待一朵寻常浪花的绽放。

一 《水》创办时间

关于张家的《水》的创办日期，可以从张家大弟张宗和[①]的

[①] 张宗和（1914—1977），张家大弟，清华大学历史系毕业，曾任教西南联大，是著名的昆曲曲友。

1996年复刊后的《水》杂志封面,很多图片都是张家人的绘画作品和摄影作品,设计用心,隽永如水。

三期复刊后的《水》杂志封面,摄影作品来自于天南地北的张家人创作,主编精心编辑,其中第十期的主题为"水的回流",即张家人的朋友们写有关《水》和张家人的事迹,创意可见。

《水》之溯源

王　道

　　从来没有哪个家庭杂志可以流动这么长的时间。如同一条长河，张家的《水》，源远流长，走过了87年的路。如今，它还在继续流动着，且辐射面越来越广，从纸质走进了互联网，从家人到亲友，到不相识的爱好者。一份小小的杂志，无意中透出了历史的意蕴，也透出了温馨的人情世故。

　　从最初的姐妹兄弟连同好友自发撰稿、印发，到抗战停刊，再到新时代的复刊，主编也从十五六岁的少年到了八旬九旬的老人。无论年轮如何前行，世事如何更迭，《水》的风格一如既往，始终未变。

　　1929年，《水》在苏州九如巷张家创刊；1996年，《水》在北京张允和家里复刊。复刊后历任主编为张允和、张寰和、沈龙朱。现任主编沈龙朱虽已过退休年龄，但依旧兢兢业业，为《水》的流动默默地做着贡献。

　　今年是《水》复刊20周年，这份小小的刊物，值得纪念，因为

第四编　水之涓涓

齐藤大纪　讲故事人的笑容 / 323

张充和　三姐夫沈二哥 / 328

傅汉思　初识沈从文 / 337

沈龙朱　双溪的回忆 / 343

沈虎雏　隔壁邻居胡三爷 / 346

张以迎　张宇和纪念日 / 354

张充和　二姐同我 / 359

张定和　难忘的记忆 / 366

沈龙朱　妈妈的手 / 369

沈　红　奶奶的花园 / 371

沈　帆　那一本老相簿已经阖上 / 382

张煦和　曲终水流 / 386

张以䘵　一封信 / 391

张以端　六分钱一斤的书 / 394

朱晓剑　张充和在成都的岁月 / 397

戴明贤　张宗和手书鲁迅诗 / 402

张昌华　送寰和先生远行 / 413

陈安娜　记两位恩师 / 419

余心正　充老回苏唱曲忙 / 424

张寰和　我为他们拍过照片 / 431

张昌华　张充和的少作与张定和的绝唱 / 439

第三编　山水和鸣

沈虎雏　我的镕和舅舅／127

王锡福　家祭毋忘告乃翁／138

张宗和　宗和日记（《秋灯忆语》节选）／141

张宗和　张老圩　张新圩　立煌／155

张以䩆　《秋灯忆语》后记／166

张小璋　母亲和我们一家／169

周晓平　我的爸爸周有光／189

沈虎雏　团聚／203

赵景深　记张定和作品演奏会／240

许文霞　作曲家张定和素描／245

严晓星　往事分明在，琴笛高楼——查阜西与张充和／263

杨　早　我的张充和印象／309

第二编　水之激荡

王　道　张冀牖与乐益女中／49

张允和　我们的爸爸张冀牖／60

张寰和　回忆爸爸二三事／68

张宗和　大大去世　／76

韦明铧　扬州冬荣园钩沉／77

叶至美　我要去九如巷／81

张允和　张闻天教我国文课／86

沈慧瑛　艺海沉浮终一生——记韦布／89

高　琪　张寰和：九如巷的张家旧事／95

周孝华　清风两袖朝天去／101

张元和　工人们的小故事／108

张兆和　顾意四清／112

张允和　留园的一天／114

张允和　《苏州妇女》开场白／116

张宇和　门房列传／120

目　录

《水》之溯源／1

第一编　水源木本

张允和　范用吃醋／19

范　用　《水》之歌／22

罗　孚　八六老人办杂志／27

葛剑雄　愿《水》长流／29

张寰和　回忆祖麟兄二三事／31

沈虎雏　我的窦舅舅／33

张以迪　爸爸和《水》／37

张以勤　我们的家庭刊物《水》／40

严锡明　上善若水／42

电话，叙述读后的感受。就这样信来书往，联系不断。让我从失去父母的孤独、悲伤中感受到她老人家的关怀和温暖。是《水》让我和亲友们连在了一起。

  情钟于《水》，还因它承载着大家的真情故事，渗透了中国文化的美，呈现出科学、崇尚的精神，给了我丰富的营养和教诲，让自己受益匪浅。分享它的同时，非常感谢为它辛勤付出的亲友们，最近听说《水》将有自己的网页，这样传播和浏览就更为方便，真是太好了。回顾复刊后十多年来的历程，从当初的打印、邮递，到现在的点击、下载；从当初二姑年高体迈得个人劳作，到如今几代人群策群力，不断俱进，无限感慨。如今的《水》更加生机盎然、宽广流长，这也是在二姑诞辰百年之际，对她老人家的告慰！

上善若水

严锡明

若干年前，偶然得知在北京城内流传着一份家族刊物《水》，得到不少文人名家的推崇赞赏。这《水》是从苏州张家的九如巷，经历了六十多年的战争劫难、生活磨难，艰难地流到北京后拐棒胡同张二小姐允和之家。这是一脉不绝的灵镜之水，源远流长，绵延悠久。少年时代的张家四姐妹在家中成立"水社"，创办了社刊《水》，发表自己稚嫩的作品。张家六兄弟亦不示弱，出版了《九如巷》刊物。不久，《水》浸润了《九如巷》，遂合为《水》。这是一份自家人写、自家人印、自家人看的中国独一无二的油印家庭文学刊物。从此一泓清水浸润了张家姐弟近70年的岁月。熟知张家四姐妹的逸事是从文学大师沈从文连续数年锲而不舍追求三姐兆和的趣事开始的。试想，值得小说名家如此倾心追求的，该是何等才貌双全的佳人啊！诚如当年执教于学校的叶圣老所言："九如巷张家的四个才女，谁娶了她们都会幸福一辈子。"这是什么样的"圣水"孕

苏州沧浪亭风景，张家先祖张树声曾在苏州为官，修复了兵乱后的沧浪亭，并亲自题诗作赋。在沧浪亭园门处树有张树声所作修复碑记。

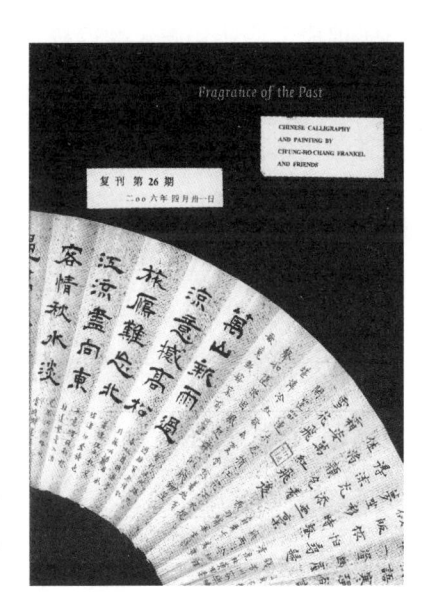

以张充和书法扇面作为复刊后《水》的封面，此封面也是张充和在美国举办的一个书法展的内刊封面。

育如此众多的一脉才女？它的源头又在何处？19世纪50年代，求学于苏高中时，张家水系的一股支流也悄悄地流淌在校园里，流淌在你我的身边。但我辈年少懵懂，居然不识水性，连同班佼佼者和统兄亦只事奔跑，不知水之深浅，几乎与水失之交臂。

甚幸，这位清华高材生是与水有缘的人，被张家"三姑六婆中的媒婆"（沈从文语）允和二姐慧眼相中，介绍与外甥女凌宏喜结连理。这是名门之后与大家闺秀的天作之合。和统兄，既然你被纳入张家水系，组成了水上人家，注定你的命运将到处漂泊。多年来，你在异国他乡四处流淌，到处冲突，最终流到了大洋彼岸的凌宏母亲元和大姐的泊居之地，使张家大小姐寂寞几近干枯的心灵注入了水乡张家的一脉清泉，得以滋润生活，颐享天年。由于历史的原因，苏高中的同窗半个世纪以来，大多失去联系，不知行踪。感谢学溥、阳阳、怡怡、金生诸兄的奔走努力，终于促成了毕业50周年的返校聚会，恢复了彼此的联系和走动。一年之后，学溥、何斐伉俪及和统、凌宏伉俪双双联手把家回，与苏州同学相聚于沧浪亭茶室。当和统兄把张家大小姐的大小姐介绍给在座同学时，一片欢腾。凌宏女士此行不虚，不仅带来了风靡全球的名著《合肥四姐妹》，还带来了名闻遐迩的张家内刊《水》。张家旧事像流水一般润蕴着彼此的心。对于凌宏女士来说，在沧浪亭与昔日同窗共叙往事当别有一番愉快心情。沧浪名园，千年以来屡毁屡修。在清同治十二年，张家四姐妹的曾祖父张树声巡抚又大规模重修已经千疮百孔的废园，遗爱于人间。此刻，她在这里当能感受到先祖的余温。聚会的气氛特别欢畅，家声兄更是妙语如珠，把五七届三（3）班与三（1）班称为连襟之亲。饮罢茶，留过影。大家先后离去。走到门厅时，和统、凌

张家后人张旭和修订的《肥西张公荫谷后裔谱资料汇编》上册封面，张充和题字，成为张家重要的族谱史料。

宏伉俪信步向东侧碑廊走去，在第一块石碑前恭正伫立，凝视良久，然后转过身来分立两侧，摄影留念。这是先祖张树声撰写的《重修沧浪亭记》。在闪光灯亮起的瞬间，我忽然领悟到：九如巷这池"圣水"的源头正在这里——沧浪之水。沧浪之水清兮，孕育了我国最后的贵族。

第二编　水之激荡

张冀牖与乐益女中

王 道

一 张冀牖一生只有两个职务：父亲、校主

张冀牖的一生，只有两个职务：父亲、校主。有史料称他早期曾在上海投资实业，经营失败，但张寰和对笔者澄清，父亲从未做过任何生意，这辈子全都耗在办学上了。

重听，近视，瘦弱，长得像大侦探福尔摩斯；高鼻子，瘦下巴，头顶微秃，有一双神采奕奕而敏锐的眼睛，"他是有高贵气质的中国知识分子，并无洋气"。韦布是张冀牖继室韦均一的弟弟，他称姐夫

20 世纪 20 年代苏州乐益女中创办人张冀牖个人照。

张冀牖是个奇人，他跟随姐夫办学多年，发现姐夫家里连一副麻将牌都找不到。韦布说自己的思想史几乎全部来源于张冀牖，这

张冀牖创办的苏州乐益女中教室，目前房子已经被拆除，此为20世纪20年代初期的照片。

苏州紫阳书院重修建筑，就任江苏巡抚之时张树声首先修复了当时的紫阳书院，大力倡导教育理念。

20世纪20年代，苏州乐益女中大门楼照片，此建筑后被拆除。

个姐夫最大的爱好就是阅读。韦布说："我好多年来接触的张奇友，从未发现他有任何的一样坏习气。要勉强说有的话，那就是坐马桶的时间较长。他的注意力一定在身前凳子上的报纸上了！"

张冀牖家里订的报纸和藏书列苏州缙绅之冠，单单报纸就有三十多种，《申报》《新闻报》《时事新报》《时报》《苏州明报》《吴县日报》《晶报》……直到晚年，韦布依然对这些报名如数家珍。张寰和说，父亲这个习惯早在上海就形成了，就连那些不知名的小报小刊他都要看，有时到上海办事住酒店，如果三天不搬走，房间就堆积了很多报刊，再想挪窝就费事了。

张冀牖买书堪称传奇，他到上海买书，身边跟着佣人帮忙拎书，到后来实在拎不动了，就一一寄存，全部买好后，再雇车一家家去收取。在苏州购书，观前街两家大书店小说林、振兴书店，老板都认识"张大主顾"，只要他来了，老板伙计都跟在他身后，陪着挑选。他买书多是记账，逢年过节才结算。凡是店里有新进的书，不要言语，直接成捆子送到张家府上，然后让张府管账的付钱。

这些书中，最多的要数"五四"以来的文艺作家的作品。这是一个出版鼎盛期，也是新思潮翻滚的时代。已进入而立之年的张冀牖思想已臻成熟，他认真阅读每一篇观点新颖的作品，例如鲁迅的书，他一本不落，创造社、狂飙社的作品，包括戏剧新著，他都通读。1919年的五四运动，对于张冀牖绝对是个冲击，也是个转折。

一间黑屋子，

这里面，伸手不见五指。

一直关闭了几千年，

在懵懵懂懂中，生生死死。

呀！前面渐渐光明起来，

原来门渐渐开了；

——刚宽一指。

齐心！协力！

大家跑出这黑屋子。

不要怕门开得窄，

这光明已透进黑屋里。

离开黑暗，向前去吧，

决心要走到光明里。

这是张冀牖写于1919年12月23日的新诗。它被发表在1932年乐益女中的校刊上。当时五四运动的风潮涌起，思想的盛宴开始了。这场名为"反帝反封建"的运动是废除科举制度后的一大呼应，运动的基点虽然是源于北大学府的高端人才，如蔡元培、刘半农、胡适之、鲁迅等，但参与者遍及海内外，乃至贩夫走卒。这得益于《新青年》的传播，更得益于胡适之的白话文，尽管其中弊端不少，但宽容、自由、民主的口号第一次在民间、基层生根发芽。

决意打开一扇小窗户的张冀牖开始着手办学，首选地址在苏州憩桥巷。这个地方紧靠着护龙街（今人民路）和干将路，距离张树声重建的紫阳书院不远。此巷历史渊源可溯到春秋，谓吴王出征路过此桥小憩，赐名憩桥。后成为巷道，金圣叹曾住这里，留下"酒醉琴为枕,诗狂石作床"的门楣石刻。这里还保留有民国早期的古建筑,还住着著名教育家的后裔。万崇源,当笔者提起这个名字时,张寰和先生一下子想起来了,其夫人为郁烈,都是中国第一批赴日勤工俭学的留学生,笃信教育救国,后与美国教会合作办学,万崇源是振声中学的首任校长。万氏故宅为"海式"青砖小楼,万家四小姐与时在东吴大学就读的蒋纬国相识,蒋多次到访万宅,来往中还有周瘦鹃、范烟桥等名家。张寰和说,父亲在憩桥巷是租房办学,后迁大公园附近的宋衙弄,当时父亲应该与万家有所交集,到他接手乐益女中时,曾多次遇到万先生,还为万家拍摄了全家福。

民国初期,张家的家教早已经成为一种先风,当三个女儿(元和、允和、兆和)长大后,张冀牖为三姐妹请了三个老师在家授课。虽然是在家上课,但仍有规矩可循,每节课55分钟,休息5分钟,以男工人摇铃为上下课时间。除了这些课程外,还要学昆曲,请的老师尤彩云,是培养了"传"字辈、"继"字辈的昆曲大师。

张寰和先生说,父亲办学并不盲目,他曾先后请教过苏州、上海、南京等地的教育界知名人士,如马相伯、张一麐、吴研因、沈百英、陶行知、龚鼎、杨卫玉、王季玉等,还邀请张一麐做校董事会董事长。韦布曾担任过乐益女中代校长,他说常随着张冀牖去向同行讨教,如景海女中教务主任周勖成、一师附小施仁夫、吴县县中校长龚赓禹等。张冀牖很少写信,却致信南京教育专家廖茂如、俞子夷以及上海尚公小学校长。

关于学校的名称"乐益",现唯一保存下来的乐益女中校刊(民国21年毕业班纪念刊)中有张冀牖自撰的校歌为释:

乐土是吴中，开化早，文明隆。
泰伯虞仲，孝友仁让，化俗久成风。
宅校斯土，讲肄弦咏，多士乐融融。
愿吾同校，益人益己，与世近大同。

后来，张冀牖把学校从憩桥巷搬迁到宋衙弄（此地紧靠苏州体育场、大公园、图书馆，附近有章太炎宅院）。搬迁后的地方为皇废基，那是后吴王张士诚的宫殿所在地，南社要人叶楚伧在此居住，明朝时这里杀戮满地，清朝时这里曾是行刑地，是个乱坟岗（张允和说，刚搬进去时，还能看到坟，一个堂姐姐胆子特别大，跑去敲骷髅头），叶圣陶上学时每天经过此处，还心有余悸，后来他的女儿叶至美也进入乐益女中就读。原址憩桥巷没有成片的房屋供使用，而这里有陆英生前购买的二十多亩土地闲置，于是便边建设校园房舍，边筹备办学事宜。民国10年（1921）9月12日，苏州私立乐益女子初级中学开学，第一批学生23人，是为这所著名女校的发轫。

二　乐益女中校董、师生的名字就是各个方面的近代史

从民国报刊所登苏州乐益女中招生简章看，该校业已经教育部备案、教育厅立案，最盛时为一年两次招生，一般是一年一次。招生简章主要发布在上海和苏州的报纸。学生报考和转学都必须有相关证明，入学内容为国文、数学、自然科学、历史、地理、政治、英语等。以1932年为例报考费本地为1元（包一顿午

20世纪30年代,张充和与父亲张冀牖在苏州家中合影。

20世纪20年代初,张冀牖在办学时多次赴上海向教育家蔡元培请教,图为当时的合影。张寰和 摄

餐），外地加收5角（包一晚食宿费），每学期学费不一，通学为24元，半膳为38元，寄宿为60元，其中包含有学费、图书费、体育费、杂费、宿费等。最为引人注目的是免费生的比例，当年招生总人数为85人，有10个名额对贫困生全额免费。张寰和说："为此，（父亲）受到家乡部分族人的不满和责难，他们斥责爸爸是张家的败家子，挥霍家乡的资财培养外乡人。"周有光也说过，合肥张家人嘲笑岳父："这个人笨得要死，钱不花在自己的儿女身上，花在别人的儿女身上。"

叶圣陶的好友王芝九（后任吴县教育局长）早期曾在乐益女中教书，他为张冀牖算了一笔账："张冀牖办乐益女中，花费二万余元建设校舍，购置设备（钢琴、化学仪器、图书、运动器材、演出道具等）。对教职员工亦从丰付酬，高中教师每时一元，初中教师每时五角到七角。一年教职员薪金达五千余元，其他校工伙食、办公费用等每年需两千余元，合计年需七千余元。但是学费收入不多……年收入不到两千元，收入相抵要贴五千元。平林中学租民房办理，每年租金三千余元。张冀牖先生生活朴素，自奉甚俭，但是凡学校之所需，无不竭力予以满足。每学期开学前，就将本学期经费筹足，保证教学正常进行。"民国时期，张冀牖一度为校长的工资开到160元一个月，这是很多公立学校都无法达到的，上海大学附中的教务主任最高120元，但到手只有80元。当时乐益女中学校聘请的校长为殷寿光，他与张冀牖"约法三章"，不但约定具体薪金，还要求张校主家属迁出学校范围，并且学校所有资产都要由校长支配，当时学生不过六十多人，但张冀牖还是负压签约。在此情况下，是张家姐弟们的生活费问题，他们已经升学去了异地。张寰和记得，每当老家的租子、房租等收入到苏州后，爸爸总是先把学校的经费落实有余后，才分配给姐姐和哥哥学费和路费。张允和也曾有过类似的"感言"。

从建造校园的那天起，张冀牖就不计代价。张允和记得，她和姐妹就读时，常在宿舍后一个茅亭下五子棋，旁边盛开着各色各样的梅花，但那些梅花不是张家所种，张冀牖看中了这些梅花，就从别人花园里高价买了过来，为的是美化校园。当初所建大门为罗马立柱式辅以拱门，高高的门楼有西洋浮雕，中间一个大大五角星，映衬着一行书法小字：乐益女子中学校。校园内，宿舍和教室就有四十多间，还有晴雨操场、图书馆、休闲凉亭等等。这些新潮建筑和美丽景观都是在乱坟地里开辟出来的。除了耗费精力外，就是金钱的大量斥入，单单校园建设就花去了两万银元。而截至1932年第九届毕业生时，校董韦布粗略计算，所有花费加起来已经耗去25万元以上，而这些费用，全赖张冀牖一人支出，"其间始终未有一丝一毫是受惠于校主以外的第二者的！"周有光和张允和说："他不接受外界捐款，别人想办法找捐款，他恰恰相反，有捐款也不要。"张冀牖坚持独资办学，希望办学理念不受制于任何组织和人士。

有个小片段似乎更能彰显张冀牖的性格特征。平时生活中，他热衷购买新兴产品，如照相机、唱片机，还买过一台电影放映机，那是20世纪的二三十年代，美国流行喜剧明星卓别林和滑稽演员洛克的默片，这种机器要配备一台小型直流发电机，放映10分钟就要换片子，携带起来还算方便。张冀牖常常带着这套设备，跑到长江边的偏僻乡里，对着厅堂的白粉墙，亲自操作，向当地乡民传播科学和艺术。当那些乡民看到异国喜剧的演出时，都笑了起来。幽默不分国界，此时，是张冀牖最为满足的时候。

张一麐、丁景清、匡亚明、张闻天、胡山源、葛琴、黄慧珠、上官云珠、许宪民、葛琴、叶至美……再加上张家四姐妹的名字，乐益女中校董、师生的名字就是各个方面的近代史。在众多女校中，他们选择了乐益，张冀牖珍惜这样的信任，正如乐益女中教师韦布所言："现实的成绩与所耗的这许多钱，是否是正比例？换言之，就是这许多钱对于历年所造就的几百个毕业生在教育事业上讲是否是浪费？……乐益过去的10年，其间风云变迁，所经所历，为功为罪，真有一段可喜可恨、可庆可荣的许多史迹在内……"在张冀牖幸存的一张照片中，他手抚乐益女中的校旗，戴着近视眼镜，望着远方，手里还拎着礼帽，不远处就是他带出来郊游的学生们，她们好奇而富有朝气，他觉得自己有一种天生的责任，要把她们带得更远一些，更高一些。记得这是蔡元培曾对他说过的教育理念："知教育者，与其守成法，毋宁尚自然；与其求划一，毋宁展个性。""思想自由，兼容并包，发展学生个性，沟通文理。""依靠既懂得教育，又有学问的专家实行民主治校。"张冀牖办学17年，没做过一天的校长。这背后，有多少辛酸苦辣是他一个人扛过去的？叶圣陶晚年时，曾嘱儿子叶至善收集材料为张冀牖作一篇详尽的传记，以表达对张冀牖先生于家乡苏州启蒙教育贡献的感念，只是到现在，还有多少苏州人记得这位低调的民国校主？

几经运动和变革，如今，红梅、凉亭都已不在，昔日幽雅的乐益校园，已成为十几家政府机构的办公场所，老楼已经拆去，昔日的张家居所也少去了大半，用周有光的话说："张家的房子归了公家。"只剩下当年的"下房"，张家后人修理修理就住了。至今住在九如巷的张寰和绘出了乐益女中的示意图，偌大的校园规划分明，办公、宿舍、活动场所分离，进门有传达室和会客室。占用面积最大的是篮球场、网球场和排球场，还有一个可供任何天气进行比赛活动的"晴雨操场"。一棵雪松在校园中央，如今，这棵参天大树成为唯一的见证。

唯一能够看出"乐益"字样的是新开大门旁的一块勒石纪念，大小如方凳面，碑上刻有：中共苏州独立支部旧址"。

那是一段风起云涌的历史，地上地下，党派纷争，也是张冀牖另一面不凡的人生。

我们的爸爸张冀牖

张允和

一　洒到人间都是爱

我们的爸爸张冀牖在1938年10月13日离开了他爱的10个儿女，离开了他爱的世界走了，走得那么远，我们再也见不到他了。

爸爸不但爱我们10个子女和家人，他也爱他人，爱世界。他办过幼儿园，办过专收男生的平林中学，最后全力办乐益女中。那时他不过32岁。从1921年开始到1937年办了整整17年。要不是卢沟桥事变，还会一直办下去。

我总是想爸爸最喜欢我，从几件事上可以看到。我是"快嘴李翠莲"，爸爸出问题、出谜语，不管猜得对不对，我总是抢先第一个回答。爸爸讲苏东坡的故事最多，我记忆中就有四个，下面举两个例了。

苏东坡有一位和尚朋友叫佛印，是一位有学问的和尚，这

张家三子、音乐家张定和后来绘画1932年时的父亲张冀牖。

20世纪30年代，张家四姐妹与父亲张冀牖在苏州九如巷家中合影。

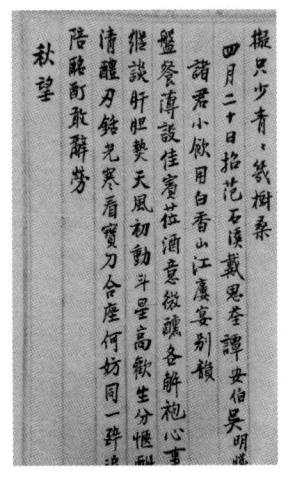

张冀牖的诗书手迹。

和尚可不吃素,最喜欢闯席,不请自去。东坡先生有一次瞒了佛印邀请几位朋友,坐了小船在月夜里大摆筵席,朋友们都是作家文人。吃饭时都吟诗作赋,饮酒时必须行酒令。苏东坡第一个行令,他的令是:"浮云散开,明月出来。天何言哉,天何言哉!"第二位说的是:"浮萍拨开,游鱼出来。得其所哉,得其所哉!"第三个人的酒令,我忘记了。第三个人的话音未落,船舱板被掀开,光头佛印伸出头来,哈哈大笑着说:"船板顶开,佛印出来。人焉廋哉,人焉廋哉!"佛印一次也没有失去喝酒的机会。

还有一个故事是文字游戏。苏东坡姓苏,那时苏是繁体字"蘇"。有一次苏东坡烧了鱼,正准备吃的时候,馋嘴佛印又来了,老苏慌忙把鱼盘放在草垫上盖起来。佛印坐下来就问:"老苏,你这个姓有两种写法,一种是把草字头下的鱼写在左边,一种是把草字头下的鱼写在右边。"苏东坡说:"这两种写法都可以。"佛印又问:"现在有人把鱼字写在上面也可以吗?"苏东坡回答:"那不可以,不成一个字了。"佛印说:"既然不可以,那就把鱼从草垫上拿下来吧,让我们大家吃!"

关于四书五经中的故事爸爸讲的很多,我们那时年纪小,不一定理解。以下的故事谈的是《诗经》,爸爸把诗祖宗《诗经》请出来了。

爸爸说的是东汉经学家郑玄(字康成,126—204)的故事。他说，郑康成对四书五经滚瓜烂熟，不但注解《诗经》，还注解过《论语》《尚书》等书。他家的丫头也能用《诗经》上的词语对话。有一个丫头做错了事，主人罚她跪在院子里，另一个丫头问她："胡为乎泥中(为什么滚一身泥巴)?"跪在地上的丫头回答说："薄言往愬（也曾向他去倾诉），逢彼之怒（他反而向我大发怒）。"七七事变后，我家在成都避难，我在街上看见一家招牌"诗婢家"，是一家裱褙店。我恍然大悟，记起了这个故事。

我爸爸的书真多，旧书、新书、杂志、大报、小报，还有唱片，不仅书橱、书架上有，地板上也都是书。孩子们可以自由地翻看，我们姐妹都喜欢乱翻书。我家有四个书房，我们三姐妹有冬、夏两个书房，爸爸和大大有芭蕉院内外两个书房。爸爸的小书房也是我们学昆曲的地方。

我喜欢乱翻诗词一类的书。11岁时，有一天爸爸问我："小二毛，你喜欢诗词，你对古人的诗词，喜欢哪一个？"我知道他问的是李白、杜甫，我回答："我喜欢纳兰性德(1655—1685)。"这个回答大大出乎爸爸的意料。爸爸好高兴，马上就把《饮水》《侧帽》词的小本子给我。他说："性德是性情中人，很可惜31岁就死了。这样的才子历史上也少见。"

我总觉得爸爸在儿女中最喜欢我，可是当我十三四岁时，很不喜欢爸爸，为什么呢？我很瘦小，当时苏州只有一人坐的人力车，不是可以坐两人的三轮车。爸爸一出门，喜欢捎带着我，他一上车，交起腿来向后坐，留下前面的地方说："小二毛，来！"我8岁从上海到苏州，一直到十三四岁，都是这样跟爸爸坐一部车子出门的，可是12岁以后，还是这样，我就不高兴。

有一天，爸爸躺在躺椅上，要我替他篦头，篦着篦着他就睡

63

着了。我不耐烦,我要气气他。我拿筷子轻轻打他的头,他醒了:"小二毛,为什么打我?"我说:"我不跟你出门,我不跟你坐一部车子!我要打你!"爸爸抓抓头:"小二毛,好厉害。我不打你,你倒打我。"我说:"就打你,就要打你!"爸爸说:"好好好,以后让你一个人坐一部车子,好不好!"父女两个哈哈大笑。

爸爸过世已经60年了,我再也听不见"小二毛,来!"这样慈爱的声音。现在想起来,那时候是我最幸福的日子了。

二 看不见的背影

1995年4月16日,早上6点28分,我醒了。我的心口有点痛,眼睛湿湿的。我清清楚楚地做了一个梦,一个伟大场面的梦。

一个丧礼的行列。我和大弟走在队伍的前面。我按住胸前一个桑皮纸的大信封,说这里面包的是我爸爸的骨灰。我和大弟走到一个平台上。大弟说要去换衣服,只有我一人站在平台上,双手紧紧抱着桑皮包。这时我就醒了。爸爸是1938年去世的,就是在梦里,我也见不到爸爸的背影,更没有看见爸爸慈爱的面貌。梦啊,你太无情了。

1931年,我在光华大学念书,我爸爸住在上海,儿女们多数住在苏州。1932年,是放寒假的时候,我也在苏州。我的大弟宗和、二弟寅和,一位堂房弟弟蕴和(小大黑子),还有一位堂房小叔,他们四个男孩子,都只有十六七岁。要我陪他们到上海去考光华大学。我们是1932年1月24日坐火车由苏州去上海的。我陪他们到大西路光华大学考试。最后一天考试,正是1月28日,晚

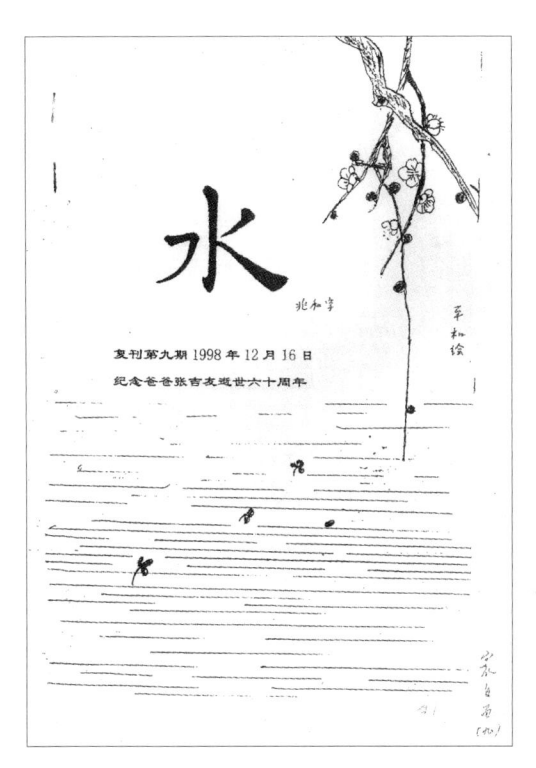

1998年12月第九期《水》（复刊后）是纪念张冀牖先生逝世60周年专题，图为封面。

上就发生日本对上海的战争。

29日的早上,这个惊人的消息传遍了上海的每个角落。人们都十分惊慌,等到我们定下心来,我马上去买火车票。上海开往苏州的火车已经不通了。我爸爸非常着急,到处找人到十六铺买轮船票,好不容易才买到两张通铺。我们五个人——四个男孩和我一个女孩,已经很挤了。我爸爸很不放心,请男工黄四送我们。黄四是厨子黄二大师傅的弟弟。

1月30日的早上,我们一行六个人,去十六铺码头。码头上人山人海。找到了船,船上已经很多人。我们总算找到了我们的铺位,因为这两个铺位靠近窗口。可是这两个铺位上已经坐满了人。我们只得请人家挤挤,才让出位子。从早上八点到我们六个人找到铺位,定下心来,已经快十二点钟了。我们都没有带行李,更没有带吃的,大家都觉得肚子饿了,才想到要吃东西。这时候,船舱里还有一条小路可以通行。我们请黄四上岸去买吃的。

时间过得很慢,人越来越多,船上小过道也挤得水泄不通。一直到下午四点多种,也不见黄四回来。我坐在大弟、二弟的中间,他们把我围在当中。多亏弟弟的保护,否则我这七十二磅的人骨头都会挤断的。我的肚子很饿,可是这四个十六七岁的小伙子更饿,肚子咕咕叫。又是一个钟头过去了,还不见黄四这大男子汉回来。人越来越多,挤得严丝密缝的,简直是无缝可以插针。我们等呀等,瞅着黄四去的方向,心里十分着急。一心只希望黄四回来就好,忘记了肚子饿了。这样挤,黄四能挤得进来吗!

我们都绝望地低下了头。

午饭没有吃到,晚饭也没有吃。忽然听见有人嚷嚷:"你这人真野蛮，怎么踩我的肩膀，又踢我的头！"我们五个人抬头一看，黄四像踩高跷似的、摇摇晃晃的，朝我们这个方向踩来。他手里高举着面包，头几乎顶到船的顶板，面红耳赤，一头大汗。我们五个人惊喜欲狂。我们伸出了手，脚并脚，挤得更紧一些，让黄四有一个插脚的地方。他七扭八扭地，终于插到我们中间，赶紧把面包递给了我们。他呀，连擦汗的工夫都没有。我们大口大口地吞吃面包："真好吃，饿死了！"

黄四忽然想起，说："二小姐，你们的爸爸现在还在码头上。早上我们前脚走他老人家后脚就到码头。我中午在岸上见到他，他说：'快让孩子们上岸，这样挤不行。'我说：'我去买了面包再说。'可是码头上到处买不到，我只好跑了许多地方，才买到这两个面包。等我回到十六铺，天都快黑了，码头上人少了些。我刚踏上跳板时，有人叫我，我一回头，是你们的爸爸。我的妈呀，这样晚他老人家还在码头上。他拉住我的胳膊：'快……快叫他们上岸！'我说：'上不了岸了！'你爸爸急忙掏出一叠钞票塞在我手里。"黄四在口袋里掏出钱给了我。我收到一叠钞票，我的心直打战，我的头脑轰了一下。我的嘴里啃着面包，我的眼泪也啃着面包。

六年后，1938年冬，也就是卢沟桥事变的第二年，我的爸爸张冀牖去世了。爸爸是由合肥、六安逃难到霍丘去的。后来听人说，我爸爸是吃了日本人放了毒的井水，患痢疾去世的。那时候我爸爸才49岁，他在苏州办的苏州乐益女子中学已经有17年的历史。

梦啊，请你再给我一个有情有意的梦。哪怕是只见到爸爸那瘦削的身体，和那微微弯曲的背影！

回忆爸爸二三事

张寰和

一　寻师访友

爸爸的知识、新思想的主要来源，是大量购买、阅读新旧书籍和广泛浏览各种大小报纸。有关这些，韦布小舅舅和允和二姐的文章中都叙述得很详细。另外就是爸爸喜欢寻师访友。

在创办乐益女中前后，他访问、请教过苏州和各地的教育界知名人士，如张一麐、吴研因、沈百英、陶行知、龚鼎、杨卫玉、王季玉等，并聘请张一麐为董事长。

1935年，我陪爸爸去中央研究院沪办访问蔡元培老先生，为他们两人在门前拍一张合影。同年又陪爸爸去徐家汇天主教堂访问马相伯老先生，那是他已经九十多岁了，年事已高，坐在躺椅上和爸爸谈话，告别时马老先生没有出送。爸爸为了纪念这次访问，在花园生母塔前请人为我们拍了一张照片。爸爸模仿圣母立着，要我按照圣徒的姿势蹲在他的脚前，这两张照片至今还保存着。

30年代初，我在上海光华实验中学读书，学校请胡朴安老先生讲授《荀子》。爸爸和妈妈连续到校听讲，和我同坐一个教室，他们坐的是第一排。妈妈在无锡国专修学馆读书时，爸爸也经常去听唐文治先生讲课。

1935年，章太炎在苏州锦帆路创办章氏国学讲学会。爸爸和妈妈也经常去听讲，并和章太炎、汤国梨时有往来，研究讨论。

爸爸寻师访友，虚心请教，集思广益，使他的知识不断丰富，思想跟上时代。

二 想象力丰富有创新思想

爸爸做的有些事情，在平常人看来多少有些"奇怪"，小舅舅赠他"张奇友"的雅号是受之无愧的。

他曾设想，在大门后一个升旗用的平台上，修建天文台，观察天象。他还叫木匠把一个红木大方桌一锯为二，分置两壁，为的是物尽其用。

为了节约空间（其实家里的地方太宽敞了），他叫人把一张大棕垫，吊在西边走廊通楼上的转弯处。要宇和四哥每天晚上搭了梯子爬上去睡觉。睡了几天，有天晚上，四哥突然被噩梦惊醒，大哭大闹，再也不肯爬上去睡了，爸爸只好叫人把棕垫拆下来。

更有趣的是住在寿宁弄时，爸爸突然想起叫人把南面的大厨房，搬到北面花园，紧靠寿宁弄的一间屋子里。一个大烟囱正对着十六爹家的大门，患有神经病的十六爹认为大不吉利，勃然大怒，闯上门来要教训爸爸。爸爸知道后就躲在楼上姐姐们的住房里。那时我才五、六岁，爸爸对我说："十六爹要问你我在哪里？你就说不知道，不然十六爹要把我的头打破了。"我刚下楼，在花园曲廊中就碰到十六爹，他直瞪着双眼大步走来。当差陈二扛着一根好粗的大门闩跟在他后面。十六爹问我："小五狗，你爸爸在哪里？"我应声而答："不知道。"他从花园走到住宅，从住宅走到花园，兜了个大圈子，没有上楼，因为楼上是女眷住的。最后他走到前面新的大厨房，向大锅里撒了一泡尿。还令陈二把大锅、小锅、大缸、小缸通通打破，扬长而去。爸爸无可奈何，只得乖乖拆掉大烟囱，把大厨房搬回后面。佣人们都笑着说："小神经"玩不过"老神经"。

虽然如此，但是我爸爸提倡女子教育，创办乐益的理想得以实现，这是他一生最大的成功！

三 对新事物感兴趣

爸爸买了许多留声机：有用钻针的、有用钢针的，有大喇叭的，有手提的。还买了许多唱片：从洋人大笑到梅兰芳、谭富英的京剧，还有昆曲和各类戏曲、歌曲等，我们经常听自己欢喜的唱片。

爸爸还买了拍摄电影的电影机和放映机，都是法国百代公司制造的。二表姑和五爷结婚时，爸爸用新房粉红帐子做银幕，放映了罗克主演的滑稽片，引得满房客人哈哈大笑。后来我用电影机在上海法国公园拍了一些风景片，放给同学看，大受欢迎。

爸爸买了好多个照相机，都是矮克发等名牌，我对它们很感兴趣。其中有一个光圈是1.2的，我用它从大光明电影院银幕上

20世纪30年代,苏州乐益女中女子篮球队合影,右一为著名体操运动员丁景清。

拍了一张葛雷泰·嘉宝的特写镜头,很清楚。

爸爸非常喜欢别人替他拍照,他和家里人、乐益师生、亲戚朋友,在家里、虎丘、留园、天平、虞山、玄武湖等处拍了不少照片。有一次特地带我和我的小朋友李孝侯到狮子林拍照,李孝侯也特地穿了件新长衫,衣冠楚楚地和爸爸在假山前拍了一张照片,那是他一生的第一张风景照片。

有一次,住在上海四川路新亚大饭店。他一手握着电话听机,一手揿着电话按键不放,要我替他拍一张"听电话"的照片,他十分高兴,因为他耳聋,自己从来不听电话。可惜这些照片都在"文革"中被当作"四旧"破除了。

四 乐益师生情

匡亚明每次来苏州,不是邀我们到他住的宾馆相会,就是他来九如巷聚谈。1987年秋天,他来九如巷茶叙,谈起1928年他还年轻时，在乐益教国文，古文基础不深，爸爸知道后，就经常在晚上到他宿舍去，为他讲有关课文，对他帮助很大。在他收到被捕威胁，避难到青阳地盘门二马路姚家珍家时，爸爸还送他路费。乐益的学生沙韫、李珉贞、吴秋琴等在他危难之时还陆续去看他。谈到这些，匡老十分动情，他深切地怀念乐益，怀念爸爸，怀念一些他教过的学生。

爸爸和侯绍裘、张闻天、叶天底、王芝九等老师们相处非常融洽。爸爸亲自到宋江平请侯绍裘来乐益任教务主任。1925年五卅运动时，爸爸接受他们的意见，停课10天，搭台演戏三天，还上街募捐接济上海罢工工人。在他们被迫离开乐益时，爸爸送了路费。这些老师对乐益和爸爸都十分怀念。80年代后期，张闻天从无锡到苏州，曾在亲戚的陪同下来到乐益旧址门前徘徊寻旧，可惜没能和他联系。后来他伫立良久，始行离去。在乐益，他们建立了共产党苏州第一个组织——中共独立支部。葛琴（邵荃麟夫人）、傅学文（邵力子夫人）和我的三个姐姐都是他们的学生。允和二姐深深记得，他曾教过他们读过《鼻子》《齿痛》《最后一课》等课文。他历经坎坷六十多年，仍然恋恋不忘乐益。

爸爸接近学生，关心学生，爱护学生，深得学生们的尊敬和爱戴。80多岁的王莲话是抗战前的乐益学生，她听说我要编乐益校史，特地把她珍藏六十多年的毕业纪念册送给我。册中有爸爸（校主）的照片、为她们班级的题词、校舍和校园的照片等。她谈起爸爸鼓励她参与童子军，还特殊批准她去镇江参加集训，想起当时的喜悦，还十分高兴和激动。

有些女孩小学毕业后，家贫不能升学，爸爸知道后，就叫教师动员她们免费入学。同时还设置了较多的免费名额，使有些女孩能继续升学深造。她们和她们的家长都十分感激爸爸对她们的帮助。

爸爸自己虽然不上课，但经常乐于参加学生的各种活动。如运动会、游艺会、远足等。匡亚明指导学生演出田汉的《南归》《湖上的悲剧》等话剧，爸爸都十分赞许。

乐益的学生对学校和校主都有深切的感情。幼年的我，经常在乐益嬉戏，有些高班的学生待我很好。我看到她们临近毕业时，舍不得离开学校，朱舜英、刘仁芳等，哭哭啼啼在梅花树下挖了一个很深的坑，把和她们朝夕相处的竹片名牌，用小手绢包好，深深埋入土中，表示她们虽然远离母校，但是要永远，永远和乐益在一起。

五 春来犹发旧时花

我很遗憾没有读家塾，没有受到爸爸亲自教诲。二姐说爸爸带她看书，她还有几行没看完，爸爸已经看完了。爸爸常和她们（还有宗和大哥）论书谈诗，我却没有这"福分"。

我只记得爸爸在九如巷园中教我吟过一首旧诗："梁园日暮乱飞鸦，极目萧条三两家。庭树不知人去尽，春来犹发旧时花。"1936年初春，我们在上海读书，假日回苏，和三哥、戴光述三表兄同访寿宁弄八号旧居。在花厅前盛开的白玉兰树下、在假山上小亭前，拍了几张照片。依然是旧时亭台楼阁，依然是雪白的花朵，可是旧时的主人们已经离散各处。这情景和爸爸教我吟的那首诗的意境完全相同。我想爸爸一定是怀念旧居、离人，有所感慨而教我吟了这首诗。

六　合葬骆小河湾

爸爸1938年在合肥西乡逝世，只有妈妈和小弟宁和在侧。我们都远在后方，我在昆明西南联大读书，没能回乡奔丧。可是1943年我却回乡主持了爸爸灵柩的安葬。

1943年深秋，我随二姐离渝，经宝鸡到西安，二姐在西安留下。我独自经界首、洛阳等地回到合肥西乡张新圩。爸爸的灵柩浮厝在张新圩前西南方的一个孤独的小山岗上。大寒那天，把灵柩运到骆小河湾和大大（母亲）合葬。灵柩用红绸裹好，八人一班，轮流抬行。起运时亲友、乡亲们都来相送，沿途还有路祭，路程三天。骆小河湾离周新圩较近，我先到周新圩，等灵柩运到骆小河湾。沿途不安靖，周二表叔派了圩勇胡尔红等陪同前往。

骆小河湾地势极佳，风景亦美。墓地坐北朝南，一湾清溪由西而来环绕墓前。墓后一小丘，丘上和两边山坡上，长满了成荫的苍松、翠柏。墓地虽临清溪，但泥土却很干燥。

骆小河湾离日军驻地大蜀山仅十几里，山上的炮台、军营隐约可见。那时日军虽已不敢下山骚扰，但有时还发炮轰击。落葬这天，墓地虽人头济济，但是平安无事，乡亲们都说，这是你们爸爸和大大的福气。

落葬至今已经56年了，岁月日久，历经劫难，不知墓地情况如何。但愿清溪翠柏依旧在，二老依旧相伴长眠于斯。敬以此文遥寄怀念。

张冀牖夫人陆英女士于20世纪20年代初的留影,为目前仅有一张个人照。

大大[①] 去世

张宗和

后天是旧历九月十六日，是大大的忌日。至今已整整10年了。我还记得我那时才8岁，现在呢，已18岁了。好久好久我几乎忘记了大大，现在我不禁又想起她来了。我已经不很清楚以前的一切，我只记得大大没死前的几天，我到她床前去，她总是对我说："大狗，你别进来，这儿味道重。"使我永远不能忘记的是大大临终前的话语，那时我们都在哭，她见了对我说："现在别哭，你哭的日子还在后头呢！"自然，没有母亲的儿不只是在母亲死的时候需要哭，母亲死后，他需要哭的时候更多呢。临死的人说的话终不会错的。

爸爸几天后一个晚上从上海回来了，我不知道他会不会想起后头是什么日子。我还记得十年前的后天，爸爸坐在床边上睁大了眼睛呆呆地望着躺在床上的那个人，那时他心里是如何的难受啊。

1931 年 10 月 22 日的日记

[①] 大大：合肥话，指母亲。

扬州冬荣园钩沉

韦明铧

自从美国著名学者史景迁（Jonathan Spence）的夫人金安平（Annping Chin）女士所著的《合肥四姊妹》由三联书店出版中译本之后，张家旧事再次吸引了无数读者的关注。让人没有想到的是，张家四姐妹——这些被称为"最后的闺秀"的外婆家，是在扬州东关古街的冬荣园，如今这座百年老宅正以新的面貌出现在世人面前……

冬荣园也称陆公馆，张允和女士2001年9月25日写的一封信，她说："我爱扬州，扬州是我亲爱的母亲——陆英出生的地方。到今天扬州东关街98号，还有我母亲出生的老房子。"张允和写这封信时，已92岁高龄。

陆公馆是一座豪门深宅，高大的门楼，虽然经历了百年风雨、几代沧桑，却依然兀立。走进门，有一座雕刻精细、保存完好的门楼。穿过狭窄而悠长的火巷、阴暗而高大的堂屋，眼前忽然出现一方明亮宽敞的院落，一位中年妇女陆女士告诉我，她父亲同沈从文是表亲。她取出她父亲留下的一本通讯录，打开一看，只见张允和、张充和、沈从文、周有光等一长串当代著名的张氏家族的人物，赫然记在其中。陆女士说，沈从文曾经送她父亲一套书，是人民文学出版社1982年版《沈从文小说选》第一、二集。第一集扉页，两行苍劲的钢笔行书映入眼帘："君强表弟惠存。从文，八三年春节。"至此，我终于确认：东关街98号就是沈从文先生岳母陆英女士的故家。而且，这里一直住着陆家的后人，沈从文先生也同东关街岳母家一直保持着密切联系，直到陆女士的父亲陆君强先生去世。陆女士的父亲陆君强先生，与张氏姊妹为表兄妹，生前在扬州银行工作。陆先生当年出差到北京，常与张氏兄妹及沈从文来往。1984年，陆君强先生逝世，他的女儿一家便住在这里，直到东关街整治。

陆公馆大门朝南，面临大街，前后五进，后面原有一座花园，叫冬荣园。"冬荣"出自屈原《楚辞·远游》："嘉南州之炎德兮，丽桂树之冬荣。"又曹植《朔风诗》："秋兰可喻，桂树冬荣。"都是赞美桂树的不畏严寒，保持常绿。陆氏以"冬荣"名园，自然也是表达一种志向，如扬州的"寄啸山庄"那样。

冬荣园主人名陆静溪，原籍安徽，后迁徙宝应，继而移居扬州，供职于两淮盐运司。陆静溪的夫人，系李鸿章侄女，也即李鸿章四弟李蕴章之女。陆家在宝应和扬州黄家园、个园附近都有房产。冬荣园只是其中一处，系买自张氏，这个张氏就是合肥张家，后来陆静溪的女儿陆英就做了张家的媳妇。据陆师母说，陆英共同胞三人，另有兄弟二人分别叫陆端甫、陆政甫。

打开张允和女士的《张家旧事》一书，开卷便是《母亲唯一的照片》，写道："我的母亲叫陆英（1885－1921），原籍也是合肥，因为外祖父做盐务官，才搬到扬州的。祖父在为我爸爸选

20世纪30年代,张家姐弟张允和、张充和、张宗和、张寰和等到扬州外婆家陆府探亲合影。

佳偶时,知道扬州陆家的二小姐贤良能干,小小年纪在家就协助母亲料理家事,托媒人定下了这个媳妇。当时张家在安徽合肥是有名的官宦人家,又要娶名门之女,婚礼自然非常隆重。据说,外婆花了整整一年时间置办嫁妆,东西多得吓死人。

这位从扬州东关街陆公馆走出去的新娘陆英,真是一个绝色美人。以至于在媒婆掀开她的盖头时,新娘子羞怯怯抬眼一看,所有的人都愣住了——"不得了!新娘子太漂亮了,一双凤眼,眼梢有一点往上挑,光芒四射,太美了!"

陆英在张家威望极高,她待人接物,理财办事,都周到妥帖,得心应手,长辈、同辈、幼辈无不佩服。陆英教女儿唱扬州歌,例如《林黛玉悲秋》《杨八姐游春》等。《杨八姐游春》的歌词,张允和到老还记得:"杨八姐,去游春,皇帝要她做夫人。做夫人,她也肯,她要十样宝和珍:'一要猪头开饭店,二要金银镶衣襟;三要三匹红绫缎,南京扯到北京城……九要仙鹤来下礼，十要凤凰来接人。'皇上一听忿忿怒：'为人莫娶杨八姐，万贯家财要不成！'"

然而，陆英可谓红颜薄命，她36岁就死了，为张家留下了满堂儿女。陆英婚后，一年生一个，16年生了14胎，其中女儿4个，儿子5个。陆英去世的原因，有两种说法。据张元和说，母亲是因难产而过世，但据张允和说，母亲是在生14胎后因拔牙引起血中毒而死，疑为败血症。陆英自知不治，把9个孩子的保姆都叫到身边，每人给二百大洋，要她们保证日后不管遇到什么情况，一定要把孩子带到18岁。她在临终时刻，想再看看自己的骨肉，但那双美丽的眼睛已经不能睁开，只有泪水打湿了鬓边。陆英死后，她的丈夫张武龄坐在棺木旁，久久凝视妻子那俊俏苍白的脸，任凭人怎么劝说也不让盖棺。

最近在陆家老宅偶然发现了一张近百年前的老照片，照片上有许多陆家的人物和亲戚。其中最重要的人物要数陆老太太和她的女儿陆英，以及她的外孙女张元和、张允和。照片当中端坐的老太太，即陆英之生母，李鸿章之侄女；后排左起第二人，即著名的张家四姐妹元和、允和、兆和、充和之生母陆英；前排右二人则分别是幼年的元和、允和。此照摄于陆公馆，当是为陆老太太祝寿时留影。而陆英应该是为了给母亲祝寿，带了元和、允和来扬州省亲。

我要去九如巷

叶至美

上个月末,甪直的"叶圣陶纪念馆"新馆成立,邀我前往参加开馆仪式。行前我略下决心,到了苏州一定要去九如巷看看,那里有我父亲敬重的乐益老校主张冀牖老先生一家人住过的宅子。张寰和先生仍住在那里,正好请他领我各处看看,饮一杯从老井吊起来的水。允和先生说,是那口石栏被井绳勒出条条深痕的老井滋润了老宅的花草树木,滋润了张家的兄弟姐妹,使他们意气昂扬,各擅风骚。可是我在苏州只匆匆呆了一天,未能实现我的愿望,我为此感到的懊恼,决不是"非常遗憾"所能表达的。

我在张老先生的乐益女中读过不到两年书,那时我十三四岁,懵懵懂懂,不知道乐益是所什么样的学校,倒是离开后,从父亲的一些言谈中,逐步认识到乐益之可贵。我终于明白了为什么当年我移到苏州,父亲就毫不犹豫地让我进了乐益女中。

父亲钦佩张老先生办学有方,也赞赏他成功地教育了十个子

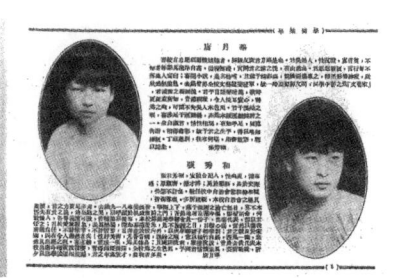

20世纪20年代乐益女中毕业特刊的设计,将每个学生的特长和特点都记录下来,图文并茂,成为她们的成长记忆。

20世纪90年代,叶圣陶的女儿、乐益女中毕业生叶至美(中)与周有光、张允和在北京周家合影。

女，使他们个个都成为很出色的人物。熟悉张家的人，可能都听说过父亲夸奖张家四姐妹，说她们个个都是才女，谁娶了她们，都会幸福一辈子。那么他对张家的几位兄弟又说过什么呢？今年上半年，我重读了已经发表的父亲在1949年写的日记，其中有四处关于定和先生和宗和先生的记载，我随手抄了下来，现在抄录在下面。

1944年，我家住在成都。父亲在他1月2日的日记中写道："午后，二官前在乐益之教士张宗和偕夫人、女孩来访。张本在昆明任教，以生活昂贵，不胜负荷，将绕道归其合肥本乡。张家本在苏州办乐益女中，抗战以来，兄弟姐妹散处四方。前在苏，宗和常来我家，相熟。今日他乡遇故，颇觉可亲。留之小饮，到晚而去。此后重逢，不知又在何时矣。"这里的二官就是我。我有一兄一弟，我是老二。父亲用着一百来个字，说明了许多情况，读这段记载的时候，我为父亲对张家人的深情厚谊所感动，竟至留下泪水。

1945年2月6日，张定和在成都举办个人音乐会，有朋友邀我父亲一同去欣赏。当晚父亲在日记中写道："……唱歌十五支。据识者言，张定和颇有天才，青年已能有成，将来深造，必大有发展。"张定和先生是张家十位兄弟姐妹中的老七。因为是给自己看的日记，父亲当然没有必要对定和先生的家庭作什么说明。父亲在这里用了"据识者言"，想是为了表明他本人没有本事来评论音乐，而"识者"的话是有权威性的，然而他记下"识者"的评论，当然是认同他的论断。

1946年，我家已搬回上海。7月23日，父亲在日记中写道："张宗和来，谈在苏恢复乐益女中，颇为劳瘁。"当时我不在上海，因此没有见到宗和先生。最近我读了发表在《水》上的宗和先生的《秋灯忆语》，才联想到1946年他去看望父亲，是在他痛失爱妻一年之后，心情必然十分沉重，让父亲感到他神情劳瘁。宗和先生没有告知父亲他夫人于一年前病故，肯定是不愿让父亲为他伤心。如果父亲得知这个情况，他是不会不在日记上记上一笔的。

到了1948年，父亲和宗和先生又相遇了。在8月6日的日记中有这样一段记载："宗和于下午四时来，随车同返我家，视二官，此君于学生甚亲切，为不可多得之教师。留之小饮。并邀汉华来唱昆曲。宗和与汉华合唱《惊变》，谈至九时而去。"

这是一次欢乐的聚会。宗和先生先到开明书店看望父亲，随后跟班车来到家里。见到宗和先生我当然十分高兴，可是当时谈了些什么却一点也想不起来了。我们留他吃便饭，他一点也不见外，不作任何推托。虽是便饭，酒还是少不了的。父亲一向爱喝几杯，看来宗和先生也有此爱好。有了酒，谈话当然更为欢快了，从而想到了要唱昆曲。我认识宗和先生十年来，这还是第一次听他唱昆曲。

人间没有不散的宴席。在我的记忆中，这次分别之后，宗和先生就再也没有机会来看望我们了。与宗和先生一起唱《惊变》的汉华姓王。她是与我从小一起长大的朋友。新中国成立后，我们先后在北京定居。她与允和先生曾是同事，又同是曲会的会员，交往很密。我第一次到后拐棒胡同去拜访允和先生就是由汉华陪我去的。那次聚会，允和先生给我讲了许多关于乐益和张家的故事，看了许多老照片，让我对乐益、对张家有了很多的了解，产生了更深的感情。可惜这一切不是用三言两语可以说得清楚的。

写到这里，我想起了有一次父亲与哥哥至善一边喝着酒，一边聊着天，讲到乐益和张家，说了不少。事后至善把这次交谈扼要地浓缩在一封给允和先生的信中，是这样写的：

允和姐：

　　昨天吃晚饭的时候，偶然跟父亲讲起乐益女中，讲起许多早期共产党员，如侯绍裘、叶天底，还有张闻天等同志，他们把乐益作为开展活动的据点，有的就在乐益当教师，有的暂时在乐益隐蔽。父亲说，您的父亲张老先生很了不起，他自己出钱办学校，有许多外地的青年来教书；他大概不知道他们是共产党员，只觉得他们年轻有为，就把他们请来了，共产党从此在苏州有了立足的地方。父亲还说你们兄弟姐妹都有专长，都有出息，可见张老先生教育子女很有见地，也很有办法。父亲说应该给张老先生写一篇比较详尽的传记，叫我把他的建议告诉您，请你们兄弟姐妹商量商量，快点收集材料，快点动笔。顺颂暑安。

　　　　　　　　　　　　　　　　　　　　　　　　至善
　　　　　　　　　　　　　　　　　　　　　　　　八月十日

至善在信上没写下年份，现在来追忆，写信的人和收信的人都想不起来了，总在80年代的某一年吧。

人都老了，许多事情都记不清了。说到老，过了年我也79岁了。如果还有机会去苏州，第一件要做的事，就是直奔九如巷。

张闻天教我国文课

张允和

1919年五四运动的时候,我才10岁。我姐妹三人(张元和、允和、兆和)是在家塾里念书的。我们没有上过小学,后来直接上了初中。

1921年,父亲张冀牖(吉友)创办苏州乐益女中。1923年,我姐妹三人进乐益念初中。课程在当时算是现代化和多样化了,可是国文课多半还是念古文。

1924年,先后来了几位新教员,都是新任教务主任侯绍裘先生介绍来的。其中有叶天底先生教图画,画素描写生;有侯绍伦先生(绍裘先生的弟弟)教英文,选的课本是《莎氏乐府本事》。还有张闻天先生教国文;他的教材与众不同。国文课上教的不是中国古代文言文,也不是近代白话文,而是世界名著的白话翻译本。有三篇文章我在几十年后还记得很清楚。它们是:《齿痛》《鼻子》和《最后一课》。

《齿痛》是法国作家的短篇小说,忘了作者的姓名。文章叙

张闻天与家人合影。20 世纪 20 年代，张闻天受聘于苏州乐益女中教国文课，并在此建立了地下党支部。

20 世纪 20 年代，苏州乐益女中学校门头建筑，后被拆除。

述一个人站在楼上窗口，向楼下沸腾的人群瞭望。这时候正是耶稣要上十字架的时刻。文章用大量的笔墨描写楼上的人牙齿疼痛的情况。楼下的悲壮场面，使得他心烦意乱，因而牙齿更痛了，痛得无法忍受。当时我不懂这篇文章的意思。张闻天老师告诉我们："人们往往夸大自己的小痛苦，而不关心人民大众的大痛苦。"又说："我们要关心人类，要救受难的人类，要做世界上真正的人，不要老在自己的小痛苦上浪费精力。"

艺海沉浮终一生
——记韦布

沈慧瑛

江阴长泾古镇，石板老街，浸润着千年风雨沧桑和历史文化，老街中段有一座四百多年历史的韦氏故居，赫然写着"上官云珠纪念馆"。上官云珠原名韦均荦，妇孺皆知的一代影星，韦氏与电影艺术结缘的其实不止她一人，还有其堂兄韦布、韦廉父子。韦布出生于1911年辛亥革命前夕，1923年，因其胞姐韦均一成为乐益女中、平林中学创办人张冀牖的续弦，随同来苏，并考入苏州草桥中学（当时的省二中），从此在苏州生活、学习、工作十多年。晚年的韦布还念念不忘使其"一生梦魂萦绕的美丽苏州"，称之为第二故乡。《韦布作品选集》里零零散散地记录了他与苏州的渊源。

韦布深受张冀牖的影响，这种潜移默化的影响决定了他的人生道路——终身与戏剧、电影为伍。张冀牖是个昆曲迷，经常带韦布上苏州戏院看昆剧，为他开启了艺术世界的窗户。张冀牖夫妇每年要到上海住上一两个月，有时带上韦布，就在这十里洋场观看了大量的话剧、京戏、昆曲、电影及名角梅兰芳、白玉霜等人的演出，尤其对白玉霜的表演称赞有加，觉得白玉霜唱腔动听，乡土味重，非常大众化。他不仅观看洪深的《五奎桥》、田汉的《卡门》、包天笑的《空谷兰》等，还到上海虹口一家日本演艺馆看戏，看了《阿珍》《西线无战事》。张冀牖自备家庭电影放映机，自己充当放映员，让家人尽情享受电影艺术。就这样，韦布跟着张冀牖东跑西跑地欣赏各种戏剧、电影，受到了最初的艺术启蒙。但他并没有因为艺术而忘却外面的世界，就像很多热血青年一样关心国家大事。1929年，韦布积极传递"反帝大同盟"的宣传品，结果被关押一月有余，经亲友营救才获释。这种忧国忧民的情怀一直伴随他，并差点让他送掉性命。

1931年，他就读上海美专，傅雷担任艺术理论课，为他们讲解丹纳的艺术论，这是他第一次接触艺术理论，引起了强烈的兴趣。毕业后他来到乐益女中任教，担任过总务主任，实际管理全校事务。但他心系戏剧，边教书边演戏，对戏剧的痴迷从他成立"大水剧社"就看出一斑。1931年，全国发生特大水灾，韦布宣布成立"大水剧社"，还振振有词地说"天灾也是人祸造成的"，成立剧社旨在通过演戏宣传"救国"，全剧社就他一个光杆司令。年轻人的热情与冲动很快被现实粉碎，没几天，这个"大水剧社"就被当局的"大水"冲掉。乐益女中因有了这样喜欢戏剧的老师和张冀牖这样民主的教育家，校内的文体活动异常活跃，经常演出南国社田汉编写的剧目。韦布这种教书、演戏两不误的生活持续了四五年。

然而那种率性而快乐的日子很快结束，1935年春天，韦布因

20世纪30年代，张冀牗与韦布在苏州乐益女中合影。

演戏被当局恐吓、威胁，无奈之下离开苏州，东渡日本。在东京，他认识了杜宣、吴晓邦，三人结为生死之交。韦布在杜宣的帮忙下办理入学手续，仅在东京日本大学挂名，实际在学日语、看电影、戏剧和进行有关戏剧活动。吴晓邦在高田舞踊研究所学舞蹈，对韦布产生了影响，让他认识到"在戏剧中，在舞台上，演员是唯一主要的，而演员的美，必须以舞蹈的基本训练作基础"，因此也跟着吴晓邦学习舞蹈。1936年秋，吴晓邦回国之前，表演《傀儡》《和平的幻觉》两个节目，韦布为其设计了服装。杜宣与韦布送别战友之后，忙于组织"中国留日剧人协会"，筹备公演，不料在1936年的大除夕，他们因为演戏被软禁在牛井区派出所。第二年4月，韦布被日本警视厅遣送回国，当然船票不用他掏钱。

重新回到别离了三年的祖国，还没有细细打量她的变化，七七事变就发生了。韦布担任苏州抗战后援会戏剧组长，以戏来鼓舞人心，以戏来宣传救国，这是他一贯的主张。1937年8月15日，苏州古城被轰炸，他立即组织苏州抗敌移动宣传演剧队，转移到太湖，在那里打地铺睡觉，吃大饼油条果腹，艰苦的环境更激起了他们抗日的决心。不久辗转来到南昌新四军军部筹组战地服务团，又撤退到贵阳，创办民众剧场，领导民众剧团。

1941年，杜宣受中共中央南方局的指示，在桂林成立新中国剧社，韦布担任第一任理事长，负责剧社经营管理方面的工作。他们以骆驼为社徽，旨在以"骆驼精神"自勉。战争年代条件极差，要维护几十人的剧团，困难重重，常常是吃了上顿没下顿，杜宣、田汉竭尽所能给予帮助。田汉是有名的孝子，曾把母亲的口粮给剧社的同仁吃，甚至在桂林行营主任李济深将军50大寿之际，带着剧团一帮人赴宴"饕餮一番"，补充营养。韦布也是通过各种关系筹措资金。一次在桂林街头巧遇乐益女中的学生黄慧珠，遂向她借钱，以后又借过两次，只是"有借无还"，这债欠了10年，也重重地压在韦布的心头。1951年，两人在北京相逢，此时的黄慧珠已在全国妇联工作，但坚决拒绝韦布还款，说"那是什么情况的事嘛，大家都是为了工作"。

1948年，在妹妹韦丽琳、上官云珠的帮助下，韦布放弃了十几年的戏剧生涯，转入电影界。当时张乐平创作了漫画《三毛流浪记》，韦布与他商量后，签订协议，取得版权，聘请阳翰笙编剧，准备搬上银幕。韦布第一次当上独立制片人，雄心勃勃之时，却收到国民党特务的"三毛再搞下去，当心脑袋"的威胁信，同一天张乐平也收到类似的恐吓信。他们嗤之以鼻，不久韦布即带着《三毛流浪记》摄制组加入昆仑影业公司，此片由1948

苏州五卅路纪念碑记录了这条路修建的过程，当时乐益女中为五卅运动募捐多余的钱用于修建了这条路。

年10月开机，1949年5月26日杀青，跨越了国共两个时期。《三毛流浪记》中的三毛由作曲家王云阶的儿子王隆基扮演，中叔皇、赵丹、孙道临、林默予、吴茵、黄宗英等大演员、大明星纷纷来客串，其中韦丽琳、上官云珠及其女儿姚姚全力支持，韦布年幼的儿子韦廉也加入群众小演员行列。

新中国成立后，韦布一直在电影厂当专职制片人，先在上影，后调到珠影，先后拍摄《护士日记》《十五贯》《二度梅》《山间铃响马帮来》《七十二家房客》近30部电影。

1983年，韦布重游苏州，想起五十多年前观看田汉的《苏州夜话》的往事，遂写下《苏州卖花女》一诗，深情地说既为"怀念哺育我的苏州，也是为了献给一个死者"——如父如兄的张冀牗：

一台话剧叫《苏州夜话》,
说的是你们苏州太美啦!
小河的水像威尼斯,
城头的月像古罗马
……
啥叫"为伲死"?啥叫"苦了妈"?
我还是卖我的花:
栀子花!
白兰花!
几只铜板一串花!
卖花呀!卖花!阿要买花?

张寰和：九如巷的张家旧事

高 琪

九如巷张家，不仅在苏州教育史上有重要位置，在中国现代文化史上也赫赫有名。叶圣陶曾说："九如巷张家的四个才女，谁娶了她们都会幸福一辈子。"这四个才貌双全的女子便是张元和、张允和、张兆和、张充和四姐妹。她们的诗意人生牵动人们对那个时代的想象，她们的文集和传记——《最后的闺秀》《张家旧事》《合肥四姊妹》都曾畅销一时。

如今，九如巷老家还住着九弟张寰和。90岁的寰和老人满头华发，交流虽然需要助听器，但记忆惊人，思路清晰。他继承父亲成为乐益女中校长，终身在苏州从事教育。

启蒙教育家张冀牖

苏周刊：蔡元培提出过"兼容并包"的教育理念。您的父亲张冀牖先生和蔡元培有不少交往，他开明的教育理念是不是受过蔡元培的影响？

张寰和：我父亲接受了"五四"的思想，在1920年以前，他就有办学的思想，所以他同蔡元培、马相伯，还有上海中华职业补习学校的杨卫玉、吴研因，光华大学的廖茂如，苏州的王季玉、陶行知等教育界名人都有交往，后来决定创办乐益女子中学。父亲喜欢寻师访友，我在复旦读书时，父亲叫我和他一起去中央研究院上海办事处访问过蔡元培，我替蔡元培和他在中央研究院门口拍了一张照片，我至今保存着。我还陪父亲去徐家汇天主教堂访问过马相伯老先生。

父亲确实是个"兼容并包"的人，举个例子：我们读初中的时候在苏州中学的初中部，我四哥（宇和）比我大一岁，当时有位党义课的先生不好，常没有话说站在讲台上发愣，大家都不赞成他，老四脾气有点"耿"，就写信给先生奚落他，劝他多看参考书。后来学校说他不尊敬师长，勒令退学。爸爸知道之后，一句也没有责怪，后来把我们转到县立中学。读了不到一年，"九一八"之后就到上海读书了。

苏周刊：有回忆文章说您父亲毁家办学，您的文章中也提到过，哥哥姐姐们要等到乐益女中的经费到了，才能出去上学。

张寰和：家族里认为他是个怪人，有钱自己不用，用在别人身上，亲友们有人称他"张疯子"。我父亲一生专事教育，有两个原因：一是在辛亥革命以前，看到在家乡我们住的圩子里（清末淮军将领建造的庄园称"圩子"，张冀牖祖父张树生为淮军将领），人们基本上都是吃喝嫖赌娶姨太太，一事无成，他逐步接受了"五四"思想，感觉不对，所以他后来创办乐益就觉得要在外面比较好，在家乡那种环境下不行。第二，他认为中国妇女受

20世纪90年代，张兆和与张寰和在苏州乐益女中旧地合影，此地作为地下党支部建立之地被挂牌纪念。

20世纪20年代，张冀牖在苏州家中。

20世纪30年代，张寰和与张定和在苏州寿宁弄旧宅合影。

张树声在苏州任职时疏浚太湖水域，并亲自作碑记，图为碑记拓片。

压迫，没有办法翻身，他要提倡女权，所以要办女学。起初创办乐益女中是在1921年，在憩桥巷。那时我们住在寿宁弄老家，1922年房子造好就搬到这里来了。这块地（指皇废基，后来的乐益女中所在地）本来是母亲准备用来种桑养蚕的，后来父亲决意办学找不到地方做校舍，就将母亲准备种桑养蚕之地建成了校舍。

苏周刊：您记忆中的父亲是个什么样的人？

张寰和：他是个兴趣广泛的人，很喜欢文学，作了很多诗，也喜欢科学，有点超前于时代。他买了许多书，苏州几个书店，小说林、振兴书店，伙计都认识他。每天去观前不去吃东西，不抽烟不喝酒，就去逛书店，买几摞书，记账，派人去拿，每个月结账。他的书我们弟兄姐妹大家都看。鲁迅等人的书都有。他在科学方面思考了很多，有超前意识。他买了很多新式的东西，比如照相机、电影摄影机、留声机、唱片等等。但他自己除了偶尔听留声机之外，其他东西从来不用。我在家的时间比较多，照相机我用得最多，我自己看说明，看报上杂志上当时的摄影名家的有关摄影的文章。他的照相机是光圈1.1的，可以在很暗的地方照，在当时是很先进很名贵的，我拍了上万张照片，我的大姐、四姐、三哥都喜欢摄影。

父亲五四运动前后吸收了科学、民主的思想，对自己家中儿女的教育也用一种民主的态度，要进什么学校自己去考，读什么科目也不干涉。我们几个兄弟姐妹大都学文艺、经济，学科学的比较少，都是从兴趣出发。我本来是学新闻的，在复旦大学新闻系读了一年，1936年进校，1937年抗战爆发，就开始逃难，转到武汉大学，最后转到西南联大，这两个大学都没有新闻系，招生

1946年秋,经历抗战后的苏州乐益女中在张家姐弟们努力下实现复校,当时依旧延续远足的传统,图中可见张充和、张寰和等带领学生们在苏州天平山合影。

办事处征求我意见把我安排到了政治系。

苏周刊:后来您继承父亲的事业做了乐益女中的校长?

张寰和:那是后来的事情了,1941年我从西南联大毕业以后,清华大学历史系主任蒋廷黻介绍我到重庆行政院工作。抗战胜利后,回到安徽想办农场,我们自己的田地,当时新的思潮想办农场,不用佃户来收租,结果没有办成。后来又辗转回到苏州,那时的乐益女中在抗战中曾被日本人占据,破旧不堪。家庭会议商量,乐益怎么办?那时其他的兄弟姐妹都大学毕业在外有了工作,我那时已经不在行政院工作了,只有我和大哥的工作还没有定,所以就让我和大哥恢复乐益。1946年恢复乐益,先是大哥做校长,后来贵州师范学院历史系请他去工作,学校就由我接办了。1956年,公校接办私校,我调往苏州第六初级中学,后来又调到八初中,就是现在的景范中学,当了几十年校长。

清风两袖朝天去

周孝华[①]

2014年的11月，气候较暖，我心窃喜：气候暖，寰和又可安度了。尽管行走越来越不便了，吃下去的营养也不见长胖，睡眠时间日增，但总觉得他没有什么病，生命不会有什么影响。小女儿夫妇来家，看到这个情况，她悄悄地告诉我："妈妈，爸爸怕不好了，我婆婆就是这样的。"我将信将疑，总觉得寰和不会有什么问题。谁知在11月17日半夜，寰和把我喊醒说："周孝华，周孝华，我要死了，我要死了。"我安慰他说，你没病，不会的，不会的，拍拍他的身子，渐渐地安静了。哪里知道他自己已经感觉到了大限已来，而我却麻木着……。18、19、20，三天里仍旧按时起床，吃得少一些，21日未起床，下午3时许就安祥地离开我们，一丝痛苦也没有，慢慢地睡着了。从此我就永远失去了相伴相依的亲人了。一家人都围着他身边相送。

[①] 张寰和夫人，乐益女中教师。

2013年夏，周有光之子周晓平（右一）与女儿周和庆（左二）在苏州九如巷与张寰和、周孝华合影。

我们这辈子相伴相依几十年，四个子女都已经成祖父母，而我们亦升为曾祖父母，四世同堂，世人见到都称赞为"福寿双全"的"福人"，第三代孙辈们都孝顺，对老人冬季御寒，夏季送凉，新奇食品送来尝鲜。老伴不离左右，儿女们随叫随到，平时作息有度，享受人间清福。他饮食终生的素食为主，那些人间美食如牛羊、鹅、野味、海鲜、螃蟹、鱼虾等，从小就不吃，荤菜只吃猪肉、鸡蛋，豆制品，连牛奶都不肯吃，好可怜的一个老头啊，太偏食了。营养怎么够呢？

他一辈子从事教育，兢兢业业，废寝忘食地工作，早晨总是空腹上班，直到工作安排好后才肯进食，直到退休后才按时进早餐，可以说是个工作狂。记得下放时安排他去十几里路外的六垛中学上课，遇雨天，狂风大作，他顶着狂风暴雨骑着自行车赶时间去准时上课去，一个六十多岁的老头，就这样骑着车，狂风随时要把他吹倒，赶到学校，班上学生也没有几个。他对临时的工作都是这样认真，到了城里参加正式的工作更不要说了。

抗战胜利后，1946年，姐弟们共同决定要将家里创办的乐益女校恢复办下去，继承父亲的遗志，当时大家都为乐益女校工作。不久姐姐们、哥哥们都各自散去北京、上海、南京、贵州等地，当时上海也曾安排寰和去，但他为了乐益女校的发展，就没有去，以后再苦再累都始终坚持着，一直到学校合并。

迎接解放，他亲自组织人员护校、值班，通知学生到校迎接解放军进城，而他将这些场面一一记录成胶卷，后来办展览时相关部门都来问他讨取，照片散去太多了，很多都没有还回来。1966年学校变成公办的，他也双手赞成，毫无怨言，他认为归国家总是好的，他积极、愉快地服从调配，到苏州八初中教学，直到退休。乐益女校的高中部并到苏州市一中，初中部并到了五初中，学校所在地送给了教育局。

1960年困难时期，因为家中房子与学校连在一起，学校当时为地区所有，区教育局负责人张元鼎局长等派人来与妈妈和寰和商量："因国家困难，学校校舍不够用，能不能将你们家住房借出来，等国家经济好转了，就造新的还给你们。"寰和和妈妈都异口同声地说同意。

有人提醒，你们要政府写张字据啊。寰和说，我们这一家还不相信共产党吗？就这样家里的房子仅仅还了一半就不了了之了。他就是这样热爱祖国的，只要国家需要什么，都肯给，连自己住的房子也肯借出去，一点条件都不讲。一般人是做不到的。所以1956年对私改造，学校收归国有，他思想上一点也不抵触，积极地响应。三年后，我们看到地区教育局并未将他们借走的房子好好地利用，就申请还给我们，教育局答应还，但后来只还楼下平房，楼房不还，后来楼房就被拆掉了。

目前总算为张冀牖家留下一点地方，作为张家的根，全国的，全世界的，十姐弟的张家人可以在苏州九如巷三号找到这处根。寰和被媒体称为"守井人"，他也默默地高兴着，他认可这个美名。作为"守井人"，虽然未能要回自己的房子，但他不"后悔"。

张家的家风是以"和"字为中心的，名字中都有个"和"字，姐弟相亲相爱，互相尊重，长姊们的决定，大家都听从的，一家有难，各家都支援，一直相亲相爱到老死。乐益女校的师生情谊亦如是。记得沈淑老师带着两个孩子担任舍监时，儿子发哮喘病，半夜里来叫寰和帮忙注射药物，寰和二话没说，立即前往帮忙，数年如一日，后来两家亲如一家。

1981年3月，张寰和与巴金在上海合影。

刚解放时，一位教师因继母在家中发生命案而受到怀疑，限制行动自由，老太太被房东辞租，老人家可怜，又是外乡人，举目无亲，无处存身。寰和知道后，尽管那人是兼课老师，他对这位老师分析了下，认为她平时对老母极孝顺，不可能对干妈下毒手的，于是先将老人接到乐益女校安排住宿，然后再具保该老师，终于保了出来。而这位老师所供职的学校却无人关心此事，后来这位老师就在乐益女校就职了。老太太临终前交待小辈，不要忘了张家恩情。

在"文革"的后期，一名造反派头头回浙江老家，寰和听说他经济上遇到困难了，那时寰和能支配的只有自己的那点儿工资，他就从自己的工资里取出一部分，邮给那个老师。后来学校查出是寰和邮寄的，告诉我这件事，我才想起来，怪不得那个月的钱怎么用起来那么紧呢！他这个人就是从来不计较别人对他怎

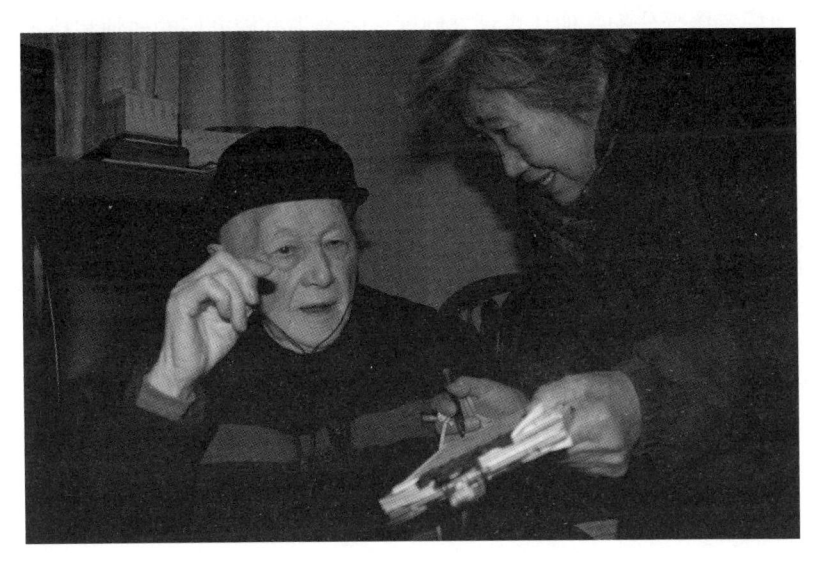

2013年，"最后的守井人"张寰和先生与夫人周孝华在九如巷家中。

1982年，著名教育家匡亚明回到曾经执教的乐益女中旧地，与张家人张允和、张寰和、周孝华等人合影。

么样，只知道自己应如何待人。

1978年下放苏北回苏州，回到苏州八初中，先让他抓校办厂，他乐意接受分配，他认真订立制度，团结主办校办厂的教师和技术人员，努力将经济搞上去。校办厂办得有声有色，经济上去了，他首先想到的是要为职工办理医疗和养老保险。他曾对我说，一定要让职工在退休后生活有保障。此举是走在各校办厂的前面的。后来他又积极筹划购房、建房计划，以解决教职工的住房困难。

寰和对自己一向是公私分明的，一辈子清清白白做人，不占公家分毫的便宜。90年代，一次出差在北京，白天办公家事，晚上去探望在京的二姐和三姐，就住在姐姐们家里。回苏后，学校里有个别人反映到教育局，局里派人来查，结果他在北京的路费只报销了几角钱，他知道后，也只笑了之。

20世纪末，在二姐家里等宁和夫妇回国团圆，寰和看到二姐编《水》很累，决定马上学电脑，接过二姐的班来办《水》，此时他已八十多岁矣。后来帮二姐编《浪花集》，又编了《张家十姐弟的故事》等。2000年后，龙朱看到五舅年事已高，且体力很差，他舍不得舅舅，就把《水》接了过去，不然的话，寰和一定会很累，可能活不到现在。

2013年，王道先生来九如巷，以前我们不认识的，真是天意，他怎么会知道九如巷张家的事情，且对乐益女校的历史很有兴趣，就这个话题，走进了张家。幸亏寰和记忆力好，王先生又能吃苦，去各地调查了解、收集访问，冥冥之中有什么力量在凑合，在寰和有生之年出版了两本《流动的斯文》和一本《小园即事》。书出版后，寰和激动地说，感谢王道。还加了一句：感谢周孝华，他对这两本书的出版也奉献了不少力量，为张家子孙们留下了些资料。

寰和坚守九如巷老井，为张家后人留下一个"根"，这样所有的张家人能随时回家来看看，歇歇。苏州九如巷三号是张冀牖老爸和陆英老妈亲自购买的地造的房子，如今老房正屋虽被拆去，但老井仍在，尽管寰和因此也未分配到房子，他也无半点不开心，他遗憾的是未能在有生之年翻建，毕竟力不从心了，只能将此愿交给孙辈去完成了，愿"和居"兴旺。

寰和一生为人，同事朋友们都说他是个"好"人。他爱国家，爱学校，关爱师生，不追逐名利，淡泊人生，气量很大，能容忍别人，从不与人争高下，心底宽广，与人为善，一生无憾了。愿他在天堂里保佑"和居"的人们兴旺、发达。

2015年2月1日苏州九如巷

工人们的小故事

张元和

（一）李老头　名家升，年幼时被长毛掳去。十几岁，学耍大刀。某天不慎，用力过猛，重刀将右腿齐膝打扭过来，脚尖向后。他不顾疼痛，立刻甩掉大刀，双手用力将右小腿及足硬扭回原位。真是个不怕痛而有力的少年。

逃出长毛窝后，因食量大，人家都不愿雇他当长工。某天，他闷闷不乐坐在河边。有艘大红船将张帆出航，多人下水，齐举帆杆不起，他乃自荐可以举起长木帆杆，并说肚饥，船老大将半锅饭给他吃，他吃完，还说不够，无奈，拍拍肚子对那些人说："让开！让开！"他一人下水，将大木帆杆双手托起，向上一推竖，帆杆竖起，却因力大，闪断了杆尖一段。

到我们家来，先后侍候我家长幼三代人。我幼年家住铁马路时，他将大门内大天井走廊上挂起粗绳，吊个小竹椅，让我坐在上面，推我荡秋千；又叫我蹲着，他在我后面，两手抓住我两只小腿，举起来，名叫端石猴。其次，他两手横举我躺着

20世纪30年代,张元和与顾志成(顾传玠)合影。

向前甩,使我头晕,大叫而罢。他那时年老,只看看门,所以常带我们玩。

每年冬天,他总是画了一幅用铜笔套在墨盒中蘸了墨水刻上九九八十一个圈圈,每天记气象云:上盖天晴下盖阴,左风右雨雪中心。点尽图中墨黑黑,方知郊外青草草。(上盖天晴下盖阴,左风右雨雪中心名曰九九消寒图①)

(二)陈干干　我七岁,万奶奶回合肥,不治而死,不然她还会回来带我的。因为大奶奶(祖母)特别疼爱我,就将我卧床搬到楼上,住大奶奶后房,由陈干干带我了。

陈干干是安徽无为州人,她家有丈夫和三个儿子,一个女

---

① 古代时俗,从冬至那天起就算进九了,在冬至汉族民间有贴绘九九消寒图的习俗,消寒图是记载进九以后天气阴晴的"日历"。

儿，是女工中有福气的一人。其余多数是寡妇。她生三个儿子一个女儿后又怀孕，临时分娩，家人都不在身边。她阵痛时，没有老娘（接生婆）接生，自己靠在门旁大扫帚上生下婴儿。她一看，是个女孩，等衣胞出来后就用衣胞甩在女儿脸上，把她闷死了。当我听她讲这件事时，还怪她太狠心，怎么活活将女儿闷死？她说年成不好，养不活，不如让她重新去投胎，投到好人家去。唉！这种惨事，当年穷苦人家，一定是屡见不鲜的。

（三）窦干干　她带允和二妹，她儿子是裁缝。她同陈干干都是爸爸还未结婚时就来我们家当女工了。当年在合肥，房子很大，有好几进。右边是靖达公的祠堂，与祠堂相隔的前后走道，共有18间屋长，最后住宅一进，还有转楼，上面是储藏室，很少人上去的。后院很大，院后是仓房，堆米、储柴的所在，每年要买许多担柴存着逐渐用。某天，男工们忙着称柴入仓，窦干干却穿件有补丁的衣服，头上扎一块布包头，只露一点脸，手中拿一根细竹竿，坐在后院石头上装乞丐。家中的狗知道是熟人，不叫。窦干干用竹竿向狗摇动，引狗大叫。厨工连忙盛一大碗饭，加些菜，走到窦干干面前，将碗递给她说："快吃了饭，出去，不要在这里碍事。"窦干干用竹竿打了他一下说："我碍你什么事？！"并把包头一掀。男工看是她，说："窦大妈，我当是叫化子混进来哩，原来是你啊！"两人笑成一团。

窦干干夏天穿粗布夏布衣服，喜欢用米汤（浓浓的）浆衣裤，裤子晒干了，可以硬得站在那里，大家都知道这是窦大姐的裤子。

（四）朱干干　是带兆和三妹的。她初到我家时，儿子支维福才九岁，女儿五岁。她将两个孩子丢在乡下家里过冬，临走时对儿子说:"好好带妹妹在家过日子,门前有草堆,你可以用它烧饭吃。"春天她告假回乡,见门前草堆未动用,子女日子怎样过的。到家一问,原来维福,小小年纪,不但同妹妹过得平安,还天天自己拾柴来家烧饭充饥,太懂事!太感人了!

顾意四清

张兆和

1966年到顺义县丁甲庄搞四清,胡海珠是我们的领队。到农村四清,无非是在农村搞政治运动、阶级斗争。我们把村里原来的积极分子靠边站,看村里谁是四不清分子。这对我们知识分子来说,确实也是一种深入生活的锻炼。我们同房主人老大娘同坑睡,每天挨家吃派饭。有时觉得油水不够,托人在别的村子买点甜食,略作补充。若有同事回北京,就托他到家里要点茶叶,这就满足了。去丁甲庄,要到东直门外乘长途汽车,下车后还得走一段路。为了抄近,我总是走一个渡槽,可以少走许多路。有一次从北京回村,我仍然习惯往渡槽走,哪里知道这次渡槽放满了水,直齐槽帮,哗哗直流!我迟疑:能不能过去?走不好掉下去可没有命!想一想,竟大着胆子小心翼翼走向不到一尺宽的槽帮上。渡槽下面,几个放牛娃大声喊:"老张,渡槽放水,不能走!"我虽然胆怯,还是硬着头皮一步一步走了过去。如果那时当真摔进渡槽,现在早没有我了,不知身落何方,我这段回忆也没人来写了。

1998 年 11 月 6 日抄记

留园的一天

张允和

1923年7月10日,下午4时,蔡元培先生和周养浩女士的婚礼在苏州留园举行。留园里挂灯结彩,洋鼓洋号时起时落。3时左右,参加婚礼的宾客络绎不绝地到来。留园里到处是人,人群中有一位住在朱家园的刘老太太,由他孙子刘重荫搀扶着向留园的小礼堂走来。我的爸爸张冀牖跟在后面。我爸爸是刘老太太的外甥,我们叫刘老太太三舅奶奶。爸爸1921年在苏州创办乐益女中,前后向蔡元培先生请教过有关办学、教学事宜,所以也应邀参加了这次婚礼,礼堂不大,来宾较多,很热闹。刘老太太为了参加婚礼,穿上了她认为最好的衣服,喜笑颜开地向堂上张望。新娘子周养浩今年33岁,上海爱国女子的高材生,是江苏省立医院院长周仲琦的妹妹。刘老太太常在省立医院看病,和周院长一家都十分熟悉。参加这次婚礼的有顾颉刚、张一广、许海珊、张菊生等人。还有一些苏州教育界人士,如教育局长潘震霄、振华女校长谢长达、校长王季照、校务主任王季玉等。下午4时举行婚礼，蔡元培应宾客要求，做了订婚经过的报告。婚礼进行时间很长，一直到晚上11点钟。音乐队间歇奏，乐曲很温和柔美，但气氛十分热烈。

怎样也没想到，在新娘新郎退出场后，旁边音乐队的打鼓佬，突然发现刘老太太倒在椅子上睡着了。大家都起身退出会场，陪老太太的孙子重荫去搀老太太，很重，很重，搀不起来。大家这才发现刘老太太没气了。

那时我14岁，如何抢救无效，我也不清楚。只是当时苏州报纸载有这件事。把死者由留园移向城内朱家园家里发生了问题。说是死人只能向城外送，不可以从城外向城内移。我知道后来刘老太太还是进了城。记得我爸爸还去朱家园吊孝，参加了葬礼。

一个美好的喜庆日子，可又是我的三舅奶奶去世的日子。我深深记得这个日子，1923年7月10日！

《苏州妇女》开场白

张允和

这里诞生了一个小小的副刊：《苏州妇女》。

谈到苏州妇女，许多人的心目中，常常会引起奇异的感觉。"苏州的女子个个都是文雅、细腻而美丽的哪！只要听她们的说话，就和音乐一样！"一个北方的青年人这么对我说。

"啊！苏州！悠闲的苏州。男子只知道喝茶，做娼妓的多半也是苏州人，你看各处的娼妓，谁不说自己是苏州人？"一个上海的商店老板，听他这样骂过。

"苏州是美女的都市，和日本的京都都可以媲美。"一个自命日本通的人对我这样赞美。

"听说苏州的女子到了十五六岁，就得卖到外埠去了，这是真的吗？"一个美国的传教士又这样问过我。

总之，苏州的妇女是"名闻中外"的了；在许多人的印象中，苏州妇女有两种典型：一种是"文雅、有闲、享乐的小姐太太们"；另一种是贫苦、堕落、下贱的娼妓。不能说苏州没有这

20世纪30年代,张允和曾在苏州明报编辑《苏州妇女》专刊,弘扬女权。

20世纪40年代,张允和出国时的护照照片。

两种典型的女子，虽然不如他们想象的那样"繁盛"。

在他们看来，前一种"文雅"型的妇女，是苏州的光荣；而苏州之有后一种"下贱"型的妇女，是苏州的耻辱。其实，这两种妇女，都是不健全社会中的不健全分子，前一种是游离了社会生产的，后一种是挤出了社会生产的，同样作为男子的娱乐品，一般人都犯了观察偏狭的错误，他们都没有看见苏州妇女的另一面。

苏州的天平山是游历苏州的必至之地。我们就以住在天平山脚下的苏州妇女来矫正一般人的错误观念吧。

游客一到山脚下，就有许多抬山轿的来招呼你，只要几毛钱，就抬你来回。这些抬山轿的是谁？就是苏州的妇女。她们的两肩有百斤以上的气力，抬着山轿，健步如飞。她们把"天"平山当作"地"平山。在她们两个肩头上抬着的，不仅有只会跳舞不会走路的小姐，还有许多年轻的少爷们，这样的妇女占据苏州妇女大多数。

苏州妇女真的是一般所想象的那样个个都"弱不禁风"吗？真的只能像"花瓶"作为社会的点缀品而负不起艰苦工作的责任的吗？真的只有"文雅"和"下贱"两种典型吗？我们不必找其他证明，天平山下几个抬轿子的就会把这种错误观念打得粉碎了。

不过，不论是"文雅"的、"下贱"的，还是任劳任怨的劳动妇女，都是在不幸之中生活着的。"文雅"的往往做了"笼中之鸟"，成为男子的娱乐品，没有自己的独立人格。她们的命运已经走近末日而不自觉。"下贱"的，她们都是要想加入生产劳动而得不到理会，以致被逼走入任人蹂躏的一条路。"艰苦劳动"的，她们终年胼手砥足而难得温饱，她们有伟大的力量而得不到正常的发挥。这三种妇女，环境不同，生活的不幸是一样。"文雅"的需要唤醒，"下贱"的需要拯救，"艰苦劳动"的需要引导、教育和组织，她们都急迫地要求解除她们的不幸。

苏州的妇女们，起来吧，我们各自拿出自己的力量，联合起来，创造我们新的生活。我们要别人知道，苏州不是"美人"的"家乡"，而是觉醒妇女的发源地。

1936年10月26日《苏州明报》

门房列传

张宇和

门房是童年爱去的地方，那儿趣人趣事很多。

住寿宁弄时，门房、轿厅、大厅都很大。专管门房事情的人，即称为"门房"。门房里常聚有其他佣人，整天热热闹闹的。

我记忆中的首任门房黄老头，是个前顶光秃、两鬓花白的魁梧大汉。他力大过人，常抡起拳头把廊柱打得咚咚响。巷道里砌有"泰山石敢当"基础的粉墙，一捣就一个窟窿，摇摇头咕噜："空心的，不经捣！"他只手能把我们举过头，弯起两个胳膊，每个膀子上吊一个孩子大步走。门前不三不四的人，见他迈着不紧不慢的步子走来，就先开溜了。实际他很温和，未见跟人闹过架。笑眯眯的没有多话，很了不起。后来年迈告老还乡了。

厨子黄四，年轻调皮，是门房的"座上客"。忙完饭后，从最后进的厨房跑到人厅甬道头上，穿上爸爸挂在那里的雨衣，对门房细声地叫："维标！维标！"维标（陈干干的儿子，经常跟

张家四子、植物学家
张宇和全家合影。

爸爸出门的）一听叫唤，慌忙抢步跑来，见是黄四捣鬼，众人大笑，他除笑骂几声外，还是不断地上当受骗。实在是黄四学爸爸的声调惟妙惟肖，使他不敢不来。

搬到九如巷，门房只有一间，远不如前热闹。接替的是吉老头，留了稀稀的花白胡子，个头也不小，但文弱多了。他戴了副老花眼镜，拿起新送到的杂志，眯着眼，摸着胡子，用宝应口音大声说："花花绿绿，绿绿花花。它认识我，我不认识它。"其实他上过私塾，常给我们唱："赵钱孙李，先生没得来；周吴郑王，先生没得床；冯陈褚卫，先生没得被……"使我们从小就晓得什么都没有的便是先生。他识得不少字，胜任门房收发。住上海时他成了每天跑遍报摊为爸爸搜罗小报的专差。小报多，名称古怪，什么罗宾汉、金钢钻、紫罗兰、福尔摩斯等等，他都分得清。不像黄老头，不爱活动，整日端坐在门房里。细品两餐前小盏白酒时，话就更多。他好像没有什么亲人。有个本家兄弟老吉，是火车站搬运工人。每当家里乘火车逃难，人口、行李多时，少不得走他的后门，还顶管用。

两任看门老头"离休"后，门房年轻化了，还兼管家里的小账房。

先是一个叫相金荣的,长得还清秀,事不多,他又坐不住,门房经常有闲人。他就趁空溜去巷口赌钱。一次,爸爸唤他不着,别人把他从牌桌上找回。他谎称是去公共体育场听军乐队奏"洋鼓洋号"。爸爸说很好,递给他几家大图书文具店(文怡书局、小说林等)赊购的折子,让他去买乐器,对他说:"去挑,喜欢听什么买什么,让毛哥们吹打给你听,在家里听!"五弟和我在场,真是喜从天降。金荣捧了折子下来,一声不吭,催他上街却死活不动身。逼急了,低声说:"那买得的吗!"当时真不懂他居然敢不听吩咐,失去了我们组成儿童乐队的机会,很反感。

牌照打,钱不够花,不免动脑筋。当时币制很复杂,有银元、银角、铜板,银角又有大小样之分,它们间兑率每天

举杯邀明月

鹭鸶

沙漠驼鸟

张宇和先生制作的一组根雕作品。

不同。他并没有报花账，却在结余和接受拨款结存上，每天扣下一二银角，居然被蒙混了几个月后才发现，于是被炒了鱿鱼。

接替的又是一个年轻人，叫高立人，身材并不"高"，大脑袋，其貌不扬，但会许多小玩意。如能口衔油条，不用手和筷，随着手指一伸一曲的节奏，把长长油条一段一段送进嘴巴，极有趣。

当时有位叔祖，精神不正常，怕独自外出生事，立人被"平调"去当跟随，侍候他、陪他、为他付款，陪太爷逛街，住旅馆，日子一久，手上有权有钱，就"违法乱纪"了起来。有天我们在巷内踢球，一个花技招展的女人坐了洋车来找"张公馆的赊房先生"。原来他在外招摇胡吹，还是别人设法把她打发走了，没敢让爸爸知道，这使他胆子更大了。

七弟宁和小时多病，常请远在阊门外的美国医生惠根生看病。一天早晨，让立人打电话请他来为七弟看病。路远，只有包车代步，加上请他出诊的人家又多，迟迟不见来。妈妈一个劲儿催立人打了多次电话，还派他去接。他一肚子不高兴，走到巷口，包车正要进巷，他正没好气，大声对包车夫喝道："跑得这么慢，人早死了！"医家规矩，人死不进病家，包车夫没掉头就直拖医生跑了。立人赶着去追，哪里追得上，这才知道闯了祸，没有赶回来。妈妈亲自给医生打电话，方知就里，立即着人把他的帐子、铺盖都撤了。直到傍晚立人回来，自知不能挽回，只得卷起铺盖走了。

两个年轻的门房先后就这样被撤了职。以后，家里门房这一"职位"也就裁撤了，我们也都进初中了。

后记：5月中旬，陪孝棣来苏参加母校（东吴大学）百周年纪念。住九如巷旧居。寰弟、华妹家三代人殷殷招待。我病足,不良于行。小园月季、金银花盛开,满园芬芳。在廊下(九如茶吧)品茗赏花,很悠闲。与寰弟畅忆童时种种,极有趣,笑声不绝。五弟乘机履行编辑之责,为《水》逼稿。面对门房旧址,由我执笔,草草成稿,编辑随即上机,边打字,边商议,一日内完成。

第三编　山水和鸣

我的镕和舅舅

沈虎雏

从昆明出发的滇越铁路窄轨慢车，磨磨蹭蹭，逢站必停，但一过獭米珠，小小机车必加大火力烧足蒸汽，吭哧吭哧开到最快。前边有个道口，铁路指向东南，跟南下的石渣公路作剪形交叉，车头经过时尖叫一声为自己鼓劲，向旅途中第一道陡坡全力冲去。这时两三里外的人，光听它喘气节奏变化，就明白是勉强爬上坡顶，还是挣扎失败，忍气吞声倒溜回去，道口看守单凭这声音，就会再次拽下拦路杆。

坡的最高点有个小站叫桃源，坐在跑马山脚背上，下车人顺山前漫坡出站时，较近的竹丛堰塘、村舍公路，远远的滇池白帆、西山赤壁，在透蓝天空下清晰可辨。桃源新村靠近公路，在下边一里多远。

1944年，为配合中缅印战区中国远征军反攻滇西、驻印军反攻缅甸等作战需要，盟军在车站和新村之间漫坡上，建起有几十座大帐篷的营地，进驻一个通讯营和一家空军医院，从此村民跟

建国后不久，张宗和与女儿以䡠和到贵州的沈虎雏合影。

美国老洋咪做了邻居，有大量近距离接触机会，各种美国弹壳和子弹，成为男孩子最普及的玩具，村里小菜市，出现几个专卖美军剩余物资的地摊。

1945年暑假，镕和舅舅第一次来桃源，没在桃源站下车，而是从道口那边顺公路走来。这位魁梧挺拔大块头的抗日军人，身穿美式军装进到我家茅草屋，房间顿时显得窄小，但也焕然亮堂起来。爸爸妈妈笑得合不拢嘴，拽着舅舅的手上下打量半天不放，评论"更高了，长壮了，晒黑了……"我和龙朱哥哥立刻变成他的两条尾巴，跟进跟出寸步不离。

放下军用行囊，全家围着看舅舅洗红润冒汗的方脸，继续问长问短。

"火车上听人指点，在赖米珠卜的车，多走了冤枉路。"

妈妈笑起来："什么'赖'米珠？水獭的'獭'，獭米珠！"

红扑扑脸盘更红了点，几粒青春痘清楚凸现，我觉得这张脸怎么看都英俊顺眼。

"沿着公路走，问过几位老百姓，有认得的就把我领来了。"

轮到我笑了："哈，那是我同学，小孩子怎么叫老百姓？"

"小弟，只要不是军人，都是老百姓，你也是老百姓。"这身份让我感到新奇。

镕和舅舅是中国驻印军小军官，坦克部队的，那时候叫战车。他从黄埔十八期毕业后，又去陆军机械化学校受战车训练，然后经危险的驼峰航线飞到印度，在兰姆加基地驻印战车训练班再次受训，成绩优异而被留作战车驾驶助教，培训新学员。

反攻缅北的战役，中国驻印军战车一营在最前线，配合步兵打头阵，掩护紧随其后的美军工程兵，强行修建连接中印的史迪威公路，一营战功赫赫。由于缅北山峦重重森林密布，大规模战车编队没法展开，战车二营虽然也有齐全的美式装备，却只能在战区当预备队，为一营补充损耗，另外几个战车营还在印度等着接收装备。待镕和舅舅完成教学任务，兴冲冲带领战车开进缅甸，补充到二营时，战役接近尾声，他已轮不上去战场效力了。

1945年3月，缅北反攻获得全面胜利，战区百废待兴，部队派镕和舅舅去巴康华侨学校，做了三个月临时教员。他把全部津贴都送给在日寇蹂躏下幸存的那些苦难深重的孩子，直到最近，才随战车二营回到昆明附近待命。

舅舅在印度、缅甸，吃的全是美军伙食，清贫的桃源村民目前当作营养品的美军剩余罐头,他肯定吃腻了,妈妈赶忙拎着竹篮往小菜市跑,哥儿俩合力抓鸡,爸爸卷起袖子宰杀煺毛,我们又争着上井台打水,抄起火扇生炉子,镕和舅舅样样插不上,急得搓着一双大手,口里轻声嘟囔"何必咧,何必咧……"

我们虽住在乡下,家里倒常有昆明来客,但像镕和舅舅这样,让我们举家兴奋、感到无比骄傲的客人,几年间还从没有过。爸爸夸舅舅是"投笔从戎"的好榜样,我不明白入伍当兵干嘛要投笔?因见过妈妈在球场上投篮动作,心想大个子舅舅把毛笔"投"出去的情形,越发糊涂,只知道反正"投笔"是他应受称赞的一个举动。

吃饭了,小桌上摆得满满,爸爸妈妈往他碗里夹菜,镕和舅舅推让着:

"何必咧,何必咧……"

妈妈又笑了:"你看他,当几年兵还是老实得不得了,只会说何必咧,不懂客套。"

爸爸说:"性格没变,要算其老实了。好!"

虽然没有接风酒,那英俊的方脸盘又泛起一阵红晕。

饭后妈妈安排他在板床上睡一会,舅舅没有午睡习惯,躺着随口唱些歌,我们兄弟会很多歌,他唱的我们却不会。我欢喜他唱那首骂奸商的歌:

"你、你、你、你这个坏东西……到头来,你一个钱也带不进棺材里。你这个坏东西!真是该枪毙……"听着非常痛快。

过一会他又唱:"几时你归来呦,伊人呦……"这种缠绵抒情歌我们欣赏不来,平时听到就不舒服,但从镕和舅舅口里唱出来,不知怎的,我竟丝毫不觉得难受。

镕和舅舅再次来桃源，事先请好假，能住两天，大家都高兴，我们也有机会带他在村里村外转转。

出小院门，经过相邻两栋草房，第三栋是村口的ABC酒店，靠近公路边。舅舅奇怪，怎么店里净是贴五颜六色英文标签的洋酒？龙朱哥说是斜对面酒厂做的，他去看过厂里兑洋酒，我为龙朱补充：

"他也做过一小瓶，拿烧菜的酒兑点茶，加点红糖，加点美国柠檬粉、橘子粉……挺好喝的，还贴着红纸条，写上'葡萄美酒'，给了原来华侨中学的卢校长。"

我们告诉舅舅，以前洋酒只是卖给开车路过的洋咪，现在有了大军营，每天傍晚许多请假出营的老洋咪来买，生意好得很。大概不准带回军营，他们都是开了瓶仰脖就喝，没地方坐，就在村口溜达，高兴了又唱又跳，拉着桃源小孩跳舞，特别好玩。两人当场表演洋咪那种简单之至的乡村滑稽舞，镕和舅舅大笑：

"美国兵闹不闹？我看见几栋院门上，都贴着'请勿打扰'的英文大字。"

"那是邻居请妈妈写的。"

我们给舅舅解释，桃源没有吉普女郎，洋咪醉了就躺在对面土坎上，不打闹，也不敢回营。孩子们都放心跟喝酒的洋咪玩，但天快黑就回家插门栓。晚上有时候醉鬼来拍院门，嘴里含糊不清放洋屁，不理他也就走了，没有撒酒疯胡闹。镕和舅舅说他们部队纪律比美军严，开什么车都不准喝酒，更不允许在街上烂醉如泥。

来到村北，前边一个方形碉楼引起他注意，我们指点另外方向，还有同样的两座。这东西盖着洋瓦，比村里茅草房高一大截，走进里边，只见二层楼板正中开个方洞，梯子早就撤了，很久没人上去过。镕和舅舅打量一下，纵身跳起反握方洞边框，一个翻身人就上了二楼。过不一会，他轻松跳下来，说这些是守望村子的哨楼。可能当初邮政总局在桃源时建的。我们对他矫健动作钦佩之至，也不由得感到惋惜，要是让同学伙伴们一块儿看到该多好！

　　回到家里，镕和舅舅讲的印度缅甸故事，更让我们听不够。

　　讲他们机械化部队翻越野人山的情形。史迪威公路是在炮火下艰难施工，又简陋又狭窄，前车抛锚，后车往往绕不过去。因此无论是汽车、战车，一旦抛了锚，美军顾问不让修理，要马上推到路边，任它翻下山沟里。中国兵都非常心疼，明明可以修好，但必须尽快赶到战区，不能为修车把整个部队堵在半路，贻误战机。

　　他说到两年前远征军那次艰难撤退，几个中国士兵已经在野人山热带莽林里被蚂蟥毒虫、饥饿伤病折磨了很多天，早已精疲力竭，谁支持不住倒下，就只能永远留在那里，不几天衣裳还没腐烂，人已被无数虫蚁吃得只剩一副白骨。忽然间，士兵们闻到烟火气，顺着传来的微弱呻吟，发现一位中国伤兵，被剥掉上衣捆绑着倒挂在树上，地面一堆暗火，捂在叶子和灰烬下慢慢燃烧，熏烤奄奄一息的士兵，一望而知，是遭到反英亲日的缅人武装袭击。几个自己都走不稳的士兵，赶忙尽最大努力，把受难同胞解下来，背靠一棵树坐好，喂了点水，那伤兵艰难地开了口：

　　"好弟兄，帮个忙……朝这儿打一枪，你们再走……"

士兵们实在无力带他脱险，商量过后，只得流着泪，拿一顶军帽给他戴上，面对这位远征军弟兄，立正敬过军礼，满足了他最后愿望。

镕和舅舅说，直到今年，穿过野人山原始森林反攻的中国军人和开路架桥的美军，依然能断续看见两年前远征军留下的累累白骨。

男孩子关注兵器，我们问他为什么没带手枪？舅舅解释因为在后方待命，请假出营不佩枪，只在行囊里有把短剑，并不佩带。

"舅舅，老洋咪规矩也差不多，请假出来玩，出来喝酒都不带枪，只有时腰里挂把军刀，我见过他们在酒馆外比赛，像飞镖一样把军刀远远甩出去剁一棵小树。"

舅舅取出短剑让我们把玩，剑鞘是金属的，表面亮光光，两头包覆些金色装饰，正面还有金色"蒋中正赐"字样。那些金色表面看上去不怎么光洁，色泽也不大对头，像涂刷金粉装饰那种感觉。短剑两道刃口都是钝的，摸也不会割破手，怪不得镕和舅舅放心让我们拿着玩。更奇怪本该尖锐锋利的剑梢竟是更钝的秃头！舅舅全部装备里唯一中国造的家当让我失望：

"人家洋咪的军刀又尖又锋利，抓着软软的把手特别舒服，平时有好多用途，打仗时还能杀敌，这种剑有什么用？"

"主要是纪念品，不是杀敌武器。但战场什么情况都可能发生，万一弹尽援绝，被敌人包围，为中国军人荣誉，舍生取义，这短剑可以用来自杀。"

"这么钝怎么行？"

镕和舅舅解释，只要有尽忠报国的决心，钝也没问题，军官们私下里就称这是自杀剑，边说边演示，剑梢对着肚子，双手抓紧剑柄猛然发力！那剑梢其实是顶在厚实的帆布腰带扣上，腰带压着肚皮，瞬间深陷进去吓我一跳。我相信舅舅的话，但不欢喜这件兵器。

哥儿俩虽然是小老百姓，对军事装备可见多识广，两人告诉他，前些天几个年轻老洋咪到村里大户华家做客，开来一辆战车，被我们十几个顽童爬上爬下占领，洋咪出来时，打开门盖让我们看里边什么样，锃亮的炮弹有这么大，在炮塔里弹头朝上排成马蹄形……舅舅说他们用的就是这种美制轻型战车，部队虽然轻型中型都能掌握，真正带回国的全是轻型战车。我对他们手里没有大家伙感到遗憾，舅舅说不要紧，这种轻型战车已经比日本的强很多，轻一点，在国内就有更多桥梁能通过，参战机会也多。现在他们天天盼着上战场命令，一心只想早点去前线大量消灭敌人，收复失地。

爸爸妈妈因有事出去了，有人拍院门，是红光满面的卢校长，只匆匆说一句："收音机消息，日本无条件投降！"就跑去拍下一栋院门。

龙朱顾不得回房，冲坐床边的镕和舅舅重复一遍卢校长原话，两人就赶快跑去告诉同院邻居。待我们回家时，只见他毫无表情，依然呆坐床边。

哥儿俩理解舅舅心情。养兵千日，他好容易到了缅甸，却没赶上去前线杀敌，这回连在国内战场大展拳脚机会也没了。我们都不知怎样化解舅舅的失落感，只控制着欢快情绪，别去进一步刺伤他。

趁我们没注意，镕和舅舅独自出去了。两人跑去找的时候，不嗜酒的舅舅正好拿着大半瓶洋酒迎面走来。回到家，他还是坐着不讲话，隔一会，抿一小口，不像洋咪那样狂饮。

没过多久，眼泪簌簌而下，他不擦拭，我们也不敢打搅。

正是暑假期间，村里建国中学和恩光小学空无一人，卢校长的惊人消息暂时还没引起喧闹，美国空军医院和兵营中，也听不到什么动静，在照常静悄悄的村子里，兄弟俩默默看着英俊魁梧的镕和舅舅，静悄悄地流泪。

我们头一回见男子汉哭泣，他不号啕，泪长流，实际大哭了一场。再也不可能去抗日前线报效祖国，想必是他有生以来遭受的最沉重打击。

舅舅哭累了，有些酒意恍惚，侧身躺下休息，两人趁机把洋酒藏起来。过一会他摸不着瓶子，起身来找，很快从门背后找到，继续坐床边抿酒。当再次躺下时，酒瓶被藏到另外房里，他起身从门后摸着个油瓶，正举起要喝，被龙朱哥哥抢过来。酒劲上头，他无力争夺，只好躺下。

镕和舅舅躺了很久，面色潮红，偶尔抽搐，或长吁一口气，摇他却没反应，怎么办？龙朱想起电影上把晕倒人物弄醒的知识：朝脸上泼冷水。为不浇湿床上东西，两人费半天劲挪动他沉重的身驱，直到半个头悬出床板外，拿漱口缸子舀来冷水，地下接个脸盆，该泼了，龙朱犹疑起来，没敢照电影里哗的一下浇个满脸花，只把冷水一点一点倒在他脑门上，舅舅除了不时晃动一下，没有醒过来。

离开桃源三十几年后，在一遍又一遍认真学习、深刻领会"公安六条"之类无产阶级司令部权威政策时，我常常走神：眼见多少明明不够格的人都被升级，扣上各种可怕帽子，打入牛鬼蛇神队伍，成为专政对象。想起多年没有联系的镕和舅舅，他的老实秉性，对自己的历史，肯定早已坦诚交代得一清二楚，但在横扫一切运动不断时代，对敌人要像严冬一样冷酷无情！他背负着剥削阶级家庭出身，黄埔军校一律要加入国民党，驻印入缅当过小军官等历史"原罪"，尽管早就解甲归田，多半还是在劫难逃。如今为投笔从戎历史再受几番折腾，舅舅还会流泪吗？我想不会了！还有闷酒可喝吗？不得而知，只能默念些不管用的心愿，企盼这位曾让我们全家感到无比骄傲的抗日亲人一生平安。

离开桃源五十几年后，有幸参观长春电影制片厂，在摆放道具的地方，一件陈旧的发乌兵器与我对视，似曾相识。那是一把我不喜欢的中正剑！以拍摄红色革命题材电影为主的"东方好莱坞"，收藏这件道具，多半是给饰演内战内行、外战外行、消极抗战、历史罪人、手下败将一类角色准备的，用来增强其银幕上的丑态效果。

离开桃源六十多年后，终于从电视屏幕上看到一些可敬的有心人，在滇西、缅甸昔日战区征集的抗战历史遗物。中正剑的身影再次闯入眼帘，它们锈迹斑斑，破旧不堪，并非一把，而是一堆。顷刻间，打消了对这种兵器的厌恶，我看到一个个年轻鲜活的生命！画面里残破的中正剑即便成堆，也仅仅是千百个之中的一小部分，是多少投笔从戎热血青年战死沙场，以身殉国后散落在深山莽林的很少一部分遗物。这画面带给我前所未有的震撼！

一些热心执着的民间人士和媒体记者、学者，数年来还竭力寻访境内外抗战老兵，记录他们的口述历史，倾听他们亲身经历的战争磨难，遭遇的不公正待遇，饱受压抑渴望理解的心声……在中华民族到了最危险的时候，他们的血肉，也曾参与筑成我们新的长城。长城的一砖一石，默默无闻，没有刻写丰功伟绩，但那些无愧使命、珍惜尊严的风烛残年的老人，尽管各不相同，在我眼里，都如同我的镕和舅舅。

卢沟桥事变 75 周年
深怀对曾经投身浴血抗战先辈的敬意
对致力还原真实历史人士的感恩之情
2012 年 7 月 7 日于北京

家祭毋忘告乃翁[1]

王锡福

姑苏城外，七子山下，毗邻木渎古镇，连绵一片苍翠起伏的小山岗。这里便是苏州人称之为凤凰山的凤凰公墓。清明后一日，我从六百里之外赶来，祭奠长眠于此的岳父岳母双亲。献上一束鲜花，点上一对香烛。当我跪拜在二老的墓前，浮想联翩。遥想岳父当年，跟随堂姐（沈从文夫人张兆和）一家人躲避战乱，辗转至大后方重庆。在那寇深祸急、烽火连天的岁月，年仅十八岁的他，本该继续学业，可是他放弃了，毅然从军。当时对于生活在大后方的热血青年来说，黄埔军校成为他们的神往之所。投考黄埔，是许多渴望抗敌御侮、复仇雪耻的爱国青年共同的人生抉择。岳父报考黄埔，经过短暂学习后，随远征军赴缅甸抗战。

我抚摸着一方冰冷冰冷的墓碑，思绪万千。当年岳父身经九

---

[1] 此文为纪念张镕和，作者为张镕和的女婿。

死一生，一腔热血报效祖国。这本该是他最辉煌的人生经历，可是老人家在世的时候对于这段经历，一直深深地埋在心底，没有向子女们透露半个字。在妻子模糊的记忆里，"文革"期间，他的父亲只是一个长住"牛棚"，交代历史问题的"专政对象"。

　　在我的记忆里岳父也是位为人谨慎、极少言语的人。从未听他言及自己参加黄埔军校及随远征军出战的经历。只是到了"文革"结束以后，有一次闲谈到抗战，他嘴里才敢冒出一句："国民党不抗战？！"当然，每当他说出这样的话，很快又被张镕和一旁的岳母制止。现在想来当时他定有一肚子的委屈，却不能向人道明白。1983年，年仅59岁的岳父突然脑溢血病故，带着他的委屈永远地离开了人世。我们在整理他的遗物时，发现他写了几十页信纸的文革期间的"交代材料"，只记得上面写了他是黄埔"十八期"毕业，毕业后随部赴缅甸作战。遗憾的是家里人也没在意，岳母痛定思痛，将这份材料当作"祸根"与岳父生前其他的遗物处理烧掉了。几年后，有关黄埔军校及远征军的历史开始解封。但是，我们所想了解的岳父那段人生经历，却始终是片空白。他是随1942年第一次远征军出战，还是1944年第二次远征军出战？是什么兵种？部队番号又是什么？参加过哪些战役？看来这些永远也找不到答案了。所幸的是，我和妻兄在本地黄埔同学会的"黄埔同学录"的"十八期"上查找到了岳父的名字。还有岳父当年在远征军使用过的那床英国制造的军用毛毯和一把美制多用工具刀被我们保留着。睹物思人，岳父当年露宿丛林，这条军毯他或用之御寒，或用之避蚊叮虫咬。这军毯和工具刀不知跟随他经历多少次惨烈的战斗呢！我们不会忘记，子孙后代都不会忘记那段可歌可泣、气壮山河的历史。

敬爱的岳父大人您尽可以瞑目了,远征军英勇抗战已世人皆知,彪炳史册。胡锦涛主席在纪念抗战胜利六十周年的讲话中说:"中国国民党和中国共产党领导的抗日军队,分别担负着正面战场和敌后战场的作战任务,形成了共同抗击日本侵略者的战略态势。"也还了历史的一个公正。

宗和日记（《秋灯忆语》节选）

张宗和

12月14号，我们全家由蒙家花园搬进重庆城里，住在朋友张新亚家里，等待到成都的公共汽车。一直到圣诞节第二天，我们才跨上四川公路局到成都去的客车，开始"万里还乡"。圣诞节晚上，我们还在"银社"看到昆曲公演，那晚上的戏有张善乡、程禹年的《说亲回话》，四姐的《思凡》扮相很美，最后是许振环、张善乡、（郓）瑞珍的《断桥》。戏都非常精彩，而且全都是熟朋友，所以拼着一夜不睡觉明天一早就要上路也非看这次公演不可。以下是《还乡日记》。

32年[①] 12月26日，四点半起来，忙了一阵，四姐交涉来的小汽车已在门口等了。（因昨晚看昆曲，就在陕西街丝业公司住宿——充和注）上了汽车，到飞来寺天还不大亮，上坡打开张家的门，拿了行李，叫人挑到两路口车站。时间还不迟，行李过了

---

① 指民国32年，即1943年。

磅，弄上车，我们一家三口也上了车。车是军队长官们包的，只卖了三张客票，我们占了两张，我靠窗坐，凤竹和以靖坐在我边上。四姐、韦特孚兄、三弟都来送我们的。四姐买东西，泡茶来给我们吃。东西我一点也吃不下，茶倒喝了不少，车子很快的就开了，四姐哭，凤竹也哭了，我也很伤心，这一别又不知哪一年才见面呢。车行半天，我们都没有说话，以靖看我们伤心，也傻了。车子好，开得快，就是有一点小毛病，常需停下来"喝水"，好在并不碍大事。因为昨夜没有睡好，凤竹和以靖都时时打盹，中饭之前车很空，很舒服，中饭之后又上来几个勤务兵，可把我们挤苦了。同车的人都还不错，老军官们笑话很多，常常引得凤竹大笑，一切顺利。天还没黑，已经到了内江，又找到中国旅行社住，真是太幸运了。

12月27日，除了上车以前有些烦心之外，一切和昨天一样的顺利，下午三时半已到成都外东牛市口了。以为四弟会来接，谁知没有。成都我们还没有到过，在站上打听到中国旅行社，我们做了车到骡马市，成都招待所小房间没有了，200元一天的大房间暂时住下，很漂亮，有大床穿衣镜大沙发五斗橱等家具。一到成都，旅程是一个小段落，心定了一些。

12月28日—31日，在大房间里住了两天，就搬到80元一天的小房间里来住了。因为我们愿意在成都多住几天，除了有事外，我们还想在成都玩玩。在华西坝里找到了斯蒂和叶至美（我在乐益女中的学生），她是个大女孩子了，并不太摩登，虽然在金女大念书，说话神气还和以前一样。在荣光大戏院看话剧《大国春秋》时遇见了青岛认识的路老先生和他家五小姐六小姐，他们都出嫁了。在关岳庙里找到了牟老伯幼南，他们两位都是岳父孙老

20世纪50年代,张宗和全家合影。

20世纪30年代,张宗和在北平入学清华大学历史系。

1946年，张宗和与沈从文在上海（苏州）合影。

伯生前的好友，在成都要见的人除三两位之外都见到了。

33年1月1日（土），今天去上老岳父的坟。昨天就约好牟老伯和四弟一同去。上午九时我们从旅行社坐车到纯化街关岳庙。四弟已等着，一同叫车出东门到牛市口，换"鸡公车"下乡。我们都没有坐，让凤竹带以靖坐。经五魁桥我们买了些纸钱、香烛、爆竹一路慢慢地走。找到了江南义地，又问了半天，才找到李班长家。在李班长家后面小破庙（地藏王庙）边一带小竹林前才找到一座已经不太新的坟，厚厚的墓碑上刻着："故友镇江孙誉清先生之墓"，"牟均德路朝銮同敬立"。先还好，小孩子们牵着替我们点蜡烛、烧香、放鞭炮等，小孩子们散了，凤竹伏在坟上大哭一场。后来我们依次行了礼，看看四围的环境还好，凤竹也还满意。在她未来之前听说是义地，她还以为是"乱葬坑"，许多坟在一起呢。现在见到光只一座坟，她稍有点安慰。坟边上有一座破敌藏王庙，门前有一副对子："凡属有情皆觉悟，不愁雾录入红梦"，这副对子似乎很有意思。我看凤竹哭，不禁有点伤心，许多事好像还在眼前。27年我在大陆银行见到孙老伯时，我们还合唱《草地》中的《倾杯玉芙蓉》，我分明记得那晚上的情景，他唱老旦，嗓子真好，现在他已躺在地下五年了。一切太无常了。回旅行社，我怕凤竹再要伤心，但她倒还好，事隔太久，她告诉我她现在也想得开了，也看得空了。

1月2日上午开曲会。路老伯约我一同到北新书局蔡漱六女士家。参加曲会的人不少，都不认得，中饭菜很好，可惜凉了。下午应叶至美之邀到她家去玩。她家在新西门外罗家碾。我们出新西门叫了鸡公车去，并不远，一路有水有桥，成都平原是富足的。一到开明书店（就是她家），至美迎了出来，他爸爸叶圣陶先生也出来了。我们在苏州时就熟，大家用苏州话谈心，又吃酒又用点心。我们怕迟了回城不好，于是他们又请我们吃面，我们吃得太胀了，吃过面就走。他们全家送我们到罗家碾，替我们叫了鸡公车才回去。叶家人都好，他们是一个幸福的家庭，叶圣陶先生一点也不显得老，叶太太真能干，至美身上的大衣就是她自己做的，做得和买的一样，样子也很时髦。至美77岁的老祖母还在，小的有至美哥哥的孩子，比以靖小，一刻工夫已和以靖玩熟了，小弟弟叶至诚也已经在高中。我们也是该老了。

20世纪30年代，张宗和与妻子孙凤竹合影。

1月3日—7日，这几天仍住在旅行社。天天出去玩，也玩累了，到福寿街见到八姐和八姐夫王正仪。他们一定要我们到他们家去住，我们先想假如马上就走又何必搬来搬去呢？后来知道要到13号才有去宝鸡的客车，又碰到三姐在呈贡的学生张祖诒君，他可以替我们弄到银行车子坐，但也要一星期之后才能走，于是我们才决定搬到八姐家去住。

1月8日（土）上午，去羊市街民生旅馆洗澡，我们一家人去洗的，洗得很舒服。下午搬行李到福寿街慈祥里19号八姐家住——幺小姐（王正仪的妹妹）的房。他们住的两楼两底的弄堂房子，还不错，有个佣人刘嫂也好，一天到晚老是笑。

1月9日（日），以为幺小姐要回来（她在光华大学读书），其实她没有回来。

1月10日（月），我们今天去看幺小姐，和八姐一同去的，出新西门又走了不少路才到光华大学。房子都是平房，可不是"抗战房子"，比昆明联大的校舍强得多。在女生宿舍懿斋里找到了幺小姐，她还是老毛病——正在发胃病。她和在汉口时不同，变得很深沉了。她陪我们到学校各处看看，又请我们在学校门口的小店里吃面。也没有谈什么话，倒害她缺了一堂体育。她送我们上鸡公车就回学校了。我们顺路到有名的草堂祠去，那儿现在是军校，门口的岗哨不让我们进去，我们和他商量才答应我们进去，他还说"没有什么看头"。果然如他所说，杜甫祠很新，没有多少对联，实在没有多少好看。出来又到青羊宫，也驻有兵，只有八卦亭和大殿还可看，清静整齐，以靖顶欢喜用手摸那匹铜羊了。

1月11日（火），张祖诒君请我们晚上看金焰百项主演的《罗密欧与朱丽叶》，戏很长，一直到11点才完，还不错。翻译的戏总有些不自然似的。

1月12日（水），明天也许可以走了，上午到华西坝找四弟和叶至美。下午又和凤竹妹妹一同再去上一次岳父的坟。这一别又不知何年何月才能到成都来了。我们坐车到牛市口，再叫鸡公车，路走熟了，一找就找到了。我用10对小蜡烛围坟插了一圈，一对大的插在墓碑边上，香插在碑前，凤竹又伏在坟上，我知道她一定在祷告些什么，可是我没有问她。她后来又哭了。我们又都磕了头，在坟边从从容容地坐了一阵。我行礼时默默地祝告让凤竹快快地健康起来。四点钟我们回到慈祥里，幺小姐已回家来了。今天下午她没有课，好像是特地回来看我们似的。晚四弟来，说只有一张票，明天又走不成了。

1月14日（金），上午没有出去，在家看徐訏的小说如《鬼恋》《神经病患者的悲歌》。她的文笔很活泼、简洁。下午我去中国旅行社办登记乘车事，要到18号才有车可走。谁知晚上10点钟我们都睡了，旅行社派了人来说明天有车，7点开，问我们要不要，只好要下了。于是一夜没有睡好。

预约15日（土）四点半就起来了，把八姐和正仪兄也都闹了起来，忙乱了一早上，刘嫂居然在天还没有亮之前，找到两辆洋车，还没有到6点就到了招待所，我们丢下一只大箱子给四弟带，因闻他可坐到兴文银行的车子，可以不花钱多带一点东西。在招待所会议室里坐了老半天，车才开来，因为还要到车站去接人，所以很空，我们坐在第四排边上。到车站可不行了，上来不少人，一排坐6个，可把我们挤死了。车子是渝广通车，还不旧。车子开出成都之后一切顺利。同车的有一个胖军官，很够味。别人都不欢迎他坐在一起，于是他叹气说："为人莫长胖，长胖不便当。"到德阳吃中饭，过绵阳到天黑定了才到梓潼。一切照规定，居然在四川旅行社找到一间房，坐一天汽车很累人，睡得很好。

1月16日（日），总是天不亮就起来。天亮上车，车子也不迟，一会就开了。今天走的差不多全是山路，一路风景很好，经过七曲蟠九曲水。饭后过剑阁、七十二峰，风景更好，剑阁峰峦确是奇丽，山峰都是斜出。过剑门关时很险，山岚是方形，直直排列如屏。从剑阁到广元一段是平路，过河费了很多时间，到广元时又要过河，我们下车从浮桥上过去。招待所有两个，全都客满，我们住交通旅社，一点也不好。在一家"老乡亲"吃水饺，很过瘾。

  1月17日（月），到广元要换西北公路局的汽车，所以得歇一天。一早就去旅行社找房间。总社没有，到分社有一间，是二号旅行社，到底好多了。回交通旅馆领着以靖出去吃东西，她一定要吃豆沙包子，又买不到，只买到油条回旅馆。凤竹已经起来了，马上搬到旅行社。我去公路局登记，要下午2时才卖票。我又赶回旅行社和凤竹、以靖一同吃饭。饭后还让她俩睡觉，我再去买票，送行李。西北公路局到底要好一点，一切有秩序，很快就办妥了。我回来在房里生了一盆炭火，烤着火和躺在床上的凤竹闲谈，以靖已经和别人家的孩子玩熟了。晚上在"四五六"吃的拦污肉丝和沙锅豆腐，十分满意。天阴，有雨，微云，早睡。

  1月18日（火），天未明即起，行李已运走，没有什么事，叫了一辆小车子，让凤竹和以靖坐，我在后面走，到车站天才亮，站上门还没有开呢。等了半天才依次进去，我们座位号头是18、19，车子不是横坐，是直坐的，我们坐在当中一排最后两个位子，人也是挤得很，所幸车子还好，没有抛锚。很快地上午就到了宁羌，天没有黑就到了褒城，走了204公里。若如此明天就可以到宝鸡了。上午沿河靠山走，风景甚美，下午的路大半是平原，颇有北方风味。本来这儿已是陕西了，最不满意的事是旅馆，旅行社不用说是客满，大一点的旅馆也都住满了。只有小旅馆，小得只有几间茅屋，没法也得住下。

1月19日（水），仍然是天没亮就起来了，到车站一个人也没有。许多军车开着灯一部一部地开走了，我们坐在黑洞洞的车站里等天亮。凤竹和以靖吃了汤圆，我吃了点小米稀饭和油条，车开得也不迟。这几天我坐汽车都还好，没有晕，今天上午可不对了，直要吐，油条在肚里翻来翻去，老打噎，一动也不敢动。褒城下去几个人，可是又补上几个，其中有个女洋人带着一个混血的孩子，很好玩，以靖一看见就拉着她的手不放。车行甚速，经柴关岭过秦岭时全是雾，什么也看不见，只见一堆一堆的柴堆在公路边上。下秦岭过渭水就是宝鸡了。到底是大地方，远远的就看见电灯了。到大马路汽车站下车，一下坡就是旅行社招待所，大房间没有了，有小房间，一切收拾好，到隔壁新生宿舍去找四叔，一问说在公馆里。公馆在步云里13号，摸黑找到了，又不在家，只得回招待所，三个人挤在一张小床上，也居然挤下了。

1月21日（水），到宝鸡又是旅程的一个小段落，可以定定心休息一下，早上迟迟地起来。大房间空了，搬一间大的。搬好房，弄好，已经11点了。再到步云里去找四叔，刚到新生宿舍门口，就碰到纯和（四叔的儿子）和他新娶的太太，自然由他们带我们到步云里见到四叔。我们还是在汉口时见过他老人家，他一点也不显得老，精神很好，到底是军官学校出身的。祥和小弟已经八九岁了，还有一个小妹妹比以靖小一点，他还叫以靖"牙牙"。饭后四叔叫我们一起去洗澡，晚饭后四叔又请我们听戏。戏是《五花洞》《桑园会》《黄鹤楼》《大溪皇庄》，角儿只有唱刘备的王素砚还好。收戏很早，我们回旅行社。纯和夫妇回新生宿舍住，我们同路。才洗的澡，旅行社的被褥也都是新的，我们睡得很舒服。

1月21日（金），本想今天搭火车到西安，怕二姐他们等着我们去过阴历年，可是四叔他们挽留一天。上午在四叔家遇到董晌表妹的丈夫郭先生，他说董晌已经从西安回来了，于是我们说好下午到他们家去。在四叔家吃的中饭，饭后一同雇洋车到西城。郭家房子很小，北方式样，还不错。董晌和以前大不相同，脸瘦了，但身段却胖了。我们谈到四姑的近况和她在西安的情形，只坐了一会儿，我们就走了。到缙和三哥的银行（四明银行）去。他们宿舍很漂亮。坐了一会儿，吃花生瓜子等他下班一同出来。他请我们到鸿宾楼去吃北平涮羊肉。羊肉味太重，我只吃了一点儿以后就光吃白菜菠菜。饭后纯和一定要请看戏，凤竹喜欢看戏，自然没有不愿意的。我先回旅行社，招呼茶房给买到西安的火车票，又到四叔处去辞行。四叔抓住谈天，谈谈谈谈一直谈到10点，我到戏院戏都快散了。回到旅社，查房把车票已买好，二等两张，每张296元。

1月22日（土），赶路总是天不亮就起来了。小快车早上7点钟开。凤竹以靖和行李一起坐在小车上（宝鸡的小车很大），我跟在后面走到火车站。并没有检查，只看看我的证明书就通过了。脚夫一直把行李搬到车上。8个人一间房，比在汽车上自然松快多了。以靖早上被我吵醒，大约是没有睡好，一上火车就闹着不肯坐火车，倒不如在汽车上乖了。7时开车，一路大平原，经马嵬坡、兴平，下午两点多钟就到西安了。城够大的，有点像北平车站，是宫殿式的建筑，很够味。洋车也好，交了车直奔西九府街二姐家。在东九府街就遇见峡平在街上玩，她看见我们大叫"大舅、大舅妈"，马上跑回家去，二姐一会儿就来门口接了。周家老太太就向他家四姐来，听我说四弟在成都要来，她以为是她家的四姐,高兴极了。他们先请我们吃馒头,晚上又吃饺子。快过年了,这儿也买不到肉,我们一家和二姐小平睡一间大房间,大床棕绷太舒服了。

1月23日—2月23日,在西安一住就是一个月。刚到几天我就病了,咳嗽发烧,有时好有时坏,坏的时候老躺在床上,好一点我又急着爬起,起来吹风又坏了。大约是因为病的关系,心境不好,所以觉得西安实在没有什么好玩。有一天天气好,我们一同到武家坡曲江村去了一趟。是坐骡车去的,一路经过大雁塔,驻兵,不能进去。到王三姐寒窑,也没有什么好玩,进窑洞的时候黑得很,还害以靖跌了一跤。骡车又颠死人,凤竹几乎受不了。西安乡间简直一株树也没有,荒凉已极。回南门顺便到有名的碑林去看一看,许多名碑全用黄泥封了起来不许人看,据说西安的古迹很多,但全都是一堆黄土而已。在曲江边上有明朝宰相王某之墓,已是断井颓垣,更不用说汉唐的东西了。西安城大,一出去就走很多路才可到热闹的地方,钟楼鼓楼所以也不常去。天冷又常下雪,倒是在二姐家烤火的日子多。

等四弟不来,耀平兄在界首也没有消息,真有些着急,心情不佳什么事也干不好。天冷,凤竹夜里又咳得凶。四弟12月7号到西安的。随后耀平兄也到了。四弟到西安之后又到三原去看一个农场。本来预备等他从三原回西安后就动身的,谁知我又病了,咳嗽发热,把喉咙都咳哑了,躺在床上不能起来,中医西医都看了,都说是支气管炎。病中我脑子常有"衣锦还乡"的观念,明知道这种观念是不对的,却总不能除去。我们的形状真寒碜(行李少,上路还方便些),全是破衣裳。身上一件棉袍子,还是三年前在昭通做的,里子全破了,虽然总想到回家,可是到家也不见得马上就有好日子过，这一点我很明白。

2月24日，病稍好，就是喉咙没有声音，说不出话来，煞是难过。路费又没有了，向耀平兄的新华银行借了两万元，决定26日动身先到洛阳。

2月26日——买的是三张头等队车票（即以前的二等车票），四人一房，好在自己人已经有三个，还有一个孩子，另一个客人也不讨厌。上午11时开车，二姐、耀平兄都送我们到车站的。在车上走走看看，睡睡谈谈，可是也还是难过。夜晚过潼关，倒也并不紧张，说是第二天一早可以到洛阳，可是一直到10点钟才到。一下车就遇到警报。警报之后我们找到社会服务处招待所，只有一间小房间，外面院落很大，空气很好。总算又住下来了，在洛阳休息一天。靠了耀平兄的介绍信所认识的中国通商银行的沈先生，帮忙买了到漯河的车票。在招待所住着，以靖还给一个莫名其妙不认识的新娘牵过婚纱，人家还要请我们吃饭，我们没有好意思去吃。洛阳很小，不如西安。十字路口有汪精卫夫妇的半裸体的跪像，颇惹人注意。在洛阳住了两夜，29日由洛阳动身。汽车站没有脚夫，我和四弟两个人来往搬行李，搬了好几趟。于是站上人要称我们的行李，自然过重了，又加一张票。现还有秩序，行李先上车，放好，让妇女小孩先上，然后男人一拥而上。车是运货的卡车，反正能挤多少就挤多少，一个男人跌在以靖身上，又用脚踏在以靖胸前，凤竹急得大哭大叫打那个人，那人只好不做声。我和四弟坐在车子的最后面，灰土又大，又颠簸，人倒不挤，这一段路是河淮大平原，没有什么山。经过龙门、临汝、宝丰、掖县到漯河，才下午3时。这一天的罪总算已经受过了。我们住在汽车站边的一家"四维旅馆"。总说漯河已有虾吃，我们都兴奋，在云南住了几年，还没有吃到过虾呢。洗好脸，我们就到热闹街上社会服务处食堂去吃虾。才9元一盘，清炒虾仁，真不算贵，据说昆明的虾仁在前几年已经是100元一盘了，而且是用肥肉做假的。吃虾仁真是一件大过瘾的事。托旅馆的老板买车票，花一点小费，一点别扭也没有，第二天我们又上车了。这一段路程只有120公里，比昨天的近多了，车站上也还有秩序，依号头上车，多花了100元给站上的人，行李就没有过磅，便宜多了。车上人比昨天还要多，路又是新路，松得很，车子很容易陷下去，只经过两个大地方，周家口和水寨，就到了河南和安徽交界的界首了。下了车才算有了命。过颖水到中和街，找到新华银行办事处的张主任。他殷勤地招待我们，留我们住下，请我们吃饭，不让我们马上就走。在界首住了三四天，买了些日用品，又得向银行借路费了，又借了两万。到正阳关，本来有轮船，最近没有开，我们花一千五百元包了一只小民船，一共就行了三天，才到正阳关，还算是快的呢。先一上船还好，因为我们是一家人，又有地方睡，就是在舱里站不起来。可是有一天刮黄沙，芦苇蓬都刮开了，第二天早上一看被上全是黄土。沿河没有一点山，黄沙岸树不多，风景并不美，偶然有一段像江南，但水总不像，黄黄的。一路过太和、阜阳、颖上到正阳关，船上的罪也算受够了。到正阳关，住在"淮安旅馆"。请旅馆老板给我们雇好小车和轿子，第二天一早我们又走了。两顶轿子两辆小车，凤竹和以靖一顶，我和四弟轮着坐一顶，小车装行李。正阳关到六安一百八，两天路程。第一晚，歇在一个小集镇上，名字记不得了。第二天天一亮就走，天黑前就到六安了。六安这个城民国27年春天我到过的，虽然一度沦陷过，但现在还很热闹。两天的轿子坐下来，凤竹又受不住了，还吐了几口血。我真着急，眼看着快要到家，还要出事。因为凤竹累了，在六安仍住"淮安旅馆"，我们歇了一天，松松气，仍然找旅馆里的人雇了轿子。仍是我和四弟轮着坐一顶，一天赶到张老圩。最后一段从分路口到张老圩是我走的，经过聚兴集时天还没有黑，到汪家祠堂已经看到新圩子了。翻过小山到土地庙我才认得它是新老圩之间的土地庙。到老圩子闸门口我看见郑二，我叫住他，他还认得我，他带我进去。凤竹他们的轿子还在后面呢。

（1945年3月15日据日记摘录，改作于立煌古碑冲安徽学院）

张老圩　张新圩　立煌

张宗和

张老圩，我们的老家，有将近一百年的历史，是在合肥县城和六安县城之间，同这两个城都正好相距90里。最近的一个集镇叫聚兴集，离张老圩才不过一里半路。全圩子一共分为三个宅子，以位置来分，我们称之为"西头""中间"和"东头"。每一个宅子大约总有五六进房屋。三个宅子的外围是围墙，围墙外面是壕沟。壕沟里面的水是从附近小河里引来的，是活水，所以不大容易干。围墙的四角都有更楼，是防土匪用的。大门我们通常叫闸门，门楼在民国27年日军下乡扫荡时打坏了，但是"水抱山环"四个字还在。

我们对于这个老家是非常生疏的，除了民国26年冬季在老圩住过两三个月，其余的时候我们都在苏州。我父亲出生的那间房虽然还在，可是我们已经闹不清到底是哪一间了。

三个宅子住着三房人。西头归老九房住，中间归老二房，东头住着的是老二房。上上下下总共有一两百人，连我自己也闹不清，凤竹自然就更闹不清了。我们因为和西头十四爹十九爹比较熟一点，所以一到家就向十九爹借了两间房，在西头住下了。

也不知是一路上累得呢，还是初到家水土不服，一到家还没有能到各处去给长辈们磕头，我就病了，好像是感冒，又咳又发烧，和在西安时所生的病相仿。病了几天稍好，我们一同到新圩子去了一趟，回来之后又病了。这次病得很凶，发冷发热过后嗓子又疼。叫凤竹一看，原来喉咙里已有一块白点了。于是大家慌了起来，凤竹自然更慌。五爷来说不要紧，家里有治白喉的特效秘方"养阴清肺汤"。马上叫人到聚兴集去抓药，也不让以靖接近我了。晚上让她到后面跟五婶妈去睡，房里只留下凤竹照应我。自从我病了以后就苦了凤竹。来看我的人往来不绝，而且大都是长辈，她又不能不应酬，又要记着逼我吃苦药，向嗓子里吹冰硼散，给我量温度，喂我吃稀饭。平常我脾气好，一病了，老躺在床上烦得很，有一点儿不如意就要冒火。她总希望我的病赶快好，常常叫我把嘴张开给她看。一天一天地过去，病状毫无消减，许多人都为我着急，在这乡下哪里去弄白喉血清？厉害的那两天，我整天没有精神，不想讲话，心里却很明白，我自己一点也不害怕。据说凤竹在我病得厉害的那两天，背着我常常暗暗地哭，求人设法。她怕我难过，一直到死都没有告诉我。除了她为我着急之外，新老圩各房的人也都为我担心。寄居在新老圩的外祖母亲自跑来照料我，帮着凤竹。因为她老人家知道凤竹身体是那样的坏，绝不能整天整夜地去伺候病人。

"养阴清肺汤"大约吃了二三十剂还不见效，病也病了半个多月了，于是有人主张去六安情刘梦九。去的人回来说六安也没有血清，医生来也是没有用，所以他不肯来。才从北平回来的助产士平和大妹用碘酒甘油帮我擦喉咙，又用盐水漱口，她说不一定是白喉，我自己也觉得不是，因为我总觉得白喉不会拖这么久，假如真是白喉，也许我早死了。擦碘酒甘油，吃"养阴清肺汤"，又请中医开方子吃。外祖母信佛，念了大悲咒，水也叫我吃，藏青果、六神丸，吹药，所有的法子都用尽了，还是不得好。有人到李陵山上去为我夫妇求了签。我的签是上上签，上说"功名富贵自能为，偶着先鞭莫问伊，万里鹏程君有份，吴山顶上好钻龟"。替凤竹求得一支下下签，签上说"病患时时命蹇哀，何须打卦共钻龟。直教重见一阳复，始可求神仗佛持"。凤竹得了这支下下签，倒也不难过，反说真灵，说的一点也不错。她企望明年春天病就可以好了，又谁知两个月之后她就突然地死去了呢。

在我病时春天偷偷地过去了一个月，之后我的病渐渐好了。能爬起来，再到北闸花园去玩的时候，满园的花事全完了，只剩下"绿叶成荫子满枝"。

也是该倒霉，回到家里来原来是为了让凤竹可以安安定定地养病，谁知一到家我就病，我刚病好，接着可怜的凤竹又病了。咳得凶，我知道她是为我累病的。到家之后虽然有佣人，但佣人也不能称心，有时还要怄气，比如佣人把我的一件棉袍子拆坏了，凤竹大生气了好几天。她病了，我真心疼她，逼着她整天躺着不要动，全盘休息。这样过两天，咳果然好了点，但是她总不肯好好听话，安安静静躺在床上，非麻烦不可。本来家里人多，也就有那么多事，一点儿也不能清闲。去年年成不好，收入不够支出，我们回来了，还得卖田。卖田也是件麻烦的事，虽然有四弟五弟问，我们也不得不问问，一问可就烦了。在外面以为来家经济问题可以解决，谁知竟不能。圩子里人多事多，也不能静养，凤竹的身体反没有在昆明时好了。

回家为了钱，为了这种种不痛快，已经是头大了，接着还有许多穷家们来"想方"，他们以为我们是发了财回来了，我们穷得卖田，他们也要来要一点钱，来"想方"的家们算起来还是长辈呢。有一次他们居然抱着行李要睡在我们房里，这招把凤竹吓死了，以靖也吓得发呆。后来还亏得十九爹来把他们赶出去，但是这一闹已足以使凤竹发烧了。

天气渐渐地热了，我们住的两间房前面只有一个很小很小的院子，一点也不透气，下午太阳晒进来简直受不了。外房还有女佣人睡，我们一家三口睡里房，有两张床，再挂上帐子，房间真是太小了，许多人都说这两间房子夏天更热，不透气，就像个蒸笼似的。凤竹和我都怕热，于是我们时时刻刻在留心找房子，新圩子比较大一点，也空一点，我们就向新圩子找，婆婆（外祖母）最热心替我们找房子了，最后在新圩子后面十三爹家找到两间。新圩子的房子要比老圩子高大，阴凉一点。窗子大，院子也大，家具也齐全，于是我们决定搬到新圩子去过夏。因为凤竹总不大舒服，不是头痛牙痛，就是脊背心痛，所以我们一直到6月17号才从老圩子搬到新圩。

初到新圩，我们高兴极了，房间大，畅快，佣人也不必住在房里，两间房三个人住，又很安静。我向十三爹借了二十四史来，预备好好地做一点事，凤竹也预备定心来养病。有佣人，以靖有人带，饭也不必自己做，还有婆婆天天来摘银耳给凤竹吃，真是太享福了。在新圩子那两个星期的日子，真是七年来凤竹跟我过得最好的日子。可惜好景不成，7月1号她就死了。

那天早上，五爷通知我下午4点在前圩请客，请东头七姑少爷，要我们作陪。吃了中饭，照例凤竹和以靖都要睡中觉的。我把以靖放到外房哄睡着了，夹了一本《史记》就想走了。凤竹躺在里房床上说还早，不让我走。本来吃晚饭是还早，可以等到点再去，可是我想趁她们都睡中觉时到前圩去玩玩。这一点我真对不起她。最近好多时候，她总愿意我在房里陪她，只要我一出去，她便生气。到新圩子之后还好一点，因为婆婆常在我们房里照料她。婆婆待她真好，就像自己的孙女儿一样，可是到底没有我在房里陪她好。她不让我走，要我陪她睡中觉，我没有躺下，只在床边上和她腻了一阵，谈了几句话，又谁知道竟是最后一次的温存呢。我跑到前圩子，因为左脚指头上有些红肿，走路不大方便，所以一直坐在四婶妈家那张大藤椅上，跟祼和、旭和、曦和他们谈天，5点多钟才吃饭。在五婶妈家十大碗菜，不错，我又吃了一杯酒，五弟在老圩没有来，四弟来的。饭后本预备回后圩子了。也有一下午没有在家了，再不回去，也许凤竹又要生气了。可是走过四婶妈家，纯和拿仙女牌香烟请我吃，一支烟还没有抽完，老徐（我们女佣人）慌慌张张地来找我回去，我看她样子很急，问她，她先不说，后来才说"少奶奶吐血了"。我还以为和以前一样只吐几口呢，把烟头丢了，叫老徐先走，我一歪一歪地沿着壕沟走回家。

　　到房见凤竹已经躺在凉床上，人事不知，脸色煞白，地上一大滩血，嘴边上还有血，眼睛直得发愣，一点光也没有了。摸着脉还有一点，我就知道严重，总不以为她会死，还以为她失血过多昏过去了。中医徐亮丞先生刚好在圩子替小五姑看病，马上请来摸摸脉，说是微得很，又看看她所吐的血，叫吃一点童便看。

这时来的人已经很多，忙忙乱乱的，童便马上拿来了，我亲自喂了她一点，她已不知道往下咽了，我叫她，她也不答应，徐亮丞又叫用香烧眉心，眉心都烧黑了一块，她还是不醒，三姑来看看，摇摇头说"不行了"。被她这样一说破，我心里一寒，忙忙乱乱失了主意，一会儿捉捉凤竹的手，一会儿摸摸下巴，头颈里还有汗，下半身也还热，也好像有脉。婆婆脸都吓白了，大姑也吓得变了色，慌慌张张地告诉我刚才的情形，她说："吃饭的时候还好好地吃了两碗面，又添了半碗烫饭，烫饭没吃完，剩下的给老徐吃了。吃完饭，凤竹就说不大舒服，到房里上床躺下。没一会就吐血了，先吐在床边的痰盂里，大口大口地吐，我在边上看着，凤竹说：'危险，危险，这次不行了。'以靖站在边上，凤竹还叫她：'过去，过去'，在床上吐了一阵，她自己爬起来，坐到大椅上。我拿脸盆，她又吐在脸盆里。从大椅上她自己又到凉床上，又吐在地上，其时婆婆已经从佛堂里来了，一会你就回来了。"

小四婶说："她倒在凉床上时，嘴张了三下，眼就定住了，吐血的时候，吐一口，眼一翻。"因为当时小四婶也在边上，我回来叫她，她已经不知道了。真不知道她什么时候断气的。徐亮丞又叫用温手巾替她擦擦脸，我替她擦了几把，把嘴边上的血液擦干净，又替她暖暖手，手雪白的，指甲也是死白的，可怜她从来没有吐过这样多的血，一定是把血都吐尽了才死的。

这样弄不好，那样也弄不好，一个钟头两个钟头过去了，房里乱糟糟的全是人，也不记得是谁来和我说，给她做寿衣吧。刚好前两天三和陆八先生才送来两匹土绸，她们找了出来，又把凤竹那件在重庆做的花绸丝棉袍子和大姐从上海托人带来的长筒麻纱袜，小四婶妈才做好的一双白底咖啡色的花鞋（凤竹早就看上了的），一起找来凑起来全够了，马上把裁缝找来，在堂屋里点上灯烛，替凤竹赶做寿衣寿衿。

凤竹先躺凉床上，底下光光的，没有东西垫，也没有盖。她穿的是一件黄色洋布的旗袍。后来大家把她抬起来，垫上毛巾、毯子，盖上小被。小裆裤、小棉袄裤在半夜里就做好了。

帮忙的人真多，房里马上变了样子。小院子里台阶上放着一个小瓦钵烧纸，烧得一房的烟和灰。守夜的人也找来了，一共有4个，我是什么也不做，里房转到外房，外房转到里房，也不知道伤心，当晚住在老圩子的四弟、五弟、二表姑、四姑、大老姑全来了。四弟马上当起账房来，准备办丧事了。连夜叫人到街上买东西。最要紧的自然是棺材，聪和跑了一夜，第二天早上回来说有了，已经在后面抬来了。

也不知道是几点钟，衣服被褥全做好了。小四婶妈、二表姑和几个女佣人来替她穿寿衣，我站在边上看着，一个女佣人替她抹澡，那时她已全硬了。小四婶妈用剪子把她的衣裤剪开，用温水把她全身全抹干净。然后穿衣裳，倒也并不难穿。穿时小四婶妈嘴里还念着说："少奶奶，你平时是爱漂亮的，好好地让我穿。"果然穿得很好，小裤裆也很合身，花丝棉袍子是她活的时候穿的，自然更没问题。衣裳穿好了。小四婶妈说"真正格正正的"，他们要把她的手抹得笔直的，我不让，手直直地躺着，更像死人了。洗洗脸，我替她擦上她所心爱的胭脂，这盒三花牌胭脂还是在昆明时吵过架后，我买了给她的，她老舍不得擦，还剩下不少。擦了胭脂，我又替她擦口红，口红擦不上，可怜她已经没有热气，自然化不了唇膏。头发梳梳好，一点也不难看，比她平时睡着时还要好看一点。还有人说她是笑嘻嘻的呢。

衣服穿好,她直直地躺在凉床上,佣人在边上替她赶蚊子。天刚亮,没一会儿老圩子的一批小朋友们(小老姑小五姑小六姑他们)全来了,一看见凤竹就哭,把我也引得哭了。我不愿意别人在她脸上盖一张草纸,别人又说非盖纸不成,我便拿张信纸盖在她脸上,后来我又加上一条我自己的黄色小手巾,人来了我总爱把手巾揭开让他们看看她,我希望他们不怕她,希望她留下一个最后的好印象给别人。其实她的相一点也不难看,不像死人,也不叫人害怕。起先我不知怎的,并不流泪,后来我却伤心了,一坐定下来便流泪。母亲死时,父亲坐在床边上直瞪着眼的神气,至今还在我脑子里,虽然那时我才7岁。

棺材老不来,我老问人,说是下雨路滑,抬的人走得慢,又加派人去抬了。其实并不迟,因为夜里没有睡觉,就好像迟了。还没有吃午饭的时候,棺材就到了。一共22000元,是梓树的十全板,别的都还好,就是底上有一块补的,还要漆一次,好在天没下雨,马上漆就会干的。

以靖一直在前圩和她九婶妈玩,没有来家,到晚上快进材的时候,她们才把她带来。我以为她一定要大闹着要妈咪了,谁知还好,别人给她穿上孝衣,带上孝手巾,我看她一身都是白的,倒很伤心,想想这样小小的孩子,就没有了娘。她一点也不明白,老问:"妈妈哪里去了?妈咪呢?"别人告诉她"妈咪死了",她一点儿也不知道死是什么意思。我抱着她流泪,她看我哭,看别人哭,她也哭了。她一定不是为了伤心妈咪死了才哭的。

棺材放在堂屋里,因为辈分小,不能放在正中,靠边放点,挂上孝幕。一切全是别人安排好好的。山人也来了,说晚上6时到8时进材最好。于是等到下午五六点钟，先把凉床抬到外房，然后几个佣人用篾条兜着她的身体，我捧着她的头，先放她在棺材盖上，用新被把她包起来，捆好，好像婴儿打包似的。然后从棺材盖上抬到棺材里，棺材小小巧巧，正合她睡。全是一律土绸的，被黄黄的，和棺材的颜色差不多，一点也不难看，亦并无凶器之感。小四婶妈和二表姑又用铜钱挂线，把凤竹的尸体放正。马上漆匠在棺材上蒙上一小块绸子，正好遮住她的脸，好在绸子不大，我抱着以靖在棺材脚头还可以看见她的脸，这是最后一瞥了，除了太瘦一点之外，她还是漂漂亮亮的。小朋友们全不怕她。绸子蒙上之后，接着就来人抬棺材盖，要把她盖上。我这才有点慌了，我说"慢点，慢点"，意思是说我还要看她一会儿，谁知他们全不听我，棺盖一盖上，五婶妈、小四婶妈、小老姑、妹妹们全都放声大哭了。哭的人真不少，满堂屋全都站满了。山人在灵前念念有词，又撒米，叫"响钉"，四个人又钉了一阵，山人念过"响钉"之后这才算是完成仪式。

在灵前磕头的人也不少。虽然我的辈分并不大，但"以"字辈底下已经有"致"字辈了，以璞的女儿致菌也在向她才25岁就死了的叔祖母磕头。

晚上婆婆带了几位吃素的人在凤竹灵前念经。人全散了，我一夜未睡。躺下，小五姑、大老姑、小老姑全在床边上陪我，我老睡不着，一惊一惊的。

夜里"偷柩"我也知道。几天来都是下雨，那晚似乎有月亮，许多人不声不响地把灵柩抬了出去之后，一会儿天就亮了。

第二天一早把灵柩抬至圩子外面的一间小房子里，因为还要好好地在棺材外面去漆几道。五七之后再用土"浮厝"起来。此后每天我总要到停柩的小房子里去两趟，凤竹活着的时候就怕寂寞，守灵的两个老头子她一定不喜欢。所以我每天都带着以靖到灵前去陪陪她，明知道是"亡羊补牢"的事，总觉得这样做做可以安慰一点。夜里我就带以靖睡，往往睡不着，想到"为将终夜敞开眼，报答平生未展眉"，好像是特地为我写下似的，更加难过。

许多人都说凤竹有福，活着有我照应她，死了又有那样多人帮忙哭她。在乡下，丧事能够这样办，已经是很"风光"的了。她一定心满意足。至于她的病已深，活着也苦，倒不如死了。其实以前我待她真好，可是近来也"疲"了，我也不太注意她了，我总以为她的病既然已拖下来，该不要紧了。我总希望她会好，谁料到她突然死去呢？我所觉得最抱憾的就是临死时和她没有谈话，她说话时我又不在面前，我没有能送到她的终。

头七二七过去了，我老是迷迷糊糊的，夜里睡不着觉。想再看见她，也想梦见她。二七那一天又正是她"回煞"的日子，把房里收拾干净，在她的相片前摆上祭碗，点上香，等她回来。据说无论怎样，"回煞"的日子总有一点动静的。上午我在房里躺在凤竹死时睡的那张凉床上，心想今天应该梦见她。果然才合上眼，就做梦，说是上海三姑为凤竹带来一件红羊毛衣，放在帐子里，凤竹在帐子里换衣裳，帐子一鼓一鼓的，我知道她在帐子里，要起来看她。我还是睡在凉床上，身上不知谁替我盖了一床单被，我掀起单被，单被又裹到头上了，从洋布单被里我看见凤竹站在玻璃门口，穿一件绿衣裳，笑眯眯的。等我把单被打开，人已经没有了。我连忙跑出去叫中和，和他在火巷口里讲，讲着讲着就醒了。正好婆婆进房来，我马上告诉她老人家。我心里想凤竹活着的时候就瘦弱，死了一定更弱，我们人的阳气大，她一定不敢接近我，所以只能让我隔着洋布再看一看她。那晚大雷雨，辗转不能入睡，想起许多事来。

五七那天我们把她暂时埋在新圩西边的小山岗上。没有等到七尽，在一天大清早，以靖还没有醒之前，我含着泪轻轻地在她脸上吻了一下，硬着心肠离开新圩，走出闸门，绕道去辞别凤竹的坟墓，便带着许多妹妹侄子们来到里煌了。

1945年5月11日（凤竹死于民国33年阴历五月十一日）
于立煌古碑冲

跋：《秋灯忆语》经去年秋天写起，一直写到今年春天，断断续续地到今天才写完，已经不能算是"秋灯"忆语了。我到立煌也快一年了，过年的时候也没有回去看她。坟上的草一定已经长得很长了。在古碑冲我过着很恬静的生活，夜深人静时，我在她照片前点上一支奇南香，这一支香是我现在唯一为她做的事了。我希望她夜里会到我梦中，谁知这样的事竟很少。有时梦见她，也全是模模糊糊的，不清楚，我不知道要到什么时候才能忘记她，不思念她。（完）

《秋灯忆语》后记

张以靖

《秋灯忆语》一书经过了半个多世纪的风风雨雨,在香港笔会的大力支持和帮助下,终于得以重见天日了。我在父亲的遗像前,点燃一支奇南香,轻轻地放在像前,心中默默祝祷:"爸爸,你看见了吗?看见我们了吗?我们爱您,您的书又出版了,所有的亲人都看见了……"翻开《秋灯忆语》的篇佚,循着父亲的笔触和思绪,我们透过这六十年的历史尘封,看到父亲和凤竹妈咪一段真实而令人回味的始恋家庭生活,看到抗战时期父亲与三姑爹沈从文、曹禺、巴金、叶圣陶、金山、张瑞芳、卞之琳等文艺界大家一些艰苦困顿的生活图景……这一切都令我忧思感泣!

书中的小以靖(我同父异母大姐)今年已经60岁了,住在贵州都匀市,已从都匀剑江化肥厂退休了。她生有二子:唐力宏、唐力平,也都已经工作,娶妻生子了。大姐现在生活过得不错,可以含饴弄孙了。大姐以靖,四岁就没了亲娘,凄凄惨惨,长辈们看小以靖可怜，就把我的母亲刘文思（台湾第一任巡抚刘铭传之重孙女）许配给了我父亲，因为张刘两家是表亲，说是亲上加亲更合宜，而且母亲性情温柔敦厚，对人特别和气，会好好待小以靖的。母亲从小疼着大姐，宠着大姐，我们也都让着她三分。记得小时候我和二姐以端同住一间房，大姐独自住一间。念中学时，大姐读书特别用心好强，考了四分回家都要哭的，晚上总是温书到深夜。有一年冬天，母亲早上起来扫地，不见大姐起床，就去敲门，门不开，房里没有动静，母亲慌了，打碎了玻璃跳进房去，见大姐躺在地上，口吐白沫，母亲吓坏了，赶紧把她抱出门外，又是掐人中，又是做人工呼吸，顾不得两手被玻璃划得鲜血淋漓，终于把大姐救活了过来。原来她在房里烧了盆炭火取暖，是煤气中毒了。从此母亲不敢早睡，总是等大姐睡后，把炭火移出房外，才能安心。

从小我们不知道大姐不是母亲的亲生女儿，总觉得母亲特别惯大姐，那大概是因为她成绩特别好，又好强罢了。直到大姐工作后，我们才知道根由。看了《秋灯忆语》手稿后，我更加深深地体会到母亲对大姐的挚爱。我纯朴善良的母亲，在她工作的几十年里，凡经过她诊治的老师、同学，都对她非常的敬佩。她的医德高尚，工作认真，非常乐于帮助别人。我常常觉得母亲对别人比对我们更好。如今我才知道她的爱心是那么博大、深广。如今母亲老了，身体大不如从前了，但她也从不麻烦我们，独自住在师大宿舍，弄得我常常不放心。现在我们姐妹仨都很好，二姐以端在广州教书，女儿已工作，也快结婚了。我呢，儿子今年考上大学，过几天就要离开我去读书了。我想爸爸要是还在，那该多么高兴啊！

父亲姐弟十人，如今还有八人健在，大姐元和和四姐充和在美国，充和在耶鲁大学教中文书法。二姐允和和三姐兆和在北京，前者办家庭杂志《水》，后者是沈从文夫人，如今在整理三姑爹的文稿。三弟定和在北京，在中央歌剧舞剧院作曲。四弟宇和在南京植物园，是研究员。五弟寰和在苏州，原在乐益女中当校长，1949年改了校名，依旧当校长。七弟宁和在比利时当乐团指挥。如今他们都已是耄耋之年了。他们收到我寄去的《香港笔荟》都很激动，纷纷写信回忆我的父亲，现在五爷张寰和主办我们的家庭刊物《水》，他已在《水》上转载了《秋灯忆语》，为了让更多的人看到它，为了纪念逝去的亲人，为了慰藉活着的亲人，为了我们绵绵不断的亲情。

在这里，我特别要向胡志伟先生致谢，谢谢胡先生的大力支持和帮助，如果没有他的帮助，也许这本书再也出不了了。其实我与胡先生仅一面之交。那是1998年6月在深圳出席全国藏书票大会结识的。我见他一个堂堂香港政府文化官，每天从香港大包大包扛着他们出的书到会场上来免费发放，心里很感动，觉得他真是个实实在在的实干家。后来经过多次书信来往，深感胡先生为人善良正直任劳任怨，做事兢兢业业，雷厉风行，令人敬佩不已。特别是父亲这部手稿，让胡先生费了不少心血，因为原稿模糊不清，经我母亲抄写，标点错字不少，胡先生一一纠正，还多次写信向我征求意见，真是令人感动。在这里我代表我的父亲、母亲，我所有的亲友，表示我们深深的谢意。

张以䴖　2000年9月1日

母亲和我们一家

张小璋

母亲逝世已经四十年了,她老人家的音容一直萦绕在我的眼前,对我们姐弟的培育恩惠永远无法忘却。

如果说爸爸牺牲得悲壮,母亲的死就更加惨烈了。中国有句古话:"幼年丧父,中年丧夫,老年丧子,大不幸也。"三大不幸,我的母亲一个也没有幸免。

如果说,爸爸用他的英雄形象教育了我们,母亲则在几十年含辛茹苦地抚育我们成长,没有她老人家的培育,我们是不会有今天的。

一 母亲苦难的童年

母亲吴昭仪出生在安徽合肥东乡的一个"书香门第"。清代,她的祖父考中了"举人",曾在家乡营造了一个自命为"《红楼梦》里大观园式的花园",题名为"也是园",作为他晚年所谓隐居的地方。我的外祖父从小患有疾病，中年染上吸鸦片的恶习，家境迅速破落下来。母亲刚满一个月，外祖父就去世了。母亲是外祖母的第三个女儿。外祖母梦寐以求地想生个男孩子，偏偏又生下一个女儿，加上外祖父的死，人们把灾难归到她的身上。从呼吸人间第一口空气开始，母亲就遭到歧视。

母亲12岁的时候，两个姐姐相继出嫁，家庭生活难以维持，外祖母只得带着母亲到娘家过活。15岁那年，外祖母也去世了，母亲就成了孤零零单身一人。

母亲和父亲的婚约是在他们出世之前就订了的，封建的"指腹为婚"把这一双尚未出生婴儿的命运牢牢地拴在一起。外祖母去世后，祖母把母亲接到我们家里。

我们这个家族，儿孙举行婚事，都要张灯结彩，炮竹连天，摆布非凡，把办婚事当成是炫耀自己的机会。只有母亲是这个家族中历来被歧视、受欺侮的童养媳。一顶轿子把母亲抬到祖母的住房，向祖母叩了头。外边熙熙攘攘的人群涌了进来，人们很快地议论开来，评头品足的非议传到母亲的耳朵里。

母亲在我家的任务是陪伴和侍奉我的姑姑。早上要为她梳洗打扮，把她拖在背后的大辫子松开涂上"刨花油"，然后轻轻地梳成条。夏天要替她打扇子，放蚊帐；冬天要把脚炉烧得暖暖的。白天陪她去读书，代她习作，替她受罚。母亲默默地忍受这一切，从一个被人奚落的环境，落到了更加受屈辱的深渊。

19岁那一年，母亲和父亲成了亲，在婚后的十多年中，她受到父亲的熏陶，同情、支持父亲所从事的革命事业。

二　父亲壮烈牺牲

1936年一个春天的晚上，母亲做着针线活，陪伴我和弟弟在油灯下读书。一阵阵的敲门声后，闯进了一位中年妇女。

"你是张璋的老婆吗？"这个妇女问我的母亲。

"你问的是谁？"母亲佯装不知道。

"不要怕，我是他的'同志'，到这里来'工作'的，你给我出个铺保，让我在旅馆里住下就行了。"她一面说，一面拉着母亲朝外走，容不得母亲再说什么。

母亲走后，弟弟和妹妹睡下了，我独自等待着母亲，渐渐合上了眼睛，直到冷了醒来，才发现母亲一夜未归。天亮后，一阵急促的敲门声，闯进了五六个警察，他们恶狠狠地用枪托把我们姐弟赶到堆草的房子里，强令我们不许动，然后在屋子里翻箱倒柜，折腾了大半天。他们走后，我才托人捎信给住在城里的远房舅舅。

第二天傍晚，舅舅来了，他告诉我，他打听到，那天晚上来我家的中年妇女是便衣警察，母亲一出门就被戴上手铐脚镣，现在押在监牢里，再过一两天就要送到安庆去，他还告诉我父亲已经被捕关在安庆的监狱里。接着他从口袋里拿出母亲写给我的字条。看见字条，我啼哭起来。母亲嘱咐我看着弟妹和门窗。就在搜查我家的第二天晚上，警察和小偷勾结，撬开我家的后窗户，偷走了一些衣物。

舅舅安慰我说："不要急，我已给安庆你的大姨妈写了信，她一定会设法救你母亲出狱的。"不久，母亲在大姨妈的帮助下，取保释放了。她不愿立即从安庆回到合肥来，希望留在那里

张鼎和女儿张小璋、董东合影。

通过她的努力，营救父亲出狱。我们一天天盼望母亲归来，盼望母亲带回父亲的消息。

一天，舅舅来了，他告诉我，安庆的大姨妈打来电报，让他带着我和小弟弟到安庆去。"为什么妈妈没有来信？"我问。舅舅没有回答，这使我更加产生了疑虑，更加焦虑。

我们匆匆地来到大姨妈家，一进门大姨妈就拦住我们，把我们带到一个没有人的客房里。

"老四没有了。"大姨妈沉痛地说。

"怎么的？"舅舅惊讶地问。

"老四的几起案子，一齐发了。我们找了多少人，花了很多钱，国民党省党部才判了无期徒刑。但中央党部不批准，批文下来'要就地枪决，立即执行'。"

"唉！受苦难的三妹！"舅舅和大姨妈都反复叹息。我"哇"的一声哭了出来。

"让你来是要你劝劝你妈的，先哭起来哪行？！"大姨妈对我说。接着，她又朝着舅舅说："劝劝三妹领她回去吧！"舅舅在一旁拉拉我的衣襟。

我们按照大姨妈指点的房子，走进妈妈居住的地方，她躺在床上，见到我们，立即用被子捂着头，啼哭起来。小弟弟扑到妈妈怀里。大家哭成一团，舅舅慌忙地用手摇晃我几下，向我射出严厉的眼光，然后小声对妈妈说：

"这些年来，你为他受惊，吃苦头，没有过一天好日子，已经对得起他了。"

"来到了人家，又是为这个案子来的，老是哭哭啼啼，人家会忌讳的。"舅舅的这些话，对妈妈起了作用，她露出头来，从枕头底下拿出一个纸条给舅舅，上面是爸爸的笔迹：

"教育我儿，继承我志，代我收尸，勿告我母。"

妈妈又哭了起来，我猛地领会到，爸爸的牺牲对我们意味着什么。我用力在自己的脑海里搜寻爸爸的影子和他的声音。在我短短的11年生活中，爸爸很少和我们在一起，总是来去匆匆。现在，他从这个人世间离去，离开了妈妈和我们。

"听大姐说，后事已经办妥了，只需要找几个人把灵柩送到乡下去。"舅舅接着又说："以后的事还多着呢！孩子们都小，可不能哭坏了身子。"妈妈止住哭，和舅舅商量，要尽快回家，迎接爸爸的棺柩，然后安葬。

当我们全家身穿重孝来到肥西乡下，爸爸的棺柩已经停在离"圩子"一里多的村庄场地上。妈妈不顾一切地扑了上去，号啕大哭，哭声震天动地。在我的记忆中，妈妈是伴着泪水过日子的，但她总是静悄悄地饮泣着，像这样尽情地放声恸哭还是第一次。我们姐弟围着爸爸的棺柩也围着妈妈大哭失声。

第二天，大叔祖的管家来对妈妈说："大老爷传话，四少爷

'不是好死的'，是'野鬼'，棺材不能进家，也不能埋在祖坟上。"就这样，爸爸的棺柩就被送到几十里外的地方。

秋风伴随着我们孤儿寡母，在这空无人烟的地方日夜守灵。几天以后，安庆送灵柩的人们要回去了。晚上他们围坐在爸爸的坟旁向妈妈叙述爸爸就义的高尚形象，赞扬爸爸昂首挺胸，毫无惧色地迈步走向刑场，回过头来朝着执行的反动军警说："就在这儿吧！"然后高呼口号，饮弹而死。几天后，坟地挖好了，葬下棺柩，填上新土。这里没有松柏，没有鲜花，也没有吊唁的人群。残酷的白色恐怖使这块老革命根据地遭到极大的破坏。母亲领着我们在坟前叩了头。那时候，她才30岁。

三　忍痛送走小妹

父亲牺牲后，我们的生活一天比一天艰难。入冬，大弟弟得了哮喘病，小弟弟又染上了百日咳。每天，母亲抱着一个，后面跟着一个，到医院给他们看病。母亲经常替这里的一个广东籍郑医生织毛衣，缝针线，求得他的帮助。郑医生劝母亲说，一个女人带着几个孩子，生活太困难了，不如送走一个减轻自己的负担。还告诉母亲，他有一个哥哥，不生孩子，很希望能要一个不沾亲带故的女孩，动员母亲把妹妹送给他。

舅舅听到这个消息，竭力怂恿。母亲沉思好久，她发痴地凝视着妹妹，送走吧，怎么舍得？不送吧，这样的日子确实难于糊口。但是她非常坚定明确地告诉郑医生，她的孩子绝不能送给国民党当官的和地主。

郑医生对母亲说，他的哥哥是个牙科医生，在上海开私人诊所，生活满不错，一家人都信佛，他认为是可以信任的，母亲同意了。

上海客人来了，送给妹妹许多衣服、玩具和糖果。为了和妹妹建立感情，他们每天都要带妹妹出去游玩。四岁的妹妹，出生在我们这个多灾多难的家庭里，很少得到这样的亲昵，现在高兴极了。每当从外面回来的时候，都要把带回的糖果亲手塞到小弟弟的嘴里和我们的手中。不知为了什么，那几天，我们看见妹妹就低下头来，不敢看她一眼。母亲也改变常态，不再要求妹妹让小弟弟了。她一个劲地说："你自己留着吃吧，吃不了收起来。"全家都静悄悄的，没有话说，没有笑声。

临走的头一天，上海的郑太太把我们请到馆子里吃了一顿丰盛的晚餐，饭后由郑医生和舅舅为中人在红纸写的合同上签了字，妈妈用颤颤抖抖的手在上边画了押，仪式结束了。这个合同是按照母亲提出的几项要求写成的，但她还是不停地说："你们生了孩子，一定要把她送回来。"

"一定的，一定的！"郑太太操着广东话说。

妹妹要走了，母亲把妹妹拉到身边，为她洗了脸，梳了辫子，换上新衣服。经过打扮，妹妹显得格外漂亮，两只大眼睛酷像父亲，脸颊上还有两个小小的酒窝，笑起来格外的甜。她平时爱唱歌，一学就会，经常独自一人，手里挥舞着小手帕，跳跃着，人们夸奖她长大了，一定会成为电影明星。母亲一面为她整理衣物，一面嘱咐她："姆妈（上海称呼妈妈）带你到上海去玩，要听话，不要想家。"泪水滴在妹妹的小脸蛋上，妹妹伸出手来给妈妈拭去眼泪，细声细语地说："妈妈别哭，妈妈别哭。"这语言在日常生活中妹妹已经说过千千万万次，而今天却为了送别她自己而劝说妈妈。在她们幼小的心灵里哪里懂得人世间还有像我们这一家饱尝着生离死别的凄苦啊！我们把她和上海的郑太太送到大门口，载着他们的黄包车消失在胡同尽头，母亲从依偎的门框旁晕倒在地，昏了过去。小弟弟吓哭了，全家人哭成一团。

妹妹走后的第三天晚上，舅舅来了，他要我带着小弟弟早些去睡。但他和妈妈的窃窃私语，我仍然能够断断续续、隐隐约约地听到。

"小妹妹走后，你的负担要轻一些了。郑太太人不错，小妹妹不会吃亏的。"舅舅说。

一阵沉默。

"大姐对你很关心，刚搬到湖南就给你来信，要你带着毛毛（小弟弟的乳名）去那里住一阵子。还要我劝你，早点拿定主意动身。"舅舅又说。

"是呀！大姐对我们真是不错。"母亲的声音。

"你拿定了主意没有？"舅舅问。

又是一阵沉默。

"我看大姐也是为你好，你年纪还轻，以后日子还长哩，就这样过一辈子？再说，她给你介绍的那个人，我看不错，年纪差不多，又没有拖儿带女的累赘，还答应你带着毛毛。你一走，两个大的，张家就不能不管。"舅舅慢声慢气，一句不接一句地说。

"大哥，别再提这件事了。"母亲说："老四临死的时候，要我照看好孩子，我能丢下孩子不管吗？送走小妹是不得已的，这几个孩子无论怎样困难，也得把他们抚养成人。就烦你写个信回了吧！"

听着他们的对话，我的泪水一串一串地流在枕头上。

四　难童收容所

1937年，日本帝国主义发动了侵华战争，南京失守，合肥遭到敌机轰炸，危在旦夕。母亲日夜坐立不安。最后，她下定决心，整理行装，带着我们，踏上流亡的道路。

我们一连走了二十多天的时间，才到达河南信阳。信阳火车站月台上人山人海，人们席地而卧，每天拿着"难民条子"领点稀饭充饥。在那里，有得病死亡的婴儿，有即将断气的老人，还有临产的妇女，每天都有用席子卷走的尸体，到处是粪便和垃圾。火车一到，人们就拼命向上拥挤，有丢掉孩子的，有丢掉父母的，有老人、孩子被践踏在脚底下的，哭的、叫的、嚷的，一片混乱。

我们好不容易等来一列火车，大弟弟在前面挤，我抱着小弟弟跟在后面。妈妈背着行装用手拼命把我们往前面推。我和弟弟刚挤上火车，突然火车开动了，人群一下子把母亲挤到车门的一旁，我们惊慌地在火车上喊："妈妈！妈妈！"向母亲扑来的风雪，吹散了她的头发，她挥舞着双手，随着蠕动的火车奔跑，不住地叫："我的孩子！我的孩子！"后几节车厢的一位好心人，伸手拉上了母亲，才幸免了这一场骨肉分离的大祸。

到了湖南湘潭，首先找到由安庆迁居来的大姨妈家，那时从四面八方逃去的人太多了，大姨妈感到都收容下来很困难，经过多次协商，大姨妈答应辞掉一个女佣人，留下母亲和小弟弟，但

177

要求母亲把我和大弟弟送到衡阳我的姑妈家去。我们只好又风尘仆仆地来到衡阳。当母亲把我们的来意告诉了姑妈以后，姑妈顾虑很大，就连六十多岁的老祖母一再请求，也无济于事。

几天以后，一辆卡车停在门口，姑妈让佣人把我们少许的东西拿了出来，对母亲说："你们到湘潭去吧！我设法寄些钱去就是了。今天碰巧有汽车，再不走，车子就难搭了。"

湖南的春天，是个多雨季节，雨由小到大，由大到小，下个不停。车子在泥泞的公路上颠簸，雨水无情地敲打在我们娘儿们身上，又湿又冷，母亲紧紧地搂着小弟弟，眼泪和雨水汇集在一起。

到了长沙，已经是灯火通明的夜晚，哪里是我们的归宿啊！我们沿着大街，找到一个能藏身的门洞，躲过一夜冷雨，第二天进入"难童收容所"。

以湖南省主席张治中夫人为会长的中国福利委员会湖南分会，在长沙成立了"难童收容所"。经大姨妈的推荐，母亲在那里当了保姆，我们成了那里的难童，那里收容的全是无依无靠的孤儿。

按照"难童收容所"的规定，孩子是不能随自己的母亲编在一个组里的。小弟弟最恋妈妈，现在必须分开了。每天，小弟弟都要偷偷地跑到母亲的工作室外边，从门缝朝里张望，眼泪偷偷流在小小的脸蛋上，不敢哭出声来。一旦母亲转过身来，他立即用手捂着自己的眼睛，好像这样就不会被人看见。在这个"收容所"里，我的年龄最大，已经是13岁上了初中的学生了，和一群小孩子在一起活动，总觉得脸上火辣辣的抬不起头来。为了避开他们，我整天躺在地铺上装病，心里有说不出的难受。每当母亲走过我的床铺前，她总要深情地看我一眼，低声地说：

"出去走走吧!"母亲的心和我们息息相通。她全身浮肿,眼睛布满了血丝。

五 小弟弟的死

武汉失守后,国民政府实行所谓"焦土政策",长沙燃起大火,城市人口开始疏散,"难童收容所"准备迁到湘西永绥去。人们议论纷纷,有这样那样的传说,大家都为这个"收容所"的搬迁感到惶惶不安。有门路的职员接二连三地离去。母亲在人们的影响下,也迫切希望能够离开这个"收容所"。她几次徘徊在大姨妈家的门外,几次把脚踏进门里,又缩了回来。她哪里知道,大姨妈一家已经"远走高飞"了。我们娘儿几个只好随着"收容所"来到湘西永绥。

在这个偏僻的县城里,孩子们的生活和长沙相比,下降了许多。我们住在一座山上的破庙里,麻雀叽叽喳喳在屋梁上做窝,时常把粪便落在人们的头顶或衣襟上。睡的是地上铺的一层薄薄的稻草,几个人合盖一条被子,穿的是募捐来的衣服,五花八门,奇装异服。难童们偶尔走到街上,人们认为是耍马戏的。街道上的孩子用石头投向我们,喊"烂铜('难童'谐音)烂铁!烂铜烂铁!"一日三餐,只有中午能吃到半饱的米饭,其余两顿就是稀饭或南瓜糊糊。由于缺少营养,不少孩子得了多种疾病,身上长了疥疮。冬天,门窗四处通风,孩子们缩成一团,咳嗽声此起彼伏,加上得不到及时的药物治疗和护理,弱小的孩子相继死去了好几个。

小弟弟也病了,咳嗽、发烧,医生诊断他患的是肺炎。据说，要有一种叫作"黄安"的特效药才能治愈。"黄安"像金子一样贵重稀少。母亲为了购买"黄安"把自己身上唯一一件毛衣脱下来，送到当铺里，她拿着钱，四处寻找，跑遍了大街小巷。她找到一家私人诊所，为了抢救孩子，她不得已，跪在一个身穿白大褂的医生面前哀求，但医生却摇摇头，回身走了。母亲疲惫地空手归来，躺在地铺上，闷头哭泣。

小弟弟的病情一天比一天严重了，院长才同意母亲去照顾他。他睡在母亲的怀抱里，脸烧得红彤彤的，喘着气，时而清醒，时而昏迷，时而全身抽动。他眼角流着泪水，用微弱的声音喊着："妈妈，妈妈。"阿姨们知道已经是命在垂危了，几次劝母亲离开，好不容易从母亲的怀里接过小弟弟，把母亲扶到另一个房间里，小弟弟就停止了呼吸。

小弟弟从没有见过父亲，父亲牺牲的那一年，他只有一岁，在那些悲痛的日子里，他用"呀呀"学语声，支持着母亲活了下来，他用自己的小脸依偎着母亲，使母亲破涕为笑。如今，他过早地结束了自己的苦难、短暂的生命，独自躺在这异乡荒凉的旷野上。

夜深了，我陪伴着母亲，几天的疲乏使得我不知不觉地闭上眼睛，当我吃惊醒来，迅速寻找母亲，她已经悄悄地用绳子把自己吊在房梁上。

"妈妈！妈妈！"我抱起母亲尚未悬空的双脚，大声叫喊，惊起了房里沉睡的人们，大家一拥而上，把她从绳索上救了下来。母亲被放在床上，放声痛哭。

日日夜夜，我守在母亲身边，她多次要求我们自己到外面去吃饭。一天中午，我从外边回来，剪子刺破了母亲的咽喉，血沿着脖根子流。一个月过去了，母亲从痛苦中清醒过来，她抚摸着我和弟弟，对我们说："你们放心吧，我要活下去，把你们抚养长大，我要看到天明。你们爸爸活着的时候对我说，这苦难是有尽头的，天总是要亮的。"

经过一位同乡的帮忙，母亲到这个县的一个小学担任一年级老师，我和弟弟、大妹妹进入一所流亡中学，后改名为国立八中，离开了"难童收容所"。

六　卖茶水

沦陷区的人大批大批涌到永绥这个小小的县城里。人与人之间为了生活，互相倾轧、排挤，母亲被解雇了。

我在高中毕业后，一度到贵州黔桂铁路子弟小学教书，全家随我到了这里，一个小学教员的收入是养活不了一家人的生活的，为了支持大弟弟读书，贴补家庭收入，母亲挎着篮子在火车站上卖茶水。

车站上，铁丝网把车站和街道隔开。一群卖食物和茶水的妇女、儿童守候在铁丝网外，火车到站，他们一拥而上争夺地盘，然后将自己的食物或茶水从铁丝网的空隙处送了出去，大声叫喊，招揽顾客，时常为了争取一块较好的位置，为兜售一碗茶水相互争吵、打骂。偶尔，有的旅客不慎把自己的零星食物丢失在地上，孩子们就飞奔过去，不顾命地抢夺，把狭小的街道填塞得严严实实。母亲常常被这一情景吓住了，她的茶水被推洒了，茶碗被打破了，有时人也要被挤倒在地，然后，空手归来。

"卖茶水，卖茶水，谁喝茶水，一个铜板一碗"。白天，母亲操着安徽口音，在车站上高声呼喊。晚上，在油灯下，一面和我唠叨着一天的见闻，一面一个铜板、一个铜板数着她微薄的收入。阴雨天，她在家里不断地缝针线。她期待着我们的成长。

七　野火烧不尽，春风吹又生

1945年抗战胜利了，人们兴高采烈，母亲更是迫不及待地要回老家去。我和弟弟陪着她回到安徽合肥。

母亲的第一件事是寻找父亲的坟墓，托人买来一块石碑，刻上父亲的名字，安放在父亲坟前。她点燃一股清香，虔诚地叩了头。经介绍她做了乡村小学教师，还担任了党的地下交通，认真地为党组织传递消息，做她力所能及的工作。

解放区的消息，通过各种渠道送到母亲的耳朵里，她毫不掩饰自己内心的喜悦，经常把自己听到的消息传播给周围的人。成为党的义务宣传员，她的皱纹展开了，脸上有了笑容。

"妈妈！国民党非倒台不可，这样老百姓就有出头的日子了。"我对母亲说。她笑着点了点头。

"我到解放区去，你愿意吗？"我接着问。

"干共产党是要横下一条心的。"她说："你爸爸那时候，家里多少人劝他吸大烟，对我说，只要他吸上了瘾，就不会出去干共产党，就不会出事了。他严词拒绝了。不少亲戚多次要为他介绍职业，劝他脱离共产党，他也拒绝了。一辈子吃了国民党的多少皮鞭，最后，舍出了性命。"

"现在不一样了，我们已经有一大片根据地了。"我回答。

"路要自己走，决心要自己下，我支持你。"母亲宁愿孤独地一个人留在老家，答应了我的要求。

母亲把我送到村口，我不断地回头眺望那久久不愿离开的母亲的影子。父亲给母亲传下的话，重新在我的耳边响起："天总是要亮的。"

"野火烧不尽，春风吹又生。"我情不自禁地加快了步伐。

八　全国解放了

全国解放了。我从解放区来到了天津。母亲也在范文澜伯伯帮助下，从南方来到北方，在保定市莲花图书馆工作，平静了几年。

母亲在工作中从不计较地位和待遇。她一直担任图书管理员和幼儿园的事务员，从事图书的上架、装订、清理、分发等繁杂琐碎的工作。她热爱幼儿园的每一个孩子，为孩子们的衣食精打细算，在完成本职工作的同时，主动帮助护理生病隔离的幼儿。当她患上子宫癌后，又主动提出退休，并在退休后拒绝继续享受劳保和医疗待遇，不用国家一分钱。她对民政局的一位同志说："我生病在家，不能给国家做贡献，怎么能享受待遇呢？有儿女们供养就够了。"她从没有依仗自己的烈属名义，向国家要求特殊照顾。

在家里，我们全家的吃穿用都由她操持。我的四个孩子的衣服、鞋子，她都亲自去做。小的接大的班，破了用花布拼改翻新，既舒适又漂亮。实在不能穿了还要拆洗后糊成夹纸再做鞋。她常说："新三年，旧三年，缝缝补补又三年。"有着新旧社会对比的母亲，对平静安宁的生活感到满意和幸福。

九　妈妈的病

1966年开始的"文化大革命",首先在高等院校里点燃了火。当时我正在南开大学工作。校园里高音喇叭不住地叫喊着,震动着人们心弦的奇闻怪论不断传入母亲的耳朵,许多疑团在她脑海里翻腾。每当我回家,都要缠着我问,她睡不着觉,在屋子里走来走去。

8月间的一个夜晚,学生在校园里开辩论会,一条大标语在主席台背后的高楼上猛地挂了下来,它挑动和激化了群众之间的矛盾,彼此互相冲突起来。愤怒的人群涌到大楼里寻找所谓幕后操纵者,真正制造者早已不知去向,只有几个被看守着的所谓"牛鬼蛇神"在那里学习。他们打开办公室的大门,一眼认出我和一位团委书记。

"是你们干的吗?"来人问,接着不由分辩,把我们拉了出去,押跪在主席台的桌子上,厕所的纸篓代替了临时的高帽。群众前拥后挤,桌子被打翻了,我们被挤倒在群众的脚下,我的头碰破了,鲜血流了出来。又是一阵混乱,我们被押在校园游街,然后把我押送回家。

母亲看了我的样子,吓了一跳。押送我的人说:"我们在开大会,揪黑帮,把她揪出来了,现在送回她。"

押送的人走了,母亲把门关上,赶紧为我抹去脸上的血迹,冲洗了头发,换上衣服,我精疲力尽地躺在床上。母亲问:"你犯了什么错误?什么叫'黑帮'?什么叫'揪出来'?他们要怎样你?"这一连串的问题,问得我无言答对。接着我被放到学校"劳改队"的行列。

家里的电话被撤了，接连几次被抄家。弟弟和爱人全都没有消息。大女儿的红卫兵袖章被摘掉了，她哭哭啼啼地外出串联，出走了。两个儿子由亲戚领到河北农村去。只留下一个小儿子白天在外边流浪，晚上带回些粮、菜或煤球，维持我们三个人的生活。面对这样骤然的变化，母亲精神恍惚，坐卧不宁，她像变了一个人一样，有时整天坐在那里一动也不动，目光发直，脸色变青。开始她晚上感到害怕，渐渐地白天也害怕起来，她喃喃自语地说："不得了，不得了。"有时，甚至糊糊涂涂地指着墙角说："你弟弟来了，躲着我们不露面。"

母亲的病，一天比一天严重，到了不吃不喝的地步。我千求万请，她才答应，由一位好心的同志陪伴到医院去看病。大夫听完了她的病情介绍后，在病历上写着"老年性精神官能症"。

十 弟弟张以瑞被害

一天中午，在"劳改队"的人们散工的时候，看守我们的同志对我说："下午你不要来了。"

是怎么一回事，我不敢多问。回到家里，一辆小汽车停在门口，中和十爷和两位从北京来的同志在家里等我。

"下午随我们去北京吧！"来访的同志对我说。

"是公事还是私事？"我问。"当然是公事，让你去筹办个展览会。"来人答。

"我母亲身体不好，让她随我去北京弟弟家，行吗？"我问。

"不要几天就回来，就留天津吧！好在还有个小孩子陪伴她。"来人答。

母亲听着我们的对话，忙着对我说："不要紧，你走你的，不要管我。"母亲从不愿累赘她的儿女。

汽车飞驰在京津公路上，北京来的同志一言不发，既不交代任务，也不同我谈家常，径直把我送到弟弟的家里。等到我发现弟弟的家里空无一人，奇怪地问："人都到哪里去了？"他们这才说："你稍等一下，我们去找，也许就在隔壁。"一会儿，一群客人陆续地走了进来，其中还有一位部长，他紧紧地和我握握手，让我坐下，然后，对我讲："张以瑞是个好同志，不幸的事情发生了，我们都很惋惜。"我马上想到事情不妙，忙问："是不是我弟弟被打死了？"部长点点头。晴天霹雳般地打在我头上，一下子把我打懵了。历史的曲折竟是这样的无情，三十多年前的今天，我埋葬了被国民党杀害的父亲，三十多年后的今天，我又将埋葬被迫害致死的我唯一的弟弟。这斑斑血债，让谁偿还？！

弟弟从小聪敏过人，爱读书，思维敏捷，写一笔好书法和流利的文字。北洋大学毕业后，长期担任领导的秘书。在刘少奇倡导培养接班人时，他被破格提拔为国家物资部机电局的副局长，他风华正茂，正是为国家建设贡献力量的时候，却惨死在"四人帮"的屠刀下。

小弟弟死后，大弟弟成为母亲最重要的精神支柱和希望所在。她把全部精力维持弟弟的生活和学习上，同他朝夕相处，寸步不离。她多么希望弟弟能在革命阵营中茁壮成长，完成父亲交给她的使命。弟弟的惨死，对她无疑是一个致命的打击。

事隔不久，离散多年的妹妹，通过弟弟惨死的传单，拿着他继父母遗留给她的红纸合同,从遥远的南方,找到北京来了。当我们重逢在北京的时候,她已经是失去亲人的遗孀,他的丈夫被打成"现行反革命",病死在监狱里。

接踵而来的噩耗,无论如何也不能让母亲知道,我甚至不敢让弟弟的亲属和妹妹来天津看望她,惟恐按捺不住悲痛而露出破绽,惹出一场大祸。我编造了许多谎言,仿造弟弟的笔迹给她写信。但怎样也瞒不住母亲的目光。她经常半夜醒来,偷偷地摸到我的床沿问:"你不要瞒我,说实话。是不是你弟弟被抓了起来?是不是已经没有他了?"我忍着泪水,对她说:"可不能胡思乱想,这是不吉利的。"

十一　春蚕到死丝方尽

1968年5月的一天,我在学习班学习,小儿子慌忙跑来对我说:"姥姥摔倒了。"我赶到家里,她已经不能说话了,她怀着对祖国的担忧和对儿子的怀念,突患脑溢血与世长辞了。

"春蚕到死丝方尽,蜡炬成灰泪始干。"从我有记忆能力的时候起,就经常不断地听母亲独自用低沉、悲伤的声调哼着李商隐的这句名诗。她深深地爱上了这寓意深刻的诗句。如今,这两句诗,成为她一生的真实写照。

范文澜伯伯听到母亲去世的消息,来信对我讲:"惊悉昭仪同志突然去世,我怆然不快者累日。她是饱经忧患的人,虽然你千方百计不让她知道悲惨的消息,她凭过去的经验,脑子里一定经常深思苦虑,血自然集中在脑中,一个老年人思索不得其解的问题,时候多了,发生脑出血的症候,是很难免的。昭仪同志的一生，是悲苦艰难的一生，但也是极其光荣的一生。你父亲为对国民党反革命势力斗争，你弟弟也是同国民党反革命势力斗争，相继为革命贡献了自己的生命，你母亲实际上也是国民党反革命势力害死的，要解除这样的深仇大恨，唯一的方法是把马列主义、毛泽东思想在自己的心坎深处扎起根来。这样，你化悲痛为战斗的力量，坏事变成好事了。这样，我对你悲痛的同情心，也变为充满希望的情绪了。"范老对母亲的悼念，告慰了母亲的在天之灵，激励了我。

十二　逝者已矣，活者依稀

粉碎"四人帮"后，弟弟张以瑞被追认为烈士，小妹夫简日生得到"平反昭雪"。在廖承志同志特批下，小妹妹携子去了香港，转英国，逝于英国。1986年根据国家两岸境外省亲的规定，我去了美国与大妹妹夫妇相会。大妹妹在国立八中初中毕业后，上了护士学校，长期在广州任职，解放前去了台湾，嫁给一位空军飞行员，后服务于中华航空公司，患肺癌逝世。大妹妹移居美国，患肌肉萎缩症病逝。张以瑞家属多数移居加拿大，只剩下侄儿张恕一人留在北京。

逝者已矣，活者依稀。

我的爸爸周有光

周晓平[①] 口述，叶芳采写

我爸爸有个三不主义："不过生日，不写自传，不立遗嘱"，现在没有办法都保持了，别人要给他过生日，他也没有能力阻拦。不写自传的理由呢？就像钱钟书所说：假如你吃了个鸡蛋，觉得不错，何必要认识那个下蛋的母鸡呢？

有些人想给爸爸写传记，他没有答应，其中的重要原因是他不愿意人家吹捧他。也有人帮爸爸录音，记录了许多内容，但到写时都被他拒绝了。至于他个人的历史，如民国时代他究竟有些怎样的经历；20世纪30年代在救国会他做了什么事；40年代末他为什么跟随共产党，从美国又从香港回到内地；他什么时候遇见过毛泽东，又是如何与周恩来以及陈毅开会的等，他从来不对外人讲这些故事。

我和爸爸的生性相似，我也不喜欢接受采访，不愿意谈这些

---

① 周晓平，周有光先生的公子，现年80岁，大气物理学家。

20世纪80年代，周有光、张允和与周晓平、何诗秀、周和庆在北京合影。

事情。儿子谈论父亲，总在夸奖好像不太合适，无论谈什么总是担心有吹捧他的嫌疑；当然儿子说老子的坏话更不好。

世界观——理性眼光，全球视野

评价我爸爸的一生是很困难的事情。首先我觉得他是一个非常理性的人，这一点是遗传了奶奶的基因。抗日战争时期，在去重庆的路上，我们家随身的十几个箱子掉进长江，奶奶一点也没有惊慌失措，她平静地说箱子丢了就丢了吧。我的妈妈倒是有点着急，因为箱子里装着好多日用品。我奶奶做事、待人非常理性，绝对不说媳妇任何坏话。早年我奶奶连生五个女孩，老不生男孩，我爷爷刚刚娶回姨太太想要传宗接代，奶奶就生下爸爸了。后来奶奶带着她所生的孩子们离开了那个大家庭。

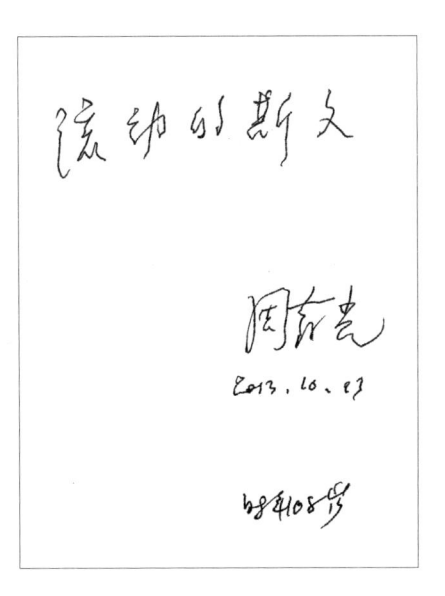

2013年，周有光老先生于108岁时为《流动的斯文》一书题字。

我爸爸到圣约翰大学读书的时候，家里经济情况很不好，但他碰到了好老师、好学长，指导他怎么读书，再加上学校风气比较好，他的同学后来大都很有作为，像吕叔湘等等。圣约翰大学是中国最早最好的大学，清华、燕京最早的一批教授，都是从圣约翰大学过去的。虽然是一个基督教学校，但信仰自由，对宗教信仰没有限定。这个学校提供给人一种真正的知识信仰，尊重每一个人，让你独立思考。大学教育提升了父亲的人格和知识水平。

那两年父亲在圣约翰大学受的教育是很重要的，后来他转入光华大学读书。他的教育和研究方向预示着他的世界观是全球化的，他的一生比较超脱的原因之一也是因为他是一个世界主义者。他对中国文化哪些好哪些不好，有一个比较清晰的看法。如果一个人真正了解了现实，了解了世界文化发展的最基本的规律，也就不会彻底失望了。

教育观——知识为上，学以致用

至今我还记得小时候爸爸唯一一次打我的原因：在四川宜宾，一天看书时，不留神把一脸盆水打翻了，搞得一塌糊涂。爸爸问起是不是我干的，我矢口否认。我撒了谎。父亲就打了我一下，不轻不重，这是我记忆当中唯一一次打我。他说，你怎么搞的，做错了事情还要撒谎，以后如果继续撒谎怎么得了。

还有一次父亲是这样对付我的无理吵闹的：那天我不知为什么事情一直在哭闹，胡闹得过分了。爸爸一下子把我抱起来搁在一个大柜顶上，我自己下不来了。爸爸说你不哭了不闹了，就把你放下来。没办法，我只好停止哭闹，弄得我现在还有点恐高症。

爸爸从不硬性规定我们要读什么书，各种书都可以看，四大名著要看，而且要看懂，还要看各国的名著。但一般的小说可以不看。"那是闲书，有什么价值？我给你看更好的书。"爸爸会选择更好的书给我，让我更有兴趣阅读。

他不太喜欢收集字画，虽然他有很多机会。他说艺术当然很重要，但你过多地沉溺在这里面不值得。他认为读书一定要读真正能够获得知识的书。他很早就告诉我，小说有两种：一种是给你知识的；一种是闲书，后者要尽量少看。后来我到美国发现所有书店都把书分成两类：虚构与非虚构。爸爸说从前美国有规定，小学生课外读物中非虚构类要占80%，所以大人要指导小孩选择读书。

有一个时期，我热衷于收集邮票，他也不阻拦我，我收集了很多很多邮票。后来他给我讲了一个故事，有两个人收集了世界上唯一的两张邮票，这两个人见面了，A说，你能不能把你的那张拿来给我看看，B拿来了，A看了，然后刷刷刷就把它撕掉了。当时，这两张邮票每张都值上万英镑。B当然大闹，问A为什么要撕他的邮票？A说你要多少钱我给你多少，你要50万就给你50万。听完这个故事，我有点开窍了。他说集邮从商业角度是有价值的。但是你要知道，第一，邮票是能给你一点知识，但是这种知识你完全可以从百科全书里得到，而且更全面。第二，集邮谈不上是艺术，方寸太小。在他的影响下，后来我就放弃了集邮。

但他从不限制我的兴趣发展，从不干涉。他对我的学习很是关注，但是暗中关注，不知不觉地影响我，关键时候说两句。不过他很重视英语学习。

我读过《七侠五义》，这是武侠小说中比较经典的一本，看完之后其他的就可以不看了。有时候我在看这样的书，爸爸说这本书怎么样？给我讲讲。他说那些大侠的武功是真的吗？真实的人怎么能飞呢？于是他找了一本关于人类生理极限的书，说明人在极端条件下的可能性，这里包含物理学的概念，会爬会跳和飞檐走壁不是一回事。

爸爸善于通过聊天的方式与人沟通。我小时候有段时间检查出来有心脏病，他说有病没有关系，会好的，即使身体有病你还是能做事情。我心情不好时他就把我带到公园里散步，他随手捡起地上几片叶子说，哪一片叶子没有几个洞或者残缺？完完整整的叶子是很少的。难道它们就不是叶子了吗？它们构成了一棵大树的一部分。这就是说不管有什么缺陷，每个人都会找到自己的有用之处。他最关心我的是：你应该念好书，否则需要你为人民做贡献的时候，你什么知识都没有，拿什么去贡献？

他觉得上海太繁华太闹，让我回苏州安安静静地读书，环境也比较好，苏州的学校也是很好的。爸爸从来不强迫我做任何事情，那时候初一数学教四则混合运算题。有一次我数学考试拿回来成绩是丙，他问怎么回事？我说我也不知道我为什么这么讨厌四则混合运算题，乱七八糟的，搞不清楚。一个圆圈种几棵树，多少米一根，加一减一，太乱了。他说那就算了吧，不过代数要好好学，那很重要。爸爸觉得分数高低无所谓，但他很关心是否学习到有用的东西。他就是强调知识，他追求知识的观念很强。

我觉得爸爸是认真学过教育学的，他曾经建议函授大学多教逻辑学、教育学等等，他帮他们设计课程，所以函授大学很感激他。

治学观——博闻强记，正视批评

爸爸学的是社会科学、人文科学，可是他是一个非常理性的人，对理科的内容也非常有兴趣。他大学里没有学过微积分，后来我教他，他很快就搞懂了其中的原理。他常常说这样一句话，如果我搞自然科学，可能成就会很大，而搞社会科学呢，就没有什么成就。他有一个从事科学研究的头脑：理性、严谨、承认实践在科学中的巨大作用。他在研究汉字使用数量方面的规律时注意到存在汉字使用效率递减率，因此我给他讲了一点微积分的基本定理，他很开窍，以此来检验他在语言学方面的研究是否符合实验。

在知识上父亲自称是百科全书派。他觉得认字很重要，所以要致力于用拼音方便地教会大众认字，认字才会有知识，然后才能启蒙。这一观点给我印象很深。有时候我也会问他问题。但他觉得我没有说清楚到底是什么问题，他会说你回去再把问题想一想，看看百科全书，然后你再来问我，我们再讨论。

我上中学时候在家里住的那间屋子里面有书架，爸爸妈妈睡在隔壁。有时候爸爸早上三四点钟就醒了，想找书看，到我睡的房间里来翻百科全书，把我搞醒了。我说爸爸你晚上搞什么呀？妈妈就听见了，就跑过来说，哎，你怎么不睡觉？爸爸说我睡不着了。在床上翻来覆去地想，想到一个事，赶紧查查新书。妈妈就把爸爸揪回去睡觉了。

他经常查字典、查书和地图，对我的影响很大。你现在问他任何一个小问题，世界大问题，他可以给你讲得很明白。他以前看杂志，重要的文章上面用笔写得满满的。他看过的杂志我都拿回去，把爸爸划过的地方重新看一遍，我也很长知识。

爸爸总说他不是拼音之父，不让这么称呼他。他还说自己也不是研究文化问题的专家，只是随便写点文化方面的文章而已。他还说这是狗屁文章，顶多是杂文，看完也就可以扔了。人家想怎么批评，就怎么批评。

他很喜欢看人家的批评。有一次，有一篇文章后面，有一大堆跟帖，我打印了很厚的一叠全给他看了。他说人家捧的话，你就不要打印了。也有人家骂他的文章，甚至骂得很难听，什么老不死的。还有人说你有什么资格谈经济问题（他们不知道他是学经济的）。有人说要注意这个人，好像是个大右派，是个漏网右派等等。爸爸看了都觉得无所谓。

他看重真正有水平的批评，比如梁文道的批评，他认为是很严肃的批评。有一个叫彭小明的人说周有光是既得利益集团的一分子，我们听了都不大高兴，都说叫他们来看看我们家，这是个什么样子的既得利益集团分子。连小保姆都生气了，爸爸也没有生气。他给我看哪些地方批评得很好。爸爸在彭小明大量"骂"他的文章里仔细地看，在他的批评上做了很多记号。"他说我们的工作有许多问题，比方说用j、q、x这几个字母就不见得是最好的。你可以改动，但花费的代价可能更大。"他说，文字研究有它的技术性方面，也有它社会性问题的方面。技术性可以达到最优美的，但是它可能不符合社会的要求。

对爸爸最重要的一个批评来自台湾。台湾有一本近两寸厚的大书论述大陆文字改革，资料非常丰富。里面收录的是台湾人写的文章，水平非常高。那时候受国民党的态度影响，他们学术界也常常骂我们，说起话来都是什么郭匪沫若、吴匪玉章、胡匪愈之、周匪有光。但他们也写了很多有价值的东西，搞了很多研究工作，收集资料很齐。爸爸认真看完后跟妈妈笑嘻嘻地讲："哈哈，这本书骂我们，但它把我们的问题搞懂了，知道中国大陆正在研究和解决什么问题。里面很多内容还是暗中赞扬我们呢。"

改革开放后台湾这些学者来大陆，爸爸说你们对我们了解是对的，国民党中也有大批人是比较理解我们大陆的文字改革，中国走了许多弯路，但简化汉字不见得坏，是有贡献的。他说："我选择从国外回来还是对的。"

对于那些乱七八糟的骂人话，他才不生气呢，他就喜欢看骂他的话，捧他的人太多不用看，骂他的话要看一下。骂人的话夹在好话中间，有时候我嫌烦，就都给他打印出来，已经打坏三台打印机了。

家庭观——兼容并包，患难与共

妈妈爱好昆曲。昆曲的词句非常优美，其文学水平很高。以前妈妈经常在家里排戏，反反复复地演唱；爸爸在隔壁写东西，久而久之也喜欢上了昆曲。星期天，妈妈去北海排练，有时也会带上爸爸。但爸爸更喜欢西洋音乐，他带妈妈去剧院听西洋音乐的时候，妈妈有时候会在剧院里呼呼大睡。

爸爸妈妈的性格很不一样，爸爸说话少，妈妈说话多。发生争执的时候，哪怕再有理爸爸都不争辩。妈妈说你讲话啊，爸爸说我讲了也还是这么回事。妈妈气消了以后如果觉得自己不对，就说对不起啊，这样就结束了。爸爸不对时，爸爸就承认错误，说："噢，对不起对不起，下回不了。"就这样，很简单。我没有听爸爸说过我爱你这样的话。他说他和妈妈恋爱时，他找妈妈就说有人托我带一样东西给你，我顺便来看你好不好？

那时我们住在重庆下游不远的唐家坨，爸爸在重庆市区，每个礼拜乘小轮渡往来，平时没有电话，不能通消息。每个礼拜六晚上，妈妈带我到码头等船来。如果重庆遭日本人轰炸，妈妈赶紧打听有没有炸到人，真是心急如焚。妈妈在码头上等爸爸下船，船上的人一个一个下来，终于看到爸爸也在船上，妈妈才放心了，高兴起来。

记得家里没钱的时候，妈妈就向她的朋友借钱。后来，抗日战争回来，我们的家被彻底毁掉了，妈妈又向亲戚借过钱。我的记忆中我们家就没有阔过，一直靠薪水过日子。日本投降后，爸爸妈妈有时候会一起去上海舞厅跳舞。我也去过几次。妈妈说，带他去不好吧？爸爸说，去看看没有关系，他早晚会知道社会是什么样的。爸爸相信他能把我教育好。

妈妈在世的时候家里来来往往人特别多，但她身体不太好，我老限制她，我说你一天接待的客人不要超过两个，晚上9点钟一定要请别人走。妈妈就不干，她觉得我限制她。妈妈是家庭的大管家，爸爸的工资都交给她管。爸爸一般不管家务事，包括他平时穿的衣服也是妈妈管。但爸爸有时也会有自己的选择，比如他需要穿西装的时候，他穿西装很有样子，他很懂得西方的文化和礼仪。妈妈去世之后，我面临的主要困难是我变成管家婆了。

处世观——化敌为友，控制情绪

这是我爸爸为人处世的一个基本原则，他从不记恨任何人。他说，你想想看，"二战"时期，日本和德国都是美国最凶恶的敌人。现在德国、日本是美国最好的朋友。特别是德国，它对战争忏悔以后，跟美国的关系一直非常好。日本呢，它不肯完全忏悔，但在政治上一直与美国保持一致。即使是珍珠港事件、美国使用了原子弹也没有影响他们两个国家的关系。

一件事你做得对的话，就可以化敌为友。

有时候看到别人写文章或者在网上骂他，我们后代忍不住就要反驳。他说不要争辩不要解释，这是他的对策。这些攻击事实上都伤害不了他。别看他个子不高，内心实在很强大。

小时候偶尔我也顶撞父亲，他真是不发脾气。可是他也是个有脾气的人。

有一次爸爸要去参加一个重要会议，司机来晚了，结果迟到了。他对司机说，你怎么搞的，把这么重要的事情给耽误了，以前好几次我都没有说你。司机跟我还是好朋友，后来我对司机说好话。还有一次是我帮爸爸去订购火车票，订票后五天才能拿到火车票，可是五天以后售票处又说票没有了，结果又差点误事，爸爸很不高兴。

我也就记得他发过这两次火，说明他也不是那种完全没有脾气的人。但他非常善于控制情绪，非常理智地考虑问题，这是他的大优点。

我们家这辈子遇到过三件喜事：第一是抗战胜利，全家人高兴得不得了，打着灯笼庆祝；第二是1949年中国解放，他相信这是中国的机遇；第三是"四人帮"垮台。

我们也遇到过三件刻骨铭心的事情，让爸爸悲伤。第一次是失去我的妹妹，我们眼睁睁看着她因为缺乏药品治疗而死去。我妈妈一直不能谈这件事，一谈就掉眼泪的。我是家里第一个孩子，接着是我妹妹。在兵荒马乱的年代，我妈妈又生了三个孩子但都没有保住。等到我六岁的时候，妹妹五岁，她生病后送到医院，但没有检查出来是阑尾炎，后来阑尾穿孔转为腹膜炎。当时需要使用盘尼西林，爸爸托人通过部队去买药，但药没有到我们手里，中途被卖掉了，妹妹就这样死了。妈妈到临死的时候都说，我没有对不起谁，只是对不起我的女儿。这是我们家最凄惨的一段历史了，也是爸爸妈妈最伤心的往事。

第二次是我奶奶去世，爸爸很难受。他是个很孝顺的儿子，他很懊恼奶奶竟然因感冒而去世。我想奶奶对他的影响是很大的，我奶奶是个很坚强很理性的人。

最后就是我妈妈的去世。他用了半年才恢复过来。爸爸的感情不怎么直接外露，他会写在诗中。

健康观——生死豁达，科学生活

爸爸不太喜欢别人老问他为什么这么长寿，他会说你问我干什么，问大夫去！我也不知道。不得已就说大概是基因吧，大概是不抽烟吧。他很怕人家提这种问题。

他的科学观也用在了生活上。就是科学地对待疾病治疗。他觉得他现在活一天，多一天，要高兴。

他很理性，不管胃口好坏，坚持正常的饮食。

有一回他得了黄疸，到传染病医院，给他吃褪黄素，是很苦的中药。他说，中药是有经验，但是要科学化。他反对分中医西医、中国近代医学、传统医疗方法，他认为医学科学是同一个范畴内的概念。他说什么事情都要科学对待，他会自己琢磨自己的身体。大夫开的药，比方说安眠药，他减半吃试试看行不行。从前他眼睛因青光眼影响视力健康，大夫让他点眼药，他坚持了四五十年，一天四遍点药，从不间断。所以他的眼睛没有瞎，好多人青光眼最后都瞎了。他在干校的时候，我妈妈每一个星期都要到医院拿药给他邮寄去。他就从来没有中断过这样的长期治疗。

他的看病比较科学，他什么都用科学方法来处理。比方说人要锻炼，他就锻炼锻炼，特别是锻炼脑子。他看了很多锻炼脑子的书。他说一天到晚，无所事事，脑子也不动，没什么追求，不思考什么事，脑子就老化得快。脑子老化得快，即使有健康身体又有什么用啊？他从不吃保健品，他对保健品的态度是：一概不接受。

爸爸是搞社会科学的，但具备自然科学的理性思想。我想这跟长寿有关系。不抽烟是自然的，不赌钱，不喝酒，他喝一点点啤酒，统计学上来说没有多大意义。他是比较相信数据和实验的，拿证据给我看——他是这样讲的。

他说，人最后都是要死的，必然的，没有办法的。我活得太长，把晓平搞得太累了。

他经常对我说，你不要经常来这里，跑得多了太累。但如果没有来，他就去问保姆，晓平说什么时候来啊？我觉得他可能感到有我在有安全感。

他98岁的时候说我要活到100岁。他曾经说我到100岁就安乐死吧,安乐死还是很好的。但后来他说我活到105岁、106岁吧。再然后又说我到108岁还是可以吧。他说,我向来不做任何预测,也不做什么期望。任何预测都不可能有统计学的意义。

他提倡的是重生不重死,我活着就要好好过。

父亲让我们和更多的人懂得知识就是财富,有了知识才会真正拥有一切,知识让你可以有无限的创造。知识很重要,从这个意义上看爸爸就是坚定的百科全书派。

团　聚

沈虎雏

分明听见爸爸在呼唤："弟弟！"

猛然坐起来，睡意全消。习惯夜间照料他，我趿上鞋，又停住了。

很静，没人唤我。街灯在天花板上扯出斜斜窗光，微暗处隐现爸爸的面容，抿嘴含笑，温和平静，那是同他最后分别用过的遗像。他不再需要照料，已离开我们半年了。

遗像下有两行字，那是他的话：

照我思索，能理解"我"。照我思索，可认识"人"。

从我还不记事起，命运一再叫我们家人远离，天南海北，分成两处、三处、四处甚至更多。摊上最多的是同爸爸别离，这给每次重逢团聚，留下格外鲜明的印象。

最后几年团聚，中国人在重新发现沈从文，我也才开始观察他生命的燃烧方式。有过许多长谈短谈机会，倾听他用简略语句吃力地表达复杂跳动的思绪，痛感认识爸爸太晚了。

1946年，张家四姐妹、六兄弟，顾志成（顾传玠）、周有光、沈从文三连襟与周晓平、沈龙朱、沈虎雏在上海合影。

2004年，张充和回北京办书画展，与大弟媳刘文思、侄女张以䪨、沈虎雏、张之佩、沈红合影。

20 世纪 30 年代，张冀牖与沈从文在苏州合影。

我不大理解他。没有人完全理解他。

我刚满月，卢沟桥炮声滚过古都。

我两个月时，爸爸扮成商人，同杨振声、朱光潜、钱端升、张奚若、梁宗岱等结伴，挤上沦陷后第一列开离北平的火车，绕过战线，加入辗转流向后方的人群。待到妈妈终于把我们兄弟拖到云南、全家在昆明团聚时，我俩的变化叫爸爸吃惊：

小龙精神特别好，已不必人照料，惟太会闹，无人管住，完全成一野孩子。

小虎蛮而精壮，大声说话，大步走路，东西吃毕嚷着"还要"，使一家人多了许多生气！

我俩不顾国难当头，不考虑家中有无稳定收入，身子照样拼命长，胃口特别好。尤以小虎，一天走动到晚，食量又大，将来真成问题。

爸爸说："天上有轰炸机、驱逐机，你是家里的消化机。"

消化机是大的应声虫。"大"，就是龙朱①。我虽处在南腔北调多种方言环境，却在大学学会一口北京话，自认为北平人，十分自得。湘西人称哥哥为大，想必是爸爸的影响，直到今天我称"哥"字还挺绕口。

1939年4月以后，日军频频向昆明投下炸弹，我家疏散到呈贡乡下。过不久，爸爸长衫扣眼上多了个西南联大的小牌牌。每星期上完了课，他总是急急忙忙拎着包袱挤上小火车，被尖声尖气叫唤的车头拖着晃一个钟头，再跨上一匹秀气的云南小马颠十里，才到呈贡南门。这时我常站在河堤高处，朝县城方向，搜寻

---

① 即沈从文长子，作者的哥哥。

挎着包袱的瘦小长衫身影，兴奋雀跃。直到最近，我才知道他上火车之前，常常不得不先去开明书店，找老板预支几块钱。沉甸甸的包袱解开，常是一大摞书，或两个不耐用的泥巴风炉，某角落也有时会令我眼睛发亮，露出点可消化的东西。

流向龙街的小河如一道疆界，右岸连片平畴一直延伸到远远的滇池，左岸是重重瓦屋。房子建在靠山一侧坡坎上，间杂一些菜园或小片果木，多用仙巴掌做绿篱。这些落地生根的植物，碰到云南温暖湿润的红土迅速繁殖，许多长成了大树，水牛在结实的仙巴掌上蹭痒。杨家大院挨着一排这种树，背靠一带绿茸茸的山坡，地势最高，在龙街算一所讲究宅院。除杨家几房和帮工居住，还接纳我们十几家来来去去的房客。

妈妈每天去七里外乌龙埠，给难童学校上课，爸爸下乡的日子，也到难童学校和后来的华侨中学讲几堂义务课。

孩子们日子过得还像样。龙龙每日上学，乡下遇警报时即放炮三声，于是带起小书包向家中跑，约跑一里路，越陌度阡，如一猴子，大人亦难追及。小虎当兆和往学校教书时，即一人在家中做主人，坐矮凳上用饭，如一大人，饭后必嚷"饭后点心"，终日嚷"肚子饿"，因此吃得胖胖的。附近有一所中学，学生多喜逗他抱他散步。一家中自得其乐，应当推他。

一人守家并不好玩，我会说"无聊"这个大人用的词，白天老想朝外跑。跑出杨家大院有五条道：去河边的，随妈妈打水洗衣天天走多次，不新鲜；通龙街的半路有群白鹅，长脖子挺直一个个比我还高，那神情，仿佛是在我脸上选择，用善拔草的扁嘴在哪儿拧一下好；去龙翔寺山道有鲜丽的巨大花蝶，无声无息拦路翻飞，肯定是坏婆娘放蛊；第四路有凶狗；第五条多马蜂。我

20世纪30年代,沈从文与张兆和在苏州九如巷合影。

一人出去,不敢跑很远。

爸爸在家,常问我们兄弟:

"猴儿精!稳健派!怕不怕走路?勇敢点,莫要抱。"

这真适合我们好动如球的性格,于是几人四处跑去。远则到滇池涉水,近则去后山翻筋斗,躺着晒太阳,或一同欣赏云南的云霞。背山峡谷里小道奇静,崖壁有平地见不到的好花,树桠巴上横架着草席包裹的风干童尸。有时跑很远去看一口龙井咕咕冒水,或到窑上看人做陶器,讨一坨特别黏的窑泥玩。若进了县城,路越走越高,冰心家在最高处。听说冰心阿姨去重庆坐过飞机,我觉得这真了不起,编进杜撰的儿歌。古城乡魁阁像楼又像塔,我挺羡慕费孝通伯伯一伙专家,天天在上边呆着。我们最多的还是在野外随处乱跑,消耗掉过剩的精力,再回来大嚷肚子饿。

兄弟俩不但消化力强,对精神消费也永无满足,逼得妈妈搜索枯肠，使出浑身解数来应付。于是我们听熟了她小时朱乾奶奶用合肥土话哄她的童谣；又胡乱学几句妙趣横生的吴语小调，是在苏州念中学时，女同学一本正经教她的；英文歌是对大进行超前教育，我舌头不灵活，旁听而已。妈妈看过几出京戏，不得不一一挖出来轻声唱念，怕邻居听了去，因此我们知道了严嵩、苏三等人物。昆曲真莫名其妙，妈妈跟充和四姨、宗和大舅他们到一块，就爱清唱这种高雅艺术，我们兄弟以丑化窜改为乐。救亡歌曲是严肃的，必须用国语或云南话唱。对于我跟大贪得无厌的精神需求，妈妈计穷时，如果爸爸在家，就能毫不费力为她解围。

两个装美孚油桶的木箱，架起一块画板，是全家的文化活动中心。我们围坐吃饭，妈妈在上边改作业，大在上边写"描红"大字。爸爸下乡来，也常趴在画板上写个不停。轮到有机会听故事讲笑话时，每人坐个蒲团，也是围着它。云南的油灯，泥盏子放在有提手的竹灯架上，可以摆放，又能拎挂。家里这盏如豆灯火，常挂在比画板稳的墙上。我学会头一件有用事，就是拿糊袼褙剔下的破布条搓灯芯。现在全家围拢来，洗耳恭听爸爸唱歌，他总共只会一首：

黄河黄河，出自昆仑山——流经蒙古地——

咿转过长城关！一二一！一二一！

十足大兵味，定是在湘西当兵时学的。大家笑他，他得意，从不扫兴。

"不好听？我来学故事吧！"

这才是拿手，于是，"学"打老虎，猎野猪，捉大蟒故事，又形容这些威严骄傲兽物的非凡气度，捕食猎物的章法。

熊娘是个可笑的东西："熊娘熊娘打空瞳，不吃伢崽吃哪个？"

我并不怕，那不过是脸被胡子下巴扎一气，胳肢窝被胳肢一番罢了。若躺着听故事，他就会眯小眼睛，迈起熊步。吧哒着嘴，哼哼唧唧，熊娘要吃"不哉"了。我始终不明白，为什么小孩脚趾叫"不哉"？但熊娘已逼近脚丫，搞得我奇痒难忍，喘不上气，熊娘十分开心：

啊唔阿唔好蚵，果条伢崽没得齿可齿可!

学荒野故事时，爸爸还随时学蛇叫，模仿老虎叫。讲到猪被叼着耳朵，又被有力的尾巴抽赶着进山时，那猪叫声也逐渐远去。他学狼嗥听来瘆人，于是又学十几种鸟雀争鸣，自己总像那些陶醉于快乐中的雀儿。

他的故事永不枯竭，刚讲完一个就说：

"这个还不出奇，再学一个：'杜十娘怒沉百宝箱'。"

"豆豉娘是县城里那个寡妇吗？"

我还不能听准他的凤凰口音，暗想那寡妇店里一坨坨鹅蛋形辣豆豉肯定好吃。

"当然！就学'豆豉娘怒沉百宝箱'。"

下一个更出奇的，就会学成"酱油娘棒打薄情郎"。他的故事像迪斯尼先生的卡通片一样，人物情节都随意揉搓变形，连眼前家中人，也在故事里进进出出，方便着呢。我们兄弟心里，没有"父亲的威严"概念，而爸爸的狼狈失态丢面子经历，为许多故事大增光彩。我一个方块字还不认得时，已熟悉《从文自传》主人公一切顽劣事迹，以及受处罚的详情。曹操半夜翻墙落入茅坑不声张，让伙伴一起跳下来倒霉，我以为爸爸同他们是一伙。

为撩拨消化机的兴奋点，故事里时而加些美味道具：

"妈妈读大学时候不肯理我，见到我就跑。有一天她到书店，喏，这样子左手夹两本洋书，右手拎一盒鸡蛋糕。头发后边短短的像男孩子，前边长长的拖到这里，快遮起眼睛了，呱！一下甩上去，要算神气喃。好，进了书店，忽然一抬头，看到柜台后边萧克木先生，戴个黑边眼镜，像我像极了。好，以为碰到沈从文，即刻呱！丢下鸡蛋糕，扯起脚就跑！"

"后来呢？"

"跑了嘛，就完了。"他冲我微笑。

我实在不放心："那后来呢？"

头一次团聚生活在我眼里，总像云南的蓝天和彩霞一样洁净明丽。绑成长串的枯瘦四川壮丁路过龙街，疫病肆虐到处有人倒毙的场面，周围有时发生的残酷事情，爸爸妈妈遇到的种种烦恼，他们都小心又小心地不叫我看见，只是没办法完全做到。

孩子们虽破破烂烂，但还算活泼健康，只是学校不成学校，未免麻烦！三姊下月即不再做事，因学校要结束……大多数教书的都有点支持不下去……。

……政治方面又因极讨厌那些吃官饭的文化人，不愿意与他们同流合污混成一气，所以还不可免要事事受他们压抑，书要受审查删节，书出后说不定尚要受不公正批评……我相信有一天社会会公道一点，对于我的工作成就能得到应得待遇的。

浑身锈斑的昌黎号缓缓贴向青岛码头。我崇拜机器，这座散发着类似火车气味、海腥味和酽尿臊臭的庞然大物是我的圣殿。离开上海烂泥码头以来，它摇得我又晕又吐，这会儿好了，我得仔细瞻仰。

船上两根不太长的吊杆，从舱里合揪起沉重网包，工头喊着奇怪的号令，吊索或张或弛，使网包凌空摆动，忽然顺势放绳，大网兜着几十个麻袋，人猿泰山一样悠向码头落稳，我对开起重机的人充满敬佩之情。

　　网开了，汉子们握钩掀动沉重麻袋，扛起来鱼贯走向仓库。黑衣警察挥舞皮带驱赶妇孺，她们个个捏着小簸箕小笤帚，风快地收敛地上东西，原来运的是大米。

　　我们母子正赶去北平同爸爸会合。半年多不见，我早已十分想念。北平是最美好的地方，爸爸讲过许多北平的故事，那儿有我本来的家，有大跟我睡过的小床，有收音机，日本人来了，我们就藏在煤堆里。

　　对面码头和港内远处，泊满灰色美国军舰，方头登陆艇来往繁忙，我跟大争论着，想知道的事情太多，答案太少。青岛街上车马稀少，商店清清冷冷，公园荒凉萧杀，海滩空无一人，栈桥破破烂烂。经过几处营房，这里好像兵多于民。青岛并不像爸爸妈妈讲的那么美。

　　换内衣时，胸口沉甸甸有个硬东西。

　　"路上不太平，给你们每人缝两块洋钱。"妈妈小声嘱咐，"还缝了地址，失散了，就各自想办法去北平，到北京大学找爸爸。"

　　"有那么危险？"

　　"听说，八路军扒铁路，截火车，船到秦皇岛，咱们还得坐火车呐。"

　　我有点紧张，"要是八路逮去，危险吗？"

"不一定有这事。只是怕万一铁路断了,有人趁乱抢劫。落在八路手里反而不必怕,说不定他们知道爸爸是北大教授,会送你去北平。"

"那我宁可让八路军逮一回玩玩。"

妈妈笑起来:"人家要是喜欢你,把你留下当小八路。过几年这小八路再来看爸爸妈妈。"

在秦皇岛看到数不清的煤堆,想起收音机,我一心向往着快到北平见爸爸,不愿被八路逮一次了。

火车又脏又挤又慢,沿途景色灰黄单调,唯一难忘印象,是一路有无数大小驻军碉堡。

中老胡同32号有红漆大门,进去不远又有二门,爸爸引着我们绕好几幢平房,才到西北角上新家,这院子真大。

大院住二十几家教授,有三十多个孩子,好些在昆明就相识。吴老倌在联大附小揍我,按照文明校规被罚喝黄连水。大闻小闻在昆中北院斗剑,拿竹竿互打,喊着"阿里巴巴四十大盗,锵!锵!锵!"时,我跟大真为他们捏把冷汗。遵从伯妈们建议,我得去大院几个乖女孩读书的孔德学校,插四年级班,暂时受到点管束。

跟我先前进过的五所学校相比,孔德是唯一不用体罚的地方,但学费合两袋洋面。我憋着将来考一所公立中学。因为在孔德上学,爸爸每星期交我一包稿子,带给学校附近的《益世报》办事处。我懂得这是许多人辛辛苦苦写成,要印在下星期副刊上的重要东西,心怀一种担负重任的秘密快乐。

虽说团聚了,像在龙街全家围坐忘情谈笑的机会总也等不来。爸爸很忙,没空逗我玩,这不能在乎,我大了,爸爸也有些不同了。

在云南乡下，除了吃不哉，他还老要"打股骂曹"，叫我趴在床上，照那椭圆形肉厚处，拍打出连串复杂节奏，一面摇头晃脑，哼着抽象含糊的骂曹檄文。大概手感很好，总骂不完，大等不及，自动贴到旁边：

"爸爸该打我了！该打我了！"

现在他还是幽默温和，可总有点什么不同以往，没法跟爸爸纵情玩闹了。

空寂的北海冰已开始疏松。我头一次见到一个滑冰的人，那种式样的白塔也没见过。

"山顶那个白塔真大！爸。"

"妙应寺还有个更大，元朝定都时候修的，比故宫早得多。这个塔更晚，清朝的。"

故宫博物院金碧辉煌，我原以为凡是古董爸爸都欣赏，到这才知他有褒有贬。

"皇帝身边有许多又贵又俗气东西，并不高明……"

他对每个角落每件器物，好像都能讲出些知识典故，时而嘲笑当年的种种古怪礼仪，自己说得津津有味，听的人都累极了。

天坛壮美无比，圜丘坛像巨大的三层奶油蛋糕，袁叔站在蛋糕上环顾四周：

"这简直是几何！是几何！"

我被祈年殿的庄重完美镇呆了，什么也说不出。爸爸指着那高处：

"梁思成伯伯上去过，测绘了所有构造。"

他还讲北京另外许多建筑多美，但又说："啧！可惜了！已经毁掉很多了！"

日子一长我注意到，他在欣赏一棵古树、一片芍药花，凝视一件瓷器、一座古建筑时，往往低声自语：

"啧！这才美哪！"

就跟躺在杨家大院后山坡看云彩一样，但现在经常接着轻轻叹息。他深爱一切美好东西，又往往想到美好生命无可奈何的毁灭。

他常带我上街，爱逛古董铺、古董摊。掌柜的全认识他，笑脸相迎。他鉴赏多，买得少。我看出老板们不是巴结他腰包，而是尊重一个行家。他买些有裂纹的瓷器，因为贱，常像小孩一样，把这新玩意得意地向朋友显摆。我对这些没兴趣，但不放弃一同上街的机会，跑遍了城南城北和几个小市，路上总有话说。

"那是我二十几年前住过的公寓。丁玲同胡也频也住过，我介绍的。老板对我们特别好，肯赊账。"

我看到他所指的曾叫汉园公寓那座小楼，隔北河沿对着北大红楼，河沿死水恶臭，垃圾如山。那两个人，爸爸妈妈偶然谈起，听得出在他们心上的分量，都是特别好的朋友。但我除了见过两本爸爸写他们的书，从未见过人。

"他们现在在哪儿？爸。"

"胡也频早就被偷偷枪毙了。丁玲在那边。"

我惊讶极了！"那边"，就是八路，敢情他们是共产党！

其实，爸爸的老少朋友，即使被社会所不容，所践踏，所抛弃，他也从不讳言同这些人的交往和友情。朋友可以有完全不同的信念，走不同的方向，令他倾心难忘的，总是这些人生命和性格中，爸爸看到的美好的部分。我当时一点不懂这种非功利的对待友情的态度。

我家的客人很多,年轻人多来找爸爸谈写作。有个白脸长发大个子一坐必很久,岔开两腿亮出破鞋裂口,坦然自若凡人不理,爸爸待他,同那些斯文腼腆学生没有两样。问起他的来历,才知并不是大学生。爸爸说:

"会写点诗,肯用功,没有事情做。啧!毕了业的也没有事情做。"

不知他想到了哪个学生?

东安市场里,妈妈让我帮着长眼,选了支大金星钢笔,是为大表姊买的。这两天大表姊在里屋和爸爸妈妈关门嘀咕,不像别的亲友大声说笑,听得见爸爸在叹气。

常有人说:"……处处不留爷,爷去当八路!"

可现在,"姊"要当八路去了。她来去都静悄悄的,没露出"爷"的豪气。

爸爸也常带我去访友,学者教授艺术家,多是清茶一杯,记不得在谁家吃过饭。这天说要带我去看一个伟人。奇怪!他会有伟人朋友?

"你念念这诗。"

我接过一本翻开的洋装厚书:

"我从山中来,带得兰花草,种在小园中,希望花开早……嗨!这种诗像小孩子写的!"我为这么厚的洋装书抱屈,"胡适之写这个,就算伟人啦?"

"当然不止这些。不过那时候能写这种小孩子东西已经很了不得。没人提倡这些,你就读不到那么多新书,我也不会写小说。"

我这时已在囫囵看些叶绍钧、鲁迅、张天翼、老舍和爸爸写的厚书。

胡适之没我想的那样可怕，敢情伟人也是人！老太太笑眯眯摸我的脑门：

"刚刚做的媒……小的都这么大了……"

我以为她刚在楼下做煤球，纳闷怎么两手雪白，而且比妈妈的粗巴掌柔软？

爸爸妈妈愁苦难过，在为朋友揪心。报上说警察包抄了灯市西口哪座房子，搜捕共党。徐盈伯伯和子冈阿姨就住在那儿，是大公报记者。两人中徐盈伯伯来访次数多些，他总是温和亲切，坐不多会儿就走了。爸爸妈妈常在背后夸赞他们。

谈中国问题，我就觉得新闻记者徐盈先生意见，比张东荪、梁漱溟二老具体。言重造，徐先生意见，也比目下许多专家、政客、伟人来得正确可靠！

过几天放学回家，爸爸正抓着徐伯伯手两人坐一张条凳上相对微笑，大一看见马上笑着嚷起来：

"我知道你和彭阿姨的事。你们都是那个。"

徐伯伯和蔼如常，像什么也没发生。

10年后他们遭到了更大麻烦……

40年后，爸爸在高烧住院时，仅仅听到他们名字，当即老泪纵横。这是后话。

1948年7月30日晚，在颐和园东北角一间潮湿房子里，爸爸给城里的妈妈信中写道：

我一面和虎虎讨论《湘行散记》中人物故事，一面在烛光摇摇下写这个信，耳朵边听着水声秋虫声，水面间或有鱼拨剌，小虎虎即唉哟一喊，好像是在他心上跳跃。一切如此真实，一切又真像做梦！人生真是奇异。我接触的一分尤其离奇。下面是我们的对话，相当精彩：

小虎虎说："爸爸，人家说什么你是中国托尔斯泰。世界上读书人10个中就有一个知道托尔斯泰，你的名字可不知道！我想你不及他。"

我说："是的。我不如这个人，我因为结了婚，有个好太太，接着你们又来了，接着战争也来了，这十多年我都为生活不曾写什么东西。成绩不太好。比不上。"

"那要赶赶才行。"

"是的，一定要努力。我正商量妈妈，要好好地来写些。写个一二十本。"

"怎么，一写就那么多。"（或者是为礼貌关系，不像在你面前时说我吹牛。）

"肯写就那么多也不难。不过要写得好，难。像安徒生，不容易。"

"我看他的看了七八遍，人都熟了，还是他好。《爱的教育》也好。"

一分钟后，于是小虎虎呼鼾从帐中传出。

"剩下许多稿子，只好尽量退还作者。"

爸爸交给我一些要寄出的邮件，而不是送到《益世报》办事处的一卷。要打仗了，刊物停办，他忙着一一处理别人的心血。

吉六先生：你文章因刊物停顿，无从安排，敬寄还，极抱歉……一切终得变。从大处看发展，中国行将进入一个崭新时代，则无可怀疑……人近中年，情绪凝固，又或因性情内向，缺少社交适应能力，用笔方式，二十年三十年统统由一个"思"字出发，此时却必须用"信"字起步，或不容易扭转，过不多久，即未被迫搁笔，亦终得把笔搁下。这是我们一代若干人必然结果。如生命正当青春，弹性大，适应力强，人格观念又尚未凝定成形，能从新观点学习用笔，为一进步原则而服务，必更容易促进公平而合理的新社会早日来临。

北平要打一仗，我和伙伴们兴奋不已。兄弟俩用掉很多卷美浓纸，把窗玻璃糊成一面面英国旗子，好容易才完工。大跑出去转一圈，带回沮丧消息：

"人家陈友松伯伯窗户用纸条贴字，风雨同舟，还有别的什么来着。"

大院各家商议，选较宽的东院挖了几条壕沟。我趁机在家门口也大兴土木。头三年早就立志挖口井，在云南大地上掏了2尺深还不见水，只好提两桶灌进去自慰。这次挖了5尺深，妈妈说：

"把煤油桶藏进去吧，安全点。"

没有抹杀我的成就。

六年级教室窝在礼堂背后，礼堂里传来陌生的歌声，真好听！趴窗缝看，里边一群中学生，没有老师，自己在练唱：

"山那边哟好地方，一片稻田黄又黄。大家唱歌来耕地呀，没人为你做牛羊……"

嘿！是八路军的歌！我们几个钻进去，抄那黑板上的词谱，大同学并不见怪。

街上到处是兵，执法队扛着大刀片巡逻。已经听到炮声，终于孔德也塞满了军人，停课了，真开心！大院孩子们天天扎堆玩闹，那些大人们你来我往，交换不断变化的消息。

来了个同乡军官，为不得不退缩城里而烦恼。我凑近去看美式配备卡其制服上的徽记。

爸爸问他："听说清华学生打起旗子去欢迎，搞错了，迎到撤退的部队，朝学生扫射，是不是你的兵？"

"没听到过。要是碰到我，也会下令开枪！"

"啧！啧！"他摇着头，"那是学校嘛！还去丢了炸弹。"

"这是战争！有敌人就要打！"

"已经死多少万人了！啧！战争……"

北大一个什么负责人来过家里，让爸爸赶快收拾准备南下，说允许带家眷，很快就要上飞机。现在只能靠城里的临时机场，住处附近已常有炮弹落下，一次总是两发，皇城根儿一带落过，银闸胡同也落了。传说北池子北口防痨协会现在是弹药库，炮是朝那儿打的。小孩子们都不知道怕，议论着八路为什么老打不中？

爸爸的各种朋友不断进出，大人们一定在商议那件重要事情，家里乱糟糟的。

我暗自高兴，期待着坐一回飞机，又很想把这一仗看到底。北平这么好！我家有什么必要逃出去呢？这样矛盾着胡思乱想，没容我想两天，事情已决定，我们不走。爸爸的一些老朋友，杨振声、朱光潜伯伯们也都不走。家里恢复了以往秩序，没客人时爸爸继续伏案工作。大家等待着必然要来到的某一天。

出乎意外，中和舅舅突然来了。他读清华土木系，随一群学生叫开德胜门路障，说要进城买烟，守军没刁难他们。全家兴奋地听他白话，首先被告知：不叫八路军，现在叫解放军。他们所到的地方，就解放了。爸爸急着打听梁思成一家、金岳霖和许多朋友情况，高兴他们全都平安。我们咧着嘴整天围着中和舅舅，享受那些娓娓动听故事，和新奇见闻。

"有个女八路唱了很多歌，"他还是习惯说八路，"那嗓子，从来没听过这么棒的！"

我觉得那女八路应该像大表姊样子，唱的一定有我学的那支歌。往后就不必没完没了听电台播那些："你你你你你你你你真——美丽"之类讨厌的陈腔滥调，每次听到这种歌，大就皱眉说："黄色的！"我也说："黄色的！"也皱眉。

陆续有人来转告，北大民主广场上贴了好多壁报、标语，是骂爸爸的。大想看个究竟，就去了。我觉得没看头，那里天天有壁报。以前同院周伯伯关闭北楼，北大贴了一大片声讨他的壁报，周伯伯并没怎么样。

大回来了："挺长的呐，题目叫'斥反动文艺'，说爸爸是什么粉红还是桃红色作家，也骂了别人，不光是爸爸。"

这个糊涂的大，专门去看，既不懂原作者郭沫若的权威性，又忽略了那个权威论断：

"特别是沈从文，他一直有意识的作为反动派而活动着……"

我其实更不明白，心想粉红色总带点红，大概骂得不算厉害。我从小偏爱粉红色，夜里猫在房顶唱情歌，我说是"粉红哇鸣"声音。小虎虎且记得三叔给粉红色可可糖吃。他什么都是粉红色，连老虎也是粉红色。

爸爸可受不了粉红色帽子，对这顶桂冠的分量，他心里一清二楚，又相当糊涂。天天轰然爆裂的炮弹他不大在意，这颗无声的政治炮弹，炸裂的时机真好，把他震得够呛，病了。

后半夜爆炸声震醒了大家，何思源被特务炸伤了。一天后你裹着纱布，消失在通海甸的路上时，带去傅作义将军一生最重要的选择，也牵动着200万渴望和平的心。

枪炮声日渐稀疏，终于沉寂。

爸爸心中的频频爆炸，才刚开始，逐渐陷进一种孤立下沉无可攀援的绝望境界。

"清算的时候来了！"

他觉得受到监视，压低声音说话，担心隔墙有耳；觉得有很多人参与，一张巨网正按计划收紧，逼他毁灭。没人能解开缠绕他的这团乱麻，因为大家都看不见。他的变化搞得全家不知所措，我们的"迟钝"又转增爸爸的忧虑。他长时间独坐叹息，或自言自语：

"生命脆弱得很。善良的生命真脆弱……"

"……都是空的！"

走近身，常见悲悯的目光，对着我如看陌生人。忽而，又摸摸我手：

"爸爸非常之爱你们。知道不知道？"

我当然知道，但很不自在，不知该怎样帮助他。

在全国正有几百万人殊死搏斗的时刻，一个游离于两大阵营之外的文人病了，事情实在微不足道，却给一切关心他的左倾右倾朋友添了麻烦。大家跑来探望，带着围城中难得的食物，说着这样那样宽慰的话，都无济于事。1月末，远在清华大学的程应诠叔叔和梁伯伯，大冬天托带了冰淇淋粉和短信给爸爸：

  从文，听念生谈起近状，我们大家至为惦念。现在我们想请你出来住几天。此间情形非常良好，一切安定。你出来可住老金（岳霖）家里，吃饭当然在我们家。我们切盼你出来，同时可看看此间"空气"，我想此间"空气"，比城内比较安静得多。即问双安。

              思成拜上 二十七日

  他去了。当天由罗念生伯伯送去的。

  二十九过年，好多朋友来拜年，问长问短。妈妈独自应接，强作笑脸，明显憔悴了。这个年真没劲，我们都想着几十里外，另一个天地的爸爸。

  两天后北平"解放"了。人们欣喜地迎着解放军。他们军容整肃，个个容光焕发，和蔼可亲。他们纪律严明廉洁朴素，从此再没有腐败的官僚。大家欢喜他们，我也欢喜。

  好朋友的关怀照抚治不好爸爸的病，这时仍然一天天被精神的紊乱缠缚更紧。

  "我"在什么地方？寻觅，也无处可以找到。

  我"意志"是什么？我写的全是要不得的，这是人家说的……

我终得牺牲。我不向南行，留下在这里，本来即是为孩子在新环境中受教育，自己决心作牺牲的！应当放弃了对一只沉船的希望，将爱给予下一代。

　　大院的孩子们仍然天天聚集玩闹，现在兴趣集中在学新歌上头。我们很快就会唱"他是人民大救星"以及"从来就没有什么救世主"等等，每首新歌都叫人振奋，又那么好听。这天女孩子们商量过，一本正经找我教舞蹈。
　　"什么？什么？"脸红，"我可不会跳舞！"
　　"知道你学了'山那边好地方，'别骗人！"
　　"这是进步嘛！摆什么架子！"
　　孔德的中学生随后的确又排练了舞蹈，我不过是旁观，那也赖不掉，只好尴尬上场，进步了一次。男孩们在一边笑，主要笑我，我自己也很难忍住。
　　回到家，就再难笑出来。爸爸愁眉不展，常叨念些什么，不可理解，总也不见好。
　　穿一身粗糙的灰棉军装，大表姊突然降临。我们欢天喜地，妈妈对她讲了爸爸的事。表姊一点没嫌弃。对爸爸非常热情体贴。饭桌上，妈妈端出罕见的鸡汤，表姊推让着：
　　"我们大家伙吃！大家伙吃！"
　　听！听！说的都是八路的新词。全家竖直耳朵听她讲了好多真的故事。爸爸看她，露出笑容。她不知道，我们心里是怎样在感激这位共产党姊姊。
　　新进城的熟人陆续来看望爸爸，有军人也有穿便服的干部。这天又来了个解放军，和大表姊一样热情关切，爸爸还记得，是他的学生，谈得很高兴。这些人给了妈妈证据，去劝慰爸爸：

"你看，人人都是真心对你，盼你病早点好，跟上时代。谁要害你？"

"他们年轻，不是负责的。"

爸爸又回到老样子。

谁能负责呢？指望谁来解开他心上的结呢？我们都想到了同一个人，她在大人的记忆里，在我们兄弟朦胧感知的印象里，是那样亲切，没有什么事情不能同她商量、向她倾诉，只有她最了解爸爸，能够开导他。爸爸也信任她，早就盼着见到这位老朋友。

终于，得到了丁玲的口信，原来这么近！

爸爸攥着我的手，一路沉默。我明白他的激动和期待。没几步，到了北池子一个铁门，穿棉军装的门岗亲切地指着二楼。暖融融的房间阳光充足，我看见爸爸绽开的笑脸，带一点迟滞病容……

回来我一直纳闷，这相隔12年的老友重逢，一点儿不像我想的，只如同被一位相识首长客气地接见，难道爸爸妈妈那些美好回忆，都是幼稚的错觉？那暖融融大房间里的冷漠气氛，嵌在我记忆里永远无法抹去。

开学了，我们兄弟奔赴学校去接受新事物，集会游行很多，锣鼓声不断。爸爸的病日益加重，陷入更深的孤独纷乱。一些年轻朋友来告别，有的进了革命大学，不久即随军南下，有的投身新的工作，意气风发，往后见面机会少了：

"沈二哥你多保重。三姊也得注意身体，你太辛苦了！"

他们都清楚，这个家全靠妈妈支撑着。

我们真盼望那些解放军朋友们常来。他们多少总能让爸爸精神松弛一下，还能给妈妈拿点主意。正好，来了一位戴眼镜的首长，警卫员不离左右，他受到理所当然的尊敬和欢迎。首长果然比青年人有见识，他劝妈妈尽快挣脱家庭束缚，跟上时代，参加一项有意义的革命工作。眼下先进一所学校，接受必要的革命教育。真是拨开迷雾，茅塞顿开，妈妈当然愿意，我跟大也高兴，妈妈将成为穿列宁服的干部，多带劲！

可是爸爸怎么办？

几经商讨、求教、争论，事情很快定下来，筹办中的华北大学录取了她。爸爸精神更忧郁，他不乐意，完全在预料中，这叫闹情绪，扯后腿，都是新词，准确生动。克服不了这点困难，就永远把妈妈捆住。他要是久病下去，全家怎么办？因此必须坚定勇敢咬紧牙关，实在不行雇请个人料理家务，这是唯一合理的选择⋯⋯但我们没料到，看见大网的"疯子"，这时却望见抓网的人居高临下得意洋洋，那狂乱的头脑，再次依稀想到老友文章里的劝告：不如自杀⋯⋯

"呛！呛！七呛七！呛！呛！七呛七！停！向后--转！再来。呛⋯⋯"

全校按体操队列在操场上只能扭八步。今天早操提前半小时，学扭秧歌，这不算难，一早上全学会了。放学后高年级留下再练，单列排成"8"字形，可以连续扭了。在中心点交叉而过，真好玩。

"停下！大家掌握胳膊和腿的动作都挺好。现在缺点是脖子还没有秧歌味，这个要领很难说清楚，只有一位同学相当不错，大家再来，注意模仿他，好，开始！"

于是扭动的"8"字长队，一双双眼睛都追踪着那根自负的脖子。这一天痛快极了。

家门洞开，里边乱糟糟的。窗上一块玻璃碎了，撕破的纱窗裂口朝外翻。只有大在家。

爸爸出事了！

早晨我走后，他就做着解脱的尝试，被大制止了。后来他用几种办法寻求休息，幸好魁伟的中和舅舅来到我家，爸爸没成功。

这惊动了大院的众多邻居。他们中间有的人若干年后也寻找休息的方法，成功了。

妈妈很晚才从医院回来。过几天妈就该去华北大学报到，只好推迟。

在爸爸遇救时，听见他叨念着：

"我是湖南人……我是凤凰人……"

他可能还想说："我是乡下人！"但已糊涂了。

糊涂中看到更多可怕的事，明白人都看不见。他老嚷要回家，躁动，又被制伏……

很多人去探望安慰，他冲人家说希望有个负责人跟他谈谈，告诉他究竟准备如何处置。这真叫听的人为难。谁要处置他？谁才算负责人？杨刚回去商量，通知他准备派吴晗做这件不讨好的事情。

"可怕极了！你们不能想像。"

他抓紧我手，朝怀里按一按，尽量压低声气。他看见那人戴

227

了口罩，装成医生穿着白褂子，俯身观查他死了没有，看见……

"我认得出来，别人是医生，他不是。"

爸爸看到了收紧大网的一些人，正排演着一步步逼他毁灭的戏剧，有人总是居高临下出现在他的幻念里……

迫害感且将终生不易去掉。

当时写下的这句疯话应验了。

爸爸出院后闭门养病。5月，妈妈进入华北大学。

"妈妈离家你想不想？"

"无所谓！"

我作出懂事样子，回答周围穿灰军装学员。王叔也穿着过大的军装，在远处扭秧歌，姿态滑稽但特别认真，我不能笑话。

有些认识的人问："你爸好吗？"

"还好，挺安静的。"

安静就行了，他仍旧长时间独坐叹息，写个不停，然后撕掉。晚上倾听收音机里的音乐，有时泪眼欲滴。一觉睡醒时，常见他仍旧对着哑寂无声的收音机木然不动。

还陆续有朋友来看他，小心避开令他难过的话题，关心他的人却不敢询问什么。一位老革命朋友来了，扛个大西瓜，没进门就高声问候，警卫员坐石阶上任我欣赏蓝闪闪的驳壳枪，爸爸的笑声夹在豪放大笑中断续传来……

另一位刘叔比较斯文，他劝妈妈不能操之过急："欲速则不达。他不是革命者，不能拿革命者去要求他，最要紧的是爱护体贴……"

他们是负责的吗？他们能证明那些梦魇并非事实吗？可惜办

不到，爸爸真固执。

吴晗来时，他说愿到磁县去烧磁。吴晗很为难……

8月后，他被安排去熟识的历史博物馆工作。是他同意去的。

在家里，还是老样子。那年多雨，许多地方被淹。他站在门前轻轻叹息：

"雨愁人得很。"

我们兄弟就要批评："翻身农民不会这样想。"

晚上他还是不断地写，写写又扯烂。收音机同他对面时间最久，音乐成为他的主要伴侣，惟有音乐在抚慰他受伤的心，梳理别人难以窥见的既复杂也单纯的情感。无法想像音乐对他生命的复苏起着什么样的作用。

……一和好的音乐对面，我即得完全投降认输。它是唯一用过程来说教，而不是以是非说教的改造人的工程师。一到音乐中我就十分善良，完全和孩子们一样，整个变了。我似乎是从无数回无数种音乐中支持了自己，改造了自己。而又在当前从一个长长乐曲中新生了的。

解放这年夏天，我进了男四中。寒假，爸爸带我去午门上班，在五凤楼东边昏暗的大库房里，帮助清理灰扑扑的文物。我的任务是擦去一些不重要的东西上的积垢。库房不准生火取暖，黑抹布冻成硬疙瘩，水要从城楼下边端。爸爸同别人小声讨论着，时而记下几行字。他有时拿手绢把眼睛以下扎起来，透过蒙蒙尘雾，我觉得这打扮挺像大盗杰西，就是不够英俊，太文弱。

中午我们在端门、阙左门、阙右门进进出出，让太阳晒暖身子。他时时讲些我兴趣不大的历史文物知识。这挺好。爸爸又在做事了，我不扫他兴，由他去说。

"这才是劳动呐！这才叫为人民服务嘛。"

他边走边叨念着，说给我听，又像自语。

爸爸这一头扎进尘封的博物馆去，不知要干多少年？那十几二十本准备好好来写的小说，恐怕没指望了。在病中对着收音机独坐时候，他写过许多诗，又随手毁掉。那不过是些呓语狂言吧？也说不定，那是他写作生命熄灭前最后几下爆燃，奇彩异焰瞬息消失，永不再现？

真不明白一切错综变故，怎么会发展到这样严重？爸爸在最不应该病的时候倒下，又得了最不合适的病。这是全家的心病，沉重得直不起腰，抬不起头。我们母子总想弄清来龙去脉，常一起讨论，冥思苦想，不得要领。我在爸爸更稳定一些时，以及后来的岁月里，一再寻找时机直接去问他。每次问到那场变故，正常人看不到的种种可怕幻觉，在他心里马上浮现出来，戏剧执导和男女角色时隐时现，继续排演那同一主题的戏剧……我很怕伤着他，不敢再谈下去，他的病可能从未治好，那张看不见的网我们永远无法揭去。爸爸所有回答，都一再使我想到鲁迅那篇描写狂人的不朽名作……

课堂上讲到第三条路线的文人，有张三李四，瞟我一眼，"还有沈从文。"

沉住气，千万别脸红！我目光低垂，整个脖子脑袋连头皮在内，一个劲不可抑制地发热膨胀，更糟的是我坐头排，人人都能看清这张不争气的红脸。

老师明白我狼狈，课下表示关切：

"你父亲近来好吗？"

唉呀！你不问还好点，同学都凑过来了。

"挺好！正在革大学习。"

我故作轻松，但老师无意地勾起了同学的好奇心：

"你爸是辞职还是给北大解聘的？"

这事我真说不清，还没想出词，向来熟悉文坛的一位同学抢着说：

"是解聘的。"

窝囊死了！

革命大学在颐和园附近。安排爸爸学习，是爱护和关怀，他的确应该认真学习，彻底改造思想，才能跟上形势。他被动地接受，这就很说明问题，我们得耐心帮助他。

爸爸学得别别扭扭，不合潮流。他不喜欢开会听报告，不喜欢发言和听别人发言，讲政治术语永远不准确，革命歌曲一个也不会唱，休息时不跟大家伙打成一片，连扑克牌都不肯玩，总是钻进伙房，跟几个一声不吭的老炊事员闷坐，还把我一只好看的狮子猫抱给他们。

"爸，你不参加扭秧歌，同志们一定会批评你。要不我在家教你行吗？"

"我不扭。我给他们打鼓。"

这真稀奇！我也是司鼓，比扭的那些人神气，怎么不知道爸爸会打鼓？我马上找来一面小扁鼓，把鼓槌塞过去。

"要考考我？好！"

鼓很差劲，他试试音，半闭起眼睛，开始了。

好像是蹄声，细碎零落，由远渐近，时而又折转方向远去。我以为它会逐渐发展成千军万马壮烈拼杀的战场。没有，他不这样打。轻柔的鼓点飘忽起伏，像在诉说什么，随意变幻的节奏，如一条清溪，偶尔泼溅起水花，但不失流畅妩媚品性。他陷入自我陶醉。

我听过京戏班子、军乐队、和尚们以及耍猴打鼓，熟悉腰鼓和秧歌锣鼓点，那都是热热闹闹的，从没听过这种温柔的打法。

"爸，你的确会打鼓。可你的调子与众不同。秧歌要用固定的锣鼓节奏，才能把大家指挥好，扭得整齐一致。你这么自由变化，人家一定不允许。"

"休息时候我才打一会。他们承认我会打鼓。"

好不容易有一天，在自由命题作文上，我能心安理得写出这样的开头："爸爸同志……"

他从革大回博物馆半年多，又被组织去四川参加土改，接受阶级斗争教育。这篇作文就是给四川一封信的翻版，有机会在学校重写一遍，我得到点情绪补偿。

爸爸同志不断写来很长的信，描写见闻感受。令人惊讶，怎能写得那样快？他设想，用这些信作线索，将来可写一本《川行散记》。

有过这种事，那是抗战前写《湘行散记》办法。现在可不好说，他这些家信跟《暴风骤雨》味道不一样，写文章不是打鼓，打完就拉倒，可别辛辛苦苦写出个《武训传》第二。他还写信给丁玲，要求提前回来。放弃阶级斗争的洗礼，这多不好。我们得劝他坚持到底，现在还是老老实实跟别人一样接受教育吧……这些胡思乱想。我当然没往作文里写。

好景难长，课上讲鲁迅战斗精神，他勇敢地怒斥张三李四……可能又要听见"那话儿"了，我不禁头皮发麻。果然，鲁同志还怒斥过爸爸同志。

孙悟空很值得羡慕，他可以向唐僧求饶，沙和尚会帮他说情，师父念紧箍咒时，他可以翻筋斗竖蜻蜓，可以威胁八戒……我却不能，连把头低一低都怕吸引更多的注意。

这年寒假，爸爸同志的家属再也赖不下去了，我们只好告别大院，在交道口大头条胡同租私房住下。他从四川疲惫不堪拖着行李归来时，站在院门询问沈从文在不在里边住。

这小院住着不多几户，邻居净是女孩，几张嘴一天到晚说笑不停，使我觉得很冷清。大在极远的地方读高中，活动特多，很晚回来，同我作伴机会少，于是我每天先在学校玩够了再回家。家里多半只有爸爸一人，总是伏案在写他的文物材料，我回来他才转过身，同我谈点什么，也趁机休息一下。

"爸，我跟同学从操场翻墙到法国茔地，老坟埋的净是侵略中国的死鬼，都解放了，干嘛不把它们刨了？最新的坟是何思源的小女儿，和平之花，炸死的，有个浮雕像，我猜她妈妈是……"

爸爸不知什么时候，已沉回自己的工作，单上半身扭回书桌方向继续写下去，经我提醒才笑笑，放弃这种别扭的姿势。

只有星期日好，妈妈从圆明园回来，这儿才热闹一阵，像个家样。她回来没一刻闲空，忙着整理三个男人弄乱的家，安排下周生活。

"小弟你看，爸爸这种思想情绪不对头。"

她指着爸爸一张没写完的信，正在清理书桌。指的是"门可罗雀"四个字。

其实若没有女孩们叽叽喳喳，我真可以扣两回麻雀玩玩。从爸爸进革大之前，来看他的朋友就一天天稀少了。搬到这儿以后，离老朋友远，来往机会更少了。但怎么可以发牢骚呢？归根结底，是他自己落在时代的后边，我们得帮助他赶上去。但是谈何容易？我自己还进步很慢，哪有那个水平呢？

妈妈教中学，当班主任，星期日下午又匆匆往圆明园赶，路上要两个多小时，这晚上，家里更觉冷清。在寂寞的家里，惟有思想落后的爸爸跟我待在一起的时间多。明年，大就进大学了，他住校去，我更寂寞……

老师在出了考场的学生包围下说出正确答案，张嘴聆听的面孔，即刻变化成不同表情。笑声突起，有人把世界最长的河，答成"静静的顿河"。一个同学埋怨另一个是大舌头，传消息口齿不清，害得他把获斯大林文学奖金的作品，写成《太阳照着三个和尚》。这里正在进行中等专科学校招生统考。北京的中专学校吸引力相当强，连外省学生也有不少跑来试一试。

我第一志愿投考竞争最激烈的重工业学校。生怕考不上，心里老在打鼓。同时我又满意自己的重要抉择。

我迷恋机器，热衷于亲手做个什么会动的东西，大约从6岁开的头。初中三年尽管看了许多闲书，我偏没读过《绿魇》，不然这会儿就能振振有词，用爸爸的预见去说服他自己。当年他这样描写我们兄弟：

……今夜里却把那年轻朋友和他们共同作成的木车子，玩得非常专心，既不想听故事，也不愿上床睡觉。我不仅发现了孩子们的将来，也仿佛看出了这个国家的将来。传奇故事在年轻生命中已行将失去意义，代替而来的必然是完全实际的事业，这种实际不仅能缚住他们的幻想，还可能引起他们分外的神往倾心！

　　爸爸先给我取了个勇猛的名字，后来又希望我"从文"。10岁时，我把记忆中的"昌黎号"用正投影规则，敬绘出主视图和俯视图，他又大加赞赏和鼓励。今天我当真要去搞机器，爸爸却不乐意了。但是他表现得柔和、讲理。

　　"弟弟，你还是多读几年书吧！妈妈同我都可以帮到你，把文章写好起。"

　　"我搞不了文！你跟老师都说我的作文有八股味。"

　　"有点也可以，多写写，懂得好坏，我就不叫你沈八股了。"

　　"我喜欢机器，这也挺好嘛！再说……"

　　再说，就得离文学远点，做个不经心的读者多好！我只是不想刺痛爸爸。

　　过两天他又找我谈：

　　"弟弟，学机器也很好。我们有条件供你读大学，大学也可以搞机器。我们希望你至少能读完清华。"

　　"我要现在就学，四年毕业，还赶得上为第一个五年计划出两年力。"

　　"你还小呐，不必忙着找事情做。"

"都15了！你14岁当兵比我还小。"

唉！这个爸爸是怎么了？干嘛那么上心？我又不是到朝鲜去西藏，现在还不够格。我只是想跟这个家拉开点儿距离，越早越好！我没能耐帮助爸爸跟上时代，他却无形中影响了我的进步。跟他裹在一块，"那话儿"总叫我矮人半截，像蔫赤包似的，谁捏一下都没辙。我选中了唯一实行供给制的学校，念书吃穿都由国家负担。我要去住校，去工作，成天生活在集体里，别人才会拿我当一个独立的人，而不是受着这样一个爸爸的供养。可惜他不能明白！

统考以后，他还不放弃希望，总想劝我再去考一次高中：

"弟弟，不读大学，我觉得很可惜，你又不是功课赶不上。"

"你也没读过大学，中学也没读过。爸，有用的人不一定都念过大学。"

"可是我非常之羡慕能进大学的人。当时实在不得已，程度太低，吃饭都成问题，没有机会呢。你没有这些障碍，放弃入大学机会，可惜了……"

爸爸耐心做思想工作，一点也打不动我。他自己教了20年大学，一阵"那话儿"就不明不白给轰得闹不清"谁是我？""我在什么地方？"他曾在辅仁大学兼课，离开北京大学以后，算是留在大学里半条腿，这会儿正朝外拔。他尽管没资格犯贪污、浪费、官僚主义之罪，还必须"应师生要求"到辅仁去补"三反"运动的课。因为人家搞三反时候，他正在接受土改和五反运动的锻炼。所谓补课，无非是做思想检查，再听些和三反毫不相干的"那话儿"。去辅仁作思想检查，我想大概是爸爸最后一次爬上大学讲台了。他正在离开的那种地方，我不进去有什么可惜？那种地方大概用不着我做错事，也并非为惩罚我，不定什么时候，张口能念"那话儿"的人多着呢！仿佛喝水、呼吸一样，是自然需要，是适应环境的一种本能，我巴不得躲开这种环境远远的呢！

……

电车铃声清亮悦耳。

"爸，都到小经厂了，你坐车回去吧！"

他不肯，"再走走，同你再走走"。

只好继续推着自行车走下去。

他从来对谁都不远送，这会儿怎么啦？去我的新学校才6站距离，比男四中还近，再说周末就回家……不过，我已记不起多少年没一块散步了，走走也好。

他三天两头劝阻，全都是旧意识的反映。从录取那天起，爸爸一直沉默寡言，我猜他还在为我惋惜，可从来不说半句泄气的话，连叹气都没叫我听见一声。

鼓楼檐角外小燕穿来穿去。前年楼顶兽头嘴里冒烟，消防队爬上去，听说是蚊群。大概小燕在吃这种蚊子吧？它们多自在！

鼓楼斜对街铁匠铺里火星飞溅，大锤闷响和掌钳师傅榔头的脆声交替应答，新学校大概也要学打铁？我对那几个汗流浃背的师徒，产生一种亲切感。

"爸，都走出三站路了，星期六我一定回来，你快上电车吧！"

他不走，把我领进一家冷食店，要两瓶汽水。冷冻机轻轻敲击声叫人舒坦，凝一层厚霜的管子飘着冷雾，看上去挺凉快，弥漫着淡淡的阿摩尼亚气味并不讨厌，我嘬着蜡纸管，爸爸走向玻璃柜台，弄来一个小圆面包。

"吃过晚饭了，爸，不饿。"

"你吃得下，就一个。"

面包很小很新鲜，盘一圈螺旋形黄丝，他把喝过一点的汽水瓶推过来。

还不回去。进了弯弯曲曲的烟袋斜街。窄街上，车后行李有点碍事，我推车拐来让去。这包袱太大了，好像我出远门，被塞进许多夏天用不着的东西。

他在一家棉花店前驻足，观看门楼上那些雕饰。

"清朝留下的老铺子，以前很讲究呢。"

指给我看悬吊着的老式店招，脏兮兮的大棉球扁扁的像南瓜。

"这种老店越来越少了，都毁掉了。以后只能从画上看到。"

银锭桥把着斜街西南口，桥头有鲜枣卖，他把手绢摊开来。

"别买了，爸，同学要笑话。"

爸爸像没听见。"尝了，很甜，只有半斤。"

扎上手绢，我说没法拿。他不懂自行车装载学，果然想不出把它挂在哪儿，又去解开疙瘩。

消化机！消化机……

消化机早已懂得克制了。我忸怩着，被装满裤兜。他俯身捡拾滚落的几个。

"爸！我顺这后海北河沿很快就到学校，听说那是摄政王府。你到家没准天都黑了。"

"你知道，也是溥仪的家。坐车子小心点。"

我跨上车滑开。桥上剩下爸爸一人，他总是管骑车叫坐车。

这孩子终于走在自己选择的路上了。沿岸一段缓坡，车子轻松地加快。背后大包袱坠得车把有点飘，一定要稳住，别让桥上那人看见它晃来晃去。

太阳快要沉落微带金红，越展越宽的水面闪闪烁烁，对这孩子眨眼微笑。谁说北京的云霞赶不上云南？前边这片天空正张开最美的一幕。小燕比不上这孩子，它们只懂得爹妈教的飞法，体会不到挣脱羁绊的轻快欢畅。

银锭桥上据说是燕京八景还是十景的一个去处，闹不清朝哪方看才算真正内行。那个留在桥上的人，依然朝着一株株柳树间隔里，望那远去的孩子，孩子全身都能感到这件事。那个人想些什么，却不知道！孩子顾不上琢磨这些，心满意足朝一片红光的方向奔去。他将在一座漂亮的大花园里，"在新环境中"受到最好教育，获取令他心往神驰的本领。他将挥汗如雨，亲手塑造一些无机生命。一个善良单纯女孩，将伴他携手同行。这孩子会不断进步，逐渐提高觉悟，也接受应得的一分愚昧。沿后海这条土路总是向左拐，又向左拐，在彼岸终于折到相反方向。这条路本没修好，有平坦硬实地段，也有坑坑洼洼泥泞，绕它一圈，是条长长的路程。

有一天，孩子走过了这条长路，从另一个方向来到桥头，想听听银锭桥的传奇故事。桥上空空荡荡，一无所有，那个人早已离去。

          1988 年 9—11 月，病中。
          1989 年春节修改。

记张定和作品演奏会[①]

赵景深

张家一门都是文学艺术迷。他们祖上合肥张树声在前清是做大官的，因此他们是书香后代，照遗传学讲，是有知识分子的传统的。他家四个姐姐：元和、允和、兆和、充和；六个弟弟：宗和、寅和、定和、宇和、寰和、宁和。姐姐都是两条腿，弟弟都是宝盖头。抗战期间，他们姐妹弟兄，流转各地，但仍编订抄本刊物，轮流邮寄。我曾在立煌安徽学院与宗和同事一年半，看到他们的家庭刊物《水》。一首二姐写的诗，她害了怀乡症，就以此为题。三姐的外子沈从文和孩子虎雏都有大作在上面。刊末载有规约：一、收到刊物的人须将他的近作附在里面；二、刊物到后，一星期以内请寄予某人。这的确很有趣。现在抗战胜利了，姐妹弟兄们都到上海来了，便举行了一次十姐弟的欢宴，我因曾做过兆和的老师，在中国公学教她小说原理和现代世界文学，又

[①] 此文指1946年张定和在上海逸园举行的个人作品演奏会。

张家三子、音乐家张定和年轻时在苏州九如巷旧照。

张家三子、音乐家张定和着解放军服装的旧照。

与元和、允和、充和是曲友或虹社社友，关系密切，也被邀参加。定和还拍了好几张照片。

20日定和在逸园举行歌曲演奏会，邀约他的朋友们去听曲。宗和早就向我谈起，他的三弟定和在后方作歌曲很有名，他起初只喜欢西洋音乐，后来居然也喜欢昆曲了，觉得昆曲也有它的好处。宗和现任苏州乐益女子中学校长，也赶来参加音乐会。充和大约还在苏州，她对于昆曲的乐理甚有研究，在女曲友中是少有的。她的《惊梦》《痴诉点香》都演得极好。她在重庆时，曾为国立编译馆募捐，义演过《学堂》和《游园》。

我与内子同去，看见郑振铎、李健吾、徐调孚、吴祖光、丁聪、李一、风子等人都到了。沈从文和兆和站在看客台上，说是学习做招待。

这一晚所唱的话剧插曲有：郭沫若的《棠棣之花》，田汉的《复活》，吴祖光的《正气歌》和《凤凰城》，顾一樵的《岳飞》，奥斯特洛夫斯基的《大雷雨》，以及《大潜山》。其中我最喜欢的是田汉的歌词。吴祖光的《正气歌》用的是牛希济词《生查子》。

我对于音乐完全是外行，从文说定和是音乐迷，我相信迷一定能精。像《求你晚一点动手》《后湖春暮》《艺术战壕颂》《大潜山合唱》都很好听。《江南昔日风光好》描摹由喜到怒，《还乡行》描摹快乐情况，都能用乐谱表现出来。

我对定和有三个希望：第一，创作器乐曲，可以不受唱者音调和文句的限制。其二，多作一点"力的表现"的乐曲，显示阳刚的美。第二，下次开音乐会时，合唱队人数尽量增多，两三个人似乎太单调了。

这次所唱的诗词有岳飞的《满江红》，新诗人陈梦家的《燕子》等。钱风的散文诗《母亲的心》是对于"有了妻子忘了娘"的人一个很好的讽刺，设想亦妙。

我觉得男高音朱崇懋唱得很好。女高音曾宪恩也唱得不坏，似乎还不够响亮，也许是受了谱的限制。崇懋把"时光"改唱"时间"，与"晚一点"押韵，不知这一首《求你晚一点动手》是全部用江阳押韵的。

寰和、宇和、允和都作歌词，元和、兆和、宗和等任招待，可说是张氏十姐弟全部动员。

演奏了一大半，吕恩也赶来听。新近吕恩在南京为了周彦（贺孟斧修改）的《桃花扇》中有《牡丹亭·游园》二曲（先唱《好姐姐》，后唱《皂罗袍》），曾请溥西园教这两首。听说此剧在重庆上演时，允和每晚去唱，都由丁聪吹笛，因此想起文艺协会的一次文艺欣赏会，丁聪为我吹《游园》，吹完一拱手，笑着下台，那神情最天真有趣。

张定和简历

父亲张定和祖籍安徽合肥，1916年12月27日出生于上海。后就读于上海音乐专科学校（现名上海音乐学院），师从黄自先生，学习音乐理论及作曲。1938年后，曾先后任教于国立戏剧专科学校、国立歌剧学校、国立北平师范学院（现名北京师范大学）、国立社教学院、中国人民解放军苏北军区政治部宣传部，解放后先在中央戏剧学院从事音乐研究、教学及创作工作，后在中央戏剧学院附属歌剧院（现名中国歌剧舞剧院）任作曲员，直到离休。父亲是第四届和第五届北京市人民代表、中国音乐家协会会员、中国歌剧研究会顾问。有两部作品获奖（集体奖），获得第二届中国音乐金钟奖终生成就荣誉奖。因其对音乐事业的贡献，享受政府特殊津贴。根据不完全统计，父亲在长达六十多年的音乐创作生涯中，曾为多部话剧、歌剧、舞剧、歌舞、舞蹈、戏曲、电影、广播剧、木偶剧及儿童电视节目写了音乐，还创作了近200首歌曲和30首器乐曲，曾举行过两次个人作品音乐会。代表作有：话剧《凤凰城》《棠棣之花》《文成公主》《桃花扇》《大风歌》音乐及插曲；歌剧《槐荫记》音乐和全部唱段；舞剧《铜雀伎》音乐及插曲；戏曲电影《十五贯》《二度梅》场景音乐；抗战歌曲《江南梦》《流亡之歌》《嘉陵江水静静流》；歌曲《比翼鸟》《求你晚一点动手》；大合唱《人民英雄永垂不朽》、《十三陵水库畅想曲》组曲之二首、《我们的前程光芒万丈》；独唱歌曲《假如我是一只鸿雁》；长笛独奏曲《小小鱼儿粉红鳃》。

父亲张定和一生对工作兢兢业业，对业务精益求精，淡泊名利，生活俭朴，待人热情、宽厚、谦和，得到社会各界人士的敬重。父亲张定和（原中国歌剧舞剧院作曲员）因年老体衰患急性重症肺炎，医治抢救无效，于2011年3月21日去世，享年94岁。

张以达、张以求、张以童、张以连

2011年3月26日

作曲家张定和素描

许文霞

张定和先生是中国歌舞剧院的著名作曲家,一位从上个世纪走来、幽默风趣、思维敏锐的睿智老人,今年已有87岁高龄了。先生出身望族,幼承庭训,世家富庶,连名字都取得有点来历,隶属"和"字辈。关于这个"和"字,张家先人的期盼是:"和以致福,善可钟祥"。兴许先天名字取得好,再加后天陶冶养性,塑就先生温文尔雅,君子谦谦。先生同胞手足10位,个个操琴持曲,才气横溢;比如先生的三姐张兆和,就是文学巨擘沈从文先生的夫人。随全球沈从文热的持续升温,海内外文学评论家对张兆和的迷人身世和文学才情,亦开始投注热忱。而这些评论家尚未深探到:张兆和有一位弟弟张定和,是中国音乐奇才。张先生平朴、本分、淡泊、低调,多年来甘于寂寞的创作坚持,虽在当代音乐史典和教科书中籍籍无名,但作品不胫而走,口碑早在民间。

我与先生有幸结识,成为"忘年之交",实缘于一段历史考证。

一 《棠棣之花》的历史亮点

数年前，在整理我父亲许如辉的书信时，发觉有这么一段文字："我为郭沫若的话剧《屈原》《棠棣之花》多次作曲。"作曲且还多次，旋引起我的注意．父亲还特别注明，他为《屈原》作曲，是承蒙导演应云卫之约。《屈原》和《棠棣之花》均为40年代重庆时期辉煌的抗战话剧运动优秀剧目之一。为此，我粗略地查阅了战时重庆的《中央日报》和《新华日报》，尚未发现许如辉作曲的广告字样。后来偶尔查到1946年1月13日的《中央日报》，看到中华剧艺社借座重庆青年宫剧场演出《棠棣之花》的大幅广告：作剧郭沫若，导演应云卫，舞台监督李天济，作曲张曲明敏，伴奏大同乐会国乐教养院，这才显出一些端倪，看出某些名堂。

《棠棣之花》的音乐是大同乐会国乐教养院伴奏的。大同乐会是许如辉与郑玉荪（中国国乐大师郑觐文之子）延续上海大同乐会的精神和旗帜，联手在重庆主持的国乐团体；而许如辉更是战时难童国乐教养院的院长．那么，作曲"张曲明敏"又是谁呢？一度，我还揣摩"张曲明敏"是否我父亲的笔名。后来，在上海读到著名电影演员张瑞芳女士的传记，眼睛为之一亮。张瑞芳在《棠棣之花》里饰演过春姑，导演凌鹤，作曲张定和，上海业余影人剧团演出。看来，当年重庆，至少有中华剧艺社和上海业余影人剧团演出过《棠棣之花》，两个春姑，两位导演。而郭沫若的《屈原》也有过两位导演（应云卫和陈鲤庭），两位作曲（许如辉和刘雪厂）……这错综复杂的剧目演出史，令人迷惘。

去年盛夏，我适在北京，拨通了张定和先生家的电话，获得

张家三子、音乐家张定和着西服在重庆时期的旧照。

先生肯定,《棠棣之花》是他作的曲。张先生还补充道:"你爸爸为《棠棣之花》作曲,也完全有可能。"

8月25日,是密集拜访日程结束、离别京城的日子了,我打算好好地轻松一日,仔细瞧瞧即将迎迓奥运的古都今貌,顺便则购买一些音乐电影盘片,傍晚启程回沪。一位北京友人透风:到西单商场购买盘片,定有收获。上午9时,我向京城的一些朋友电话辞别,包括张定和先生。不期通话后,先生又透露不少鲜为人知的史实,意义非同小可。我决计舍"西单"而去拜访张老,并约好午饭后11∶30分抵达。在电话中,张先生仔细制订了我的行走路线,并叮嘱我不要介意他的寓所附近是一片正待开工的废墟之地。

匆匆在美术馆招待所附近的饭庄点了一碗面条果腹后,便上路了。

8月的北京,骄阳似火。我手捏地图,七转八弯,总算来到陶然亭畔中国歌剧舞剧院所在地,比预期抵达的时间迟延少许。眼前的景致,断墙颓垣,瓦砾遍地,果然是先生所言万象更新前的杂乱、混沌和无序。歌剧院收发室小屋里一位女士探出头来,打量我片刻,认定我应该是她留意的访客,便忙不迭地说:"张先生已在大门口(仿佛大门已倒塌)守候多时了,刚进去。"正寒暄着,收发室隔壁的门洞里,闪出一位着黑底配斑斓牡丹花图案连衣裙的女士,春风满面(张先生的亲人,无论老妪还是稚童,个个和蔼可亲)地迎来,自报家门,说是张先生的媳妇,负责引我进门。我琢磨她已闪进闪出多次了。

走进张家,拐过走廊,便是客厅。说是客厅,严格来说,张先生家的客厅,比起京城时下动辄标榜"维多利亚"派头的豪宅，绝不算宽敞。整间屋子以花卉草木点缀，幽香满室，几净窗明。以绿为主色调的氛围中，搭配着几件自然色彩的简单木制家具，应了"室雅何须大"的古训。沐浴着日光疏影的张先生，戴了一顶棒球帽，身着蔚蓝色衬衣，款款而来，与我握手。初见先生，只见他肤色白皙，板朗精瘦；脸容清癯，目光炯明；举手投足，利索干练。耄耋之人必定龙钟老态的主观臆想，瞬间消逝；先生气定神闲的从容和儒者的敦厚相，更令我心中大呼：真是室雅主更雅也。我按下了快门，为绿荫丛中的张先生留下一帧影像。坐定后，先生拧开落地电扇，又不忘递上一杯北京特制的酸梅汤，顺势打开了话匣。

先生甫开口，又出乎我的意外："我与你爸爸是认识的，40年代在重庆看演出和开会，时有碰面。有几次，他来重庆中央广播电台看演出，他的模样，我现在还记得很清楚。你爸爸是搞民乐的，大同乐会名声是不错的。"接着，先生又仔细询问我父亲后半生的方方面面，乃至何年何月何日因何病在何地过世的详情。不得不说，开初的话题，于我是抑郁而沉重的，但分明能感觉到先生的亲和力。随之而来的即兴对谈，彼此间的心理距离，愈来愈短。主题很快就移到轰动重庆的话剧《棠棣之花》上。先生记忆明朗，纹理清晰，以一口纯正的京片子，娓娓道出那段重要的音乐史：

话剧《棠棣之花》是1941年冬天首演的。这部话剧音乐只有歌曲，没有乐曲，总共是12支歌。作曲"张曲明敏"，是指两个人，"张曲"是我，"明敏"就是李广才。我写了8首歌，李广才写了4首歌。我对外只说写了7首，因为其中有两首《去吧,兄弟呀》,一是全歌,一是全歌的片段。

当时全剧的伴奏乐器是很简单的,只用两支长笛和一把大提琴。有一场戏是失明流浪艺人的幼女演唱"士为知己死"的豫让故事的唱段,失明老人抚着古琴伴奏。老人的扮演者其实不会弹琴,由大提琴在台侧用拨奏为他配音。

周总理前后看了8次《棠棣之花》。前7次在40年代的重庆,第8次是1957年的北京。

你爸爸(指许如辉)为《棠棣之花》作曲可能性很大。

《棠棣之花》1941年冬首演后,我就离开了重庆,谱子没有正式出版过。《棠棣之花》后来在重庆再次演出时,他们找不到我的曲谱,音乐一定会找人重新配写。大同乐会用民乐伴奏的演出,我没有看过。你爸爸找不到我的谱子,他一定是用了民乐写了伴奏,重新配器,又写过的。但配器者的名字,一般不列在广告上。

其实配器也是一种创造,它的付出,不比作曲少。根据音乐理论家钱仁康先生的观点,配器实际上也是创作。

《屈原》的情况也是一样,虽然是刘雪厂作曲,很可能你爸爸(许如辉)配过器。但是,配器者的名字是不列在演出说明书上。也有可能有些演出场合,你爸爸用民乐谱过曲。

我快速地将张先生的口述记录在案,实感慨不已:前仆后继,有多少作曲家,包括张定和李广才许如辉刘雪厂参与了郭沫若的话剧《棠棣之花》《屈原》的音乐创作?张定和先生的入微梳理,增添了我继续寻找父亲民乐版曲谱的决心。比起时下动辄

晚年时期的音乐家张定和仍然喜欢继续从事作曲工作。

音乐家张定和与妻子王令诲的婚纱照。

几百人的大乐队,当年的伴奏器乐一度只有两支长笛和一把提琴,又多么简陋?但又有谁会否认40年代《棠棣之花》《屈原》等话剧音乐的辉煌历史?

顺手,张先生从沙发边上取出早已准备好的手稿复印件,说是送给我的。我连声道谢,细看,正是《话剧"棠棣之花"歌曲集》,内含12支历史名曲,如《湘累》《在昔有豫让》《侬本枝头露》等,完全经由张先生一手工整的蝇头小楷抄写而成,精湛之致,任何人见了都会叹为观止。先生无愧是上海美专毕业生,照此修练结果看来,他完全有功力在一粒米上大做文章,镌刻历史风卷画的。在我手上的歌曲集内,又读到先生更小一号字的注释,缕析《棠棣之花》历年演出的歌词和情节变化,如"树改为花""侠义改为义侠""溶改为融""1941年在重庆演出时是让春姑死去的,1957年演出时不让春姑死去"等等……先生认真得可以,精细中屡见谨严,治学一丝不苟。

《棠棣之花》和《屈原》恢弘、典重的历史话题结束了,我们返回现实。张先生稍弛片刻,提出要请我午膳,品尝北京烤鸭。他还特别介绍:中央芭蕾舞剧团隔壁一家餐馆的烤鸭很不错。我盛情难却,心想,就权当陪先生去用餐吧,便答应了,并问是否要叫一部"出租车",他答道:"不用的,就在附近。"

烈日当空,我们朝"烤鸭"奔去。说是"附近",其实也足有20分钟路程的。张先生疾步行走,"矫健如飞";后生如我辈,不中用地时被拉下一段距离;惭愧之余,又深为先生的硬朗体魄而高兴不已。抵达餐厅,只觉吆五喝六,人声鼎沸,高朋满座,生意极为兴隆。先生欢悦地点了一只香气四溢的脆皮大烤鸭,随后静静地观望眼前一位高头大马、满面油光红润的"御厨"当众表演。只见大师傅龙飞凤舞,挥刀削片。顷刻间,脆皮鸭被支解成两大盘,外加满桌甜点佳肴,足够6个人用餐的排场,显然消受不完。

席间,所有的话题都直奔音乐,细节则在此从略了。

餐毕,张先生将烤鸭的精华部分盛在盒子里,嘱我傍晚带上火车;他又把鸭骨架放在另一个盒子里,说是留给夫人吃;随后,又不由分说地拷了一大堆盒子,朝来路折回。先生善解人意,待客厚重,从这则"烤鸭故事",实见一斑。

回程路上,先生语重心长地对我说:"文霞,你这样扎扎实实做些工作,是很好的,我要送一点资料给你。"这次,我随先生来到歌剧院大院深处另一栋风格迥然不同的居屋。爬上楼,只见迎面门扇上悬了一条告示:"午休时间(下午一时半到三时半),请谅",这显然又是先生的杰作。开启房门,与先生相濡以沫的王令诲女士正在午睡。为不打碎老夫人的美梦,我们蹑手蹑脚地移步前进。相比原先的雅室,这间屋子摆设陈旧,但抬头举目,皆是书籍和文件,文化内涵厚重。我始大悟,如果说前屋为接待宾客之处,此地才是先生捻定乾坤、运筹帷幄之所。先生不嫌家陋,请我入室,完全视我为同道人了。

连日在京城奔波,我已疲惫不堪,恍惚中见先生在文献堆中不停地穿梭,又如变魔术般将头顶上一盏照明灯的多重拉线上升下缩(先生有"张科怪"之雅称),"变出"《水》(家族杂志)、《定和自叙》(自传)、《遥远的音痕》(歌曲集)和评议文章等一大堆资料。除《水》外,其余均编上号码,添上我的名字,赠送于我。

见到这批珍贵资料,我立即醒神,伏在窗棂旁一张八仙桌上，仔细浏览起来。《水》是有60年历史的家族内流传的出版物，当年取"水"为刊名，来自沈从文先生的触感："水的德性为兼容并包，从不排斥拒绝不同方式侵入生命的任何离奇不经事物。"而《定和自叙》则是先生音乐生涯的一部重要自传，记载了他历年的作品和主要音乐活动。我更惊见《定和自叙》文字潇洒，表述练达，透显了20世纪早期文人才具有的国学功底，隋唐遗风的笔端下，现代人的烦恼力透纸背。静止的音乐符号和陈规旧事，在张先生笔下，显得鲜活生动，平添了《定和自叙》学术份量之外，尊古而不流于八股的耐读性。

张定和先生1933年成为上海国立音乐专科学校黄自先生的及门弟子，主攻西洋音乐作曲理论，成名作是《流亡之歌》，也即著名剧作家吴祖光创作的话剧《凤凰城》的主题歌；直到今天，该歌依然在各地传唱。早在40年代的重庆、成都和上海，张先生就成功举办了个人作品音乐会。1946年8月，先生在上海举办音乐会时，上海《大公报》曾出了一期《张定和特刊》，四姐张充和亲自为刊头题字；三姐夫沈从文则在《大公报》文艺版拨冗撰文《定和是个音乐迷》。如今，张先生不想再举办任何音乐会了，他认为作品已留驻人间（事实也真如此，一位旅居美国的老人知道我正在写张先生，嘱咐我向张定和先生致意。这位美国老人至今还会吟唱先生作于重庆时期的歌曲），没有必要再去演那些过去的东西。

暂且不对张定和先生280余部音乐作品逐个分析；也不纵论他与二姐夫（张允和的先生，著名的语言文字学家周有光）珠联璧合的大量汉语拼音字母歌如何吟诵民间；更可把他为欧阳予倩的《桃花扇》、田汉的《文成公主》、陈白尘的《大风歌》等话剧，卢肃的歌剧《槐荫记》以及孙颖编导的舞剧《铜雀伎》所谱作的叮当作响的曲子搁在一边——单凭一部极具历史亮点的《棠棣之花》，先生在中国音乐史上的地位，还容置疑吗？

离别时，我留下了载有我一篇拙文的《中国音乐学》杂志，恳请先生斧正。

二　名作曲家的学术理念

拜见张定和先生后，我常与他电话倾谈，叩问学术真谛。先生见多识广，堪为作曲权威，向我传递了鞭辟入里、密密实实、艺术层面的殷殷诤言，话语不经意中常闪烁出重要的音乐思想，于我，感觉实在美妙。我想，如果成功的作曲家可以用艺术型、学者型来界定的话，张先生显然属于后者，他是一位颇有学术理念、极具学者风范的作曲家。

有一回，我告诉张先生，加拿大多伦多有很多族裔交响乐团，其中华人乐团就起码有4到5家，大多数演奏贝多芬、西贝柳斯、德沃夏克的作品。华人乐团演出时，常吸引不少外国人来观摩。但在幕间休息时，我发觉那些外国人面面相觑，呆呆地坐在场中，若有所思。解读他们迷惑的脸部表情，仿佛在喃喃自语：我们是来听东方情调音乐的，如果尽演奏我们西方的音乐，又何必坐在这儿？顺便一提，最近读到作曲家谭盾的文章，持同样观点：我写湖南的东西，西方人喜欢，是因为我写的东西不是西方的，是中国的；反过来，我如果写西方的东西，他们不喜欢。德国的乐队应演奏贝多芬的作品，俄国的乐队应演奏柴可夫斯基的作品……钢琴演奏家殷承宗对国外舞台受欢迎的中国曲目分析后直言：中国的音乐在中国古乐和戏曲音乐中。这个现象勾起我萦绕心头久远的想法：是不是可供演奏的具民族风格的中国交响乐和歌剧作品太少？欲扭转这种劣势，可否从祖国的民歌、戏曲音乐中寻找些养料？

听罢，张先生肯定地回答：

具有我们特点的交响乐和歌剧作品太少，中国的作品弘扬出去的东西不多，从中国民间的音乐、民歌、说唱和戏曲方面吸收养料，这是一条出路。中国作曲的人可以写各种风格的音乐，但是主要还是应该发展中国的东西，让全世界人民知道中国的作品。管弦乐、歌剧都应该这样。

我又探问先生对西洋古典音乐与中国传统音乐的看法。他认为：

古代的音乐，无论是曲是歌，也无论是中是西，它们虽然在时间上似乎离开我们很远很远，但是，我们对它们都不应有成见而歧视，因为它们之中都有很好的东西，那都是很好的遗产。

另有一次，我向先生推崇：每年夏季，多伦多繁忙的丹佛士大街上，会举办一年一度、长达数日的"希腊美食节(Greek Food Festival)"，人山人海，俨如庙市。期间，沿途近十个街口，警察疏道，牛轫停摆，摊位林立，商贾吆喝，游客如织，蔚为壮观。蘸着白脱油的玉米棒，甜入心扉的千层蛋挞，洒满紫盐、浸透酸醋和大蒜的希腊串烤，香气扑鼻，飘洒数里，令人垂涎欲滴，食欲大开。美食节期间，丹佛士大街的中央扎满了巨型看台，每隔数米一个。希裔音乐家倾巢而出，器乐配备庞大精全（不乏希腊民族乐器），演奏的曲目，清一色是希腊妙乐。不分族裔的观光客，前呼后拥，驻足聆听，如痴如颠，拍掌叫好。那种咀嚼希腊美点听乐的感觉，真是棒极了！希腊悠久的文明和文化，全然通过其独有的民族音乐，呈堂于世界。我不由感慨：一个民族对世界音乐的贡献，莫过于像希腊一样，舒展它的民族性、独特性和唯一性之妙。而相比中国在海外的庆典音乐，至今仍停留在"舞狮，醒龙（近年增加了一些腰鼓队）"的打击乐层次，差距显见。五千年文明孕育之下的中国音乐，真该如此单薄吗？有些想法我已写在文章中了。

先生回答："你的观点是完全正确的，等我看了你的文章后，再给你详细意见。"

张先生虽然学的是西洋音乐，但善用西方作曲技巧，作品表达出浓烈的中国民族风格。他从小就在苏州长大，家在苏州。久居苏州，对昆曲情有独钟，于其它戏曲也寄予厚爱，总共创配了7部戏曲音乐。早在50年代初，他就到戏曲界采风，谱写了根据沪剧《罗汉钱》移植的评剧音乐，他又是昆曲《十五贯》和汉剧《二度梅》的艺术电影片的作曲家，让他谈谈对戏曲和戏曲音乐的看法，是合适的人选。我把问题提出后，先生显得很兴奋，不加思索，一气呵成地说出如下一段话：

  戏曲中的音乐是民间的、大众化的，普及率和生命力都很强的艺术；它是在各地民歌、说唱的基础上发展、形成的，很重要。

我不得不佩服先生的思辨和归纳能力，脱口而出就给戏曲下了一条严密、完整的定义。先生对中国传统音乐（含戏曲音乐）的思考是良久的，认识是深邃的。先生又补充道：

> 一般的地方戏曲，老百姓容易听得懂，而昆曲比较高深。昆曲是有韵文的东西，是一种口头文学艺术，人类社会重要的文化遗产，受到联合国保护，是有道理的。南昆是五声音阶，北昆是七声音阶。京剧和川剧等剧种都从昆曲中吸收过养料。
>
> 戏曲在解放后受到重视，并得到发展，又产生了新的戏曲剧种，比如，至少，在北京有由京韵大鼓和其它曲艺发展成的曲剧，在东北有由二人转发展成的吉剧。

我又问："您和一些作曲家是否有深入戏曲音乐的念头呢？"张先生回答说：

> 也有人曾经这样想过。有的人有这个意愿，也不一定有机会写戏曲音乐，要有一定的剧本、演员、场合，才能创作出来。许多事情说来话长，我以后再告诉你。就是歌剧音乐，也不是一些好的作品轮到你去写的。

先生的识见与幽邃，最后一句话的话中话，留下了值得遐想的宏大空间。

张先生在谈吐中多次提到恩师黄自，评价很高，更对黄自1938年早逝而痛惜不已。我透露：1937年4月8日，黄自还在上海市电台讲解音乐。先生补充道：1940年后的重庆，尚有介绍黄自的消息。他还收藏有黄自的《长恨歌》曲谱。一听到《长恨歌》三个字，我接着说："1942年12月26日，在重庆曹家庵文化会堂，我父亲率领大同乐会中国国乐团，以弦乐三重奏的形式公开演奏过黄自的《长恨歌》（注：那场演出，大部分是许如辉的器乐作品。《长恨歌》演奏的高音部分是许如辉、张静波；中音部分是戴毅，俞良咸；低音部分是石茂庆、朱协中）。"张先生以肯定的口吻说："黄自和许如辉都是坚守民族音乐创作方向的前辈。"记得我小时候，随父亲在上海观摩了不少戏曲演出，包括昆曲戏曲片《十五贯》和汉剧电影《二度梅》。《十五贯》的曲折剧情，俨如一部着古装的现代推理片，印象十分深刻。周传瑛扮演的况钟，王传淞诠释的娄阿鼠，至今仍在脑际浮现。惜《十五贯》的音乐旋律，因当年不懂欣赏而疏忽了。有朝一日，再次观摩《十五贯》，我将悉心聆听张先生所写的妙乐。

　　解读先生浩瀚的音乐作品，必须解构先生极深厚的文化底蕴。

　　张定和先生绝对是一本值得细读的"厚书"！

三　《定和自叙》——幽默背后的苦涩

　　前述张定和先生的《定和自叙》是由他亲自题跋的："旧人，旧事，旧物，旧创作；自撰，自编，自滕，自装帧。"究竟内容如何殷实，文笔怎么飞扬，只要品味这惜墨如金的18个字的题跋,一切尽在不言中。《定和自叙》必远逾时传,诵流弥久。

　　平心而论,捧读《定和自叙》,咀嚼那幽默的文字时,泪水一直在眼眶里打转。中规中矩的作曲家,调侃揶揄的本领一流:调侃自己,调侃朋友,调侃历史……幽默本是一种"逻辑的倒置",初读似觉悖谬,其实是一种"二律背反",也即一件事物在肯定它的同时,往往含有某种反对它的意思,反之亦然。先生熟谙幽默,但《定和自叙》幽默揶揄的背后,隐藏了辛酸苦涩的无可奈何。先生不是圣人,人世间不尽如意的事件,无可避免。为此,他以曲笔勾勒出"小人的小动作";以春秋笔法铺叙出如何在人的尊严尽失的文革运动中,维护自己的尊严。最后,又"一笑泯恩仇",不计前嫌。生活中,先生也以诙谐为武器,化解了一个又一个难堪。我曾好奇地问起反右斗争中可有受到冲击,他答曰:"1956年我被派到上海电影制片厂为《十五贯》配写音乐,北京与上海都没叫我提意见,失去了当右派的机会。"先生还是不忘幽默。

　　回想那次去"烤鸭店"的路上,先生缓缓地对我说了一段话:"文革时期,我被揪斗得很厉害时,很着慌。我仿佛驾了一条小船,载了全家老小,在水上漂来漂去,不知岸在何方,万一有意外怎么办?"我听后不由一怔:怎么与我父亲的闪念一模一样?文革初期,我父亲被收审关押,也是惊恐莫名,他在拍字簿中记道:"完了,我这辈子是彻底完了!我完了,家里几个小孩子还要抚养,怎么办?"记得多伦多图书馆的书架上躺着一本书,书名很醒目,叫《父亲是屋顶》。此刻,用"父亲是屋顶"来赞誉这两位作曲家的责任感,再恰当不过。大难当头,他俩不约而同,苦苦寻求"艺术生涯告终与家庭不堪重荷"之间的平衡点。善者也！一众无缚鸡之力、纯真孱弱的中国特定时期的作曲家！

先生读了我写的《许如辉与流行歌曲》后，在电话里悄悄地对我说："文霞，你的文章仿佛是为我写的。"闻声，又令我始料未及，唏嘘不已！我从废墟里挖出一位作曲家，竟冒出另一位在世作曲家自行"对号入座"！

中国音乐界对我们的前辈音乐家，是很疏忽和亏待的。一些音乐家不事张扬，但同样是中华民族的脊梁，默默无闻地为祖国和人民奉献着一切。他们受的委屈最多，他们的遭遇最值得同情。而到了该拨乱反正洗刷污水的时候，最没有份的往往是他们，他们成了永远被遗忘的一族。这样的文化人，在中国现代史上可以列出一大堆。

去岁，张定和先生被授予"金钟奖"中的"荣誉奖"（终身成就奖）。相比同时代的音乐家，他是幸运的，一枚沉甸甸的金质奖章，挂在墙上将很眩目；他是高兴的，这是50年来对他音乐成就的官方首肯；他又是淡然的，因为他没有去领奖。

有关张先生的人物专访文章，坊间已逐年增多。遗憾的是，"墙内开花墙外香"，举凡绍介他的文字，一般见诸《中国老年报》《老年文化》等大众化刊物居多。何时对张定和先生的研究从界外（老年健康）移到界内（音乐学）来呢？

著名音乐评论家刘再生教授近年提出了一个很重要的观点："中国音乐的前途，主要依赖于作曲家的创作"；而另一位著名音乐理论家郭乃安先生早于90年代初就提出：音乐学，请把目光投向人！

十多年来，又有多少作曲家和他们的音乐思想被瞄准和投向表文章的园地呢！希望让更多人读到不同凡响的《定和自叙》。

末了，遥祝张定和先生逸劳相济，时坐绿丛，笑口常开，康健长寿！

2003年10月25日，加拿大多伦多

注：许如辉(1910—1987)，又名水辉，生前居住上海。中国有声电影、流行歌曲、器乐曲、话剧、音乐剧、戏曲音乐作曲家。代表作有《永别了我的弟弟》《卖油条》《搁楼上的小姐》《缝穷婆》《女权》《劫后桃花》《木兰从军》《董小宛》《钗头凤》《借红灯》《白毛女》《为奴隶的母亲》《妓女泪》《陈化成》《少奶奶的扇子》等近300部。抗战时期逗留重庆，多次为郭沫若的话剧《屈原》《棠棣之花》作曲，并由许如辉主持的大同乐会和难童教养院国乐团伴奏。

往事分明在，琴笛高楼
——查阜西与张充和

严晓星

一 《甘州》唱和本事

耶鲁大学所在的纽黑文满城榆树，人称榆城（Elm City），一到深秋触目金黄。1970年饶宗颐初抵纽黑文，看到的不外这番景象。万木萧萧，年过半百的旅人一路走来，秋意也渐渐侵上心头。

邀饶宗颐来的，是德裔汉学家、耶鲁大学东亚语言文学系教授傅汉思（Hans Hermannt Frankel）。傅汉思是中国诗歌专家，旧式文人感情的细腻微妙他明了，中国文学中悲秋与旅思的传统他熟悉，出于文化的理解与友情的珍重，招待起来也尤其周到。在饶宗颐长达一年的客座教授生涯里，每逢周末，傅汉思便会邀请他来家中吃饭。在耶鲁美术学院教授中国书法的女主人张充和，这时便会化身为烹饪高手在厨房忙碌，饶宗颐就在她书房里

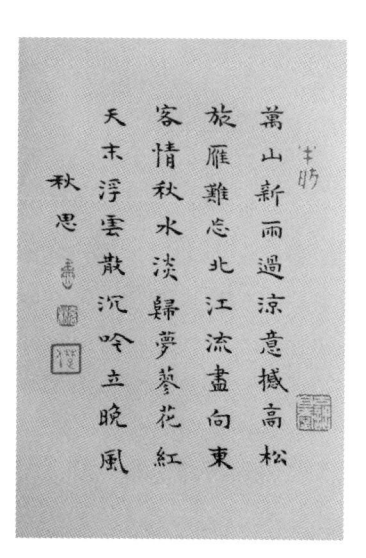

张充和诗集著作《桃花鱼》里的手抄诗词。

20世纪40年代,张充和在北平颐和园留影。

张充和早期山水画作品,曾收录进《寒夜客来》一书。

沈龙朱绘画的四姨和他于抗战时期在云南呈贡时期场景。

写写画画，留下了许多妙品。

独在异乡为异客，自然频有幽怀。初来一月，饶宗颐有词集《榆城乐章》，随之又有词集《晞周集》——后来张充和为之手录一过。诗词书画，张、饶皆具极深的造诣，集中的唱和时时可见。张充和还精于昆曲，更为饶宗颐《六丑·睡》词缀谱，以笛度出，"声音谐婉，极缥缈之思"（《晞周集·一寸金》）。海天万里之外，两位大家的蕴藉风流，端是不输古人。

饶宗颐擅古琴，能弹《塞上鸿》《水仙操》等曲，这一次却未曾携琴随行。明末张宗子琴铭有言："吾与尔言，尔亦予诺。"孤客羁旅，正宜与琴对话。所以饶宗颐刚到，张充和便以珍藏多年的宋琴"寒泉"相借，由此又说起赠琴的友人查阜西。此刻的中国大陆，连春秋鼎盛者都难免非正常死亡，所以耄耋之年的查阜西的死讯，并不使他们感觉突兀。张充和又取出查阜西的古琴录音来播放，《潇湘水云》《普庵咒》《梅花三弄》《忆故人》《鸥鹭忘机》……琴声伴着两人沉重的唏嘘声，在室中萦回。

张充和赋《八声甘州》，词云：

选堂来，不自携琴，因借与"寒泉"，阜西所赠也。闻其已归道山，乃共听其录音，为唏嘘者久之。

负高情、万里寄寒泉，珍重记前游。但拂尘虚弄，琴心宛在、琴事长休。旧侣冰弦何处？丝钓借渔舟（以钓丝代杭弦）。挟赋南天客，携上高楼。　好逐晴空凉月，伴襟怀落落、诗思悠悠。绕芳洲碧水，一一自源头。望中原、重招梅隐，怕岷江、灯火梦沉浮。无端又、湘云极浦，荡尽离愁。

饶宗颐步韵和之：

充和以寒泉名琴见假，复媵以词，因和。

感深情、秋日借寒泉，宝瑟结清游。任急弦飞听，昔心长系，夕饮未休。漫谱家山何处？天地入孤舟。犹似荆南客，倦赋登楼。又闻笛声哀怨，叫中天明月，乡梦悠悠。自清商寝响，唱起海西头。忆行窝、梅为谁好，怕芸黄、惊叶点波浮。待描入、小窗短幅，与畔牢愁。

两首词是为借琴而作，但惺惺念念的却是当年的赠琴人——查阜西。

二　查阜西

北伐之后，大局底定，国家进入稳定发展的时期。长江下游不仅是政治、经济、文化的中心，素来也是古琴流派最丰富、最有传统而富有生机的福地。有这样的时代背景与历史传统，才有一批19世纪末出生的新生代琴人渐渐活跃起来，登上了历史舞台。

30年代中期，查阜西年逾不惑。他的前40年过得极其跌宕：鼓动父亲参与改朝换代的起义，立誓为惨遭杀害的父亲报仇，在海军学校领导学潮被开除、追随孙中山建设空军，流落乡间养鸡养鸭，写文章翻译书，当中学教员，入基督教，秘密加入国民党和共产党，"分共"时坐牢亡命，妻子背弃而去，写出中国民航的第一份规划书……此刻，昔日的热血青年终于安稳下来，平凡地担任着欧亚航空公司的秘书主任,很少有人知道他的过去。

弹琴讲究师承。查阜西当然也有老师,但他的老师都不是名家,学到的只是一些琴歌。13岁(一说为14岁)开始学琴后,更多的是靠自己不断摸索。等到二十多岁上认识了更多的琴友,他才知道古琴的主流是独奏,最为琴人推崇的境界是"清微淡远"。他自小丰富的音乐生活给了他厚实的底蕴,曲折的经历给了他开阔的视野和心灵,甚至早早地就在日记里发誓,要"集诸家琴说,参以新知,辑为琴谱,以图振蔽起废"。他与琴友沈草农、彭祉卿、徐元白、张子谦、顾梅羹、徐立孙交流彼此擅弹的曲目,不断地提高琴艺。这时候,江南琴坛有所谓"浦东三杰":彭渔歌、查潇湘、张龙翔,就是拿他们各自擅弹的名曲《渔歌》《潇湘水云》《龙翔操》来指代彭祉卿、查阜西、张子谦这三位杰出的琴人、笃厚的好友。

一直到19世纪末,对琴人而言,游历南北,遍访琴友,仍非易事。20世纪初,交通日渐发达,琴人之间的接触与交流也空前繁荣。民国之初,地方性的琴人结社形成一时风潮,跨地域的大型琴人集会也频繁起来。但到了二三十年代,随着名宿王燕卿、王露,领袖杨时百、周庆云次第凋零,琴坛久已未有大型集会,各地琴社之间虽有偶发性的个人交流,却远不充分,门户之见也不免干扰琴人之间的关系。查阜西感到了"琴坛的寂寞"。

他曾经寄希望于将古琴引进北大的蔡元培,蔡元培答:"试过了。中乐是不行的,西乐已被肯定了。"当年与周庆云一同举办晨风庐琴会的报人史量才曾是狂热的古琴爱好者,查阜西要他"再振兴一下琴坛的寂寞",史量才说:"救国要紧,音乐可以不搞了!"没多久他就死在特务的枪口下。

琴坛的寂寞终究还是由琴人们自己打破的。1935年重阳，查阜西的弟子庄剑丞邀请上海、苏州两地的琴友在苏州怡园举行雅集，会上彭祉卿首倡组织琴社，得到了与会者的一致响应。次年春，今虞琴社在苏州成立，很快又在上海成立分社。这是第一个容纳不同师承与流派的大型跨地域琴社，其核心人物便是"浦东三杰"与沈草农、吴景略、庄剑丞，而又以彭祉卿、查阜西为主导。

1937年出版的《今虞琴刊》刊有琴社成立一年多来活动的详细记录。他们联络琴友，交流琴学，每周有星集，每月有月集，参与者日众，几乎囊括了北京、四川、广东之外的大多数优秀琴人。同时，他们在全国范围内征访琴人、古琴信息，向琴人征求琴社资料、罕见琴谱、学术文章，开始编辑琴刊。今虞琴社虽处东南繁华地，甫一成立，却以开阔的格局与气势展现了新的面貌，影响迅速波及全国琴坛。作为这独一无二的泱泱大社的主持者，查阜西众望所归地成为南方琴坛的新一代领袖。

抗战爆发，烽火逼近江南，琴人的黄金年代结束了。很快沪、宁不保已成定局，国民政府开始内迁。仓皇之际，欧亚航空公司准备将全部器材向内地紧急转移，由查阜西主办。查阜西顾不上苏州的家人，径自上海飞西安，再转昆明；家人则自行逃难，流徙千里，南下会合。"中原板荡，乐坛星散"（查阜西《话眉坪记》），张子谦、吴景略等人在上海"孤岛"内坚持活动，苦苦支撑；查阜西、彭祉卿在西南一隅，却不期而然地身逢乱离造成的风云际会。

三　杨家大院

1938年9月底，昆明第一次遭到日机轰炸，查阜西移家于昆明东南呈贡县城外一华里的龙街，等到第二年1月情况好转始归昆明。

昆明认识的友人里，最为投契的是琴人郑颖孙以及他的安徽老乡、文艺知己张充和。郑颖孙长查阜西一岁，安徽黟县人，长期任教于北京大学，与张友鹤、管平湖同为北方琴坛的名宿。他有旧派的风度，又有新派的气象，在当时就以雄厚的乐器收藏而著称。1936年11月、1937年3月，查阜西、彭祉卿与他曾有书札往还。这时，郑颖孙任教于昆明的大学，终于在此与查阜西晤面，可谓欢若平生。

1939年，查阜西44岁，张充和26岁。查阜西跟着大家叫张充和"充和"；张充和最初也规规矩矩地叫他"查先生"，没多久，实在太熟了，倒是喊"老查"的居多。由于张充和在合肥张氏四姐妹里最小，查阜西兄弟四人，他也行四，所以书面场合便以"四姐""四哥"彼此相称。

这一年3月中旬，一次在查阜西家的曲会刚刚结束，大家正吃晚饭，刚为张充和撅笛的吴南青接到一份电报，他看完后脸色郑重，起身向大家鞠了一躬，说："我父亲过去了。"他的父亲便是张充和的恩师、曲家吴梅。（孙康宜《曲人鸿爪》）不久，她又在查阜西席上遇见了二十多年未见的表哥李芋龛，"乍逢成不识，相讯却惊呼"（浦薛凤《太虚空里一游尘》）。虽说乱世悲欢都寻常，这样的经历却仍然是难忘的。

4月，日机空袭再临，查阜西一家不得不决定在龙街租房长住。郑颖孙也带着侄女郑德淑来借居了很短一段时间，随后移居一里开外的山后杨家大院。张充和很快也来到龙街，同样入住此间，且颜其居曰"云龙庵"。这年秋天，大院之内、云龙庵百步之外又来了新的住户，这是查阜西在昆明相识的友人、音乐学家杨荫浏和他的表妹、琵琶名家曹安和（《曲人鸿爪·杨荫浏》《杨荫浏全集》）。"乐人词家，朝夕晤对"的岁月，由此开始。

张充和的姐夫、作家沈从文记杨家及其大院云"其家为当地首户，房子极好"（《沈从文全集》）。他的长子沈龙珠年幼时一度生活在这里，多年后写《读四姨诗书画选引起的回忆》（《水》复刊第37期）仍记忆犹新：

> 后来由于"躲警报"，那个大院里的人们多数都搬到了呈贡县的龙街，又数我们住的杨家大院里最集中。那时一座由两层楼房和高墙围成的大宅子，北面的一座楼足有50米长，除了正中一个朝北的大门洞以外，对外完全封闭，面对内部通条的长方形大院子，一楼一部分出租给一些外来的小作坊（糖坊、小肥皂工厂等），一部分堆放农具，有两间养着大牲口，二楼是粮仓，不住人。那个长方形的第一进大院子，既是收获季节扬场、晒粮、码草垛的地方，也是节日摆台唱戏之处。中间的第二进楼和最南边的后楼由三组侧楼连成一个横摆着的日字形，依地势比前院抬高了约两米，组合成左右两个长方形的小院子，那大概就算房主人的内宅啦。我们家就住在第二进的东头二楼，楼下住过孙福熙一家。四姨、杨荫浏先生、曹安和女士，住在后楼，外省人十分友

善，但生活本身是艰苦的。从前面那张四姨坐在蒲团上的照片可以看出，身后放着茶壶茶杯的条几，实际上是两个木质煤油桶箱和一块画板组成，那盘水果很可能就是临时借用二奶奶供桌上的摆设，七十多年后再看到这张照片，却仍然感觉那么优雅亲切。四姨在1978年写的那篇《云龙佛堂即事》，真实地反映着当年那艰苦却十分乐观风雅的生活，四姨、杨荫浏先生、曹安和女士与当时也在呈贡的查阜西先生就都在那自己拼装起来简陋的琴案上抚过古琴。我记得当年还专门去过石碑村，在一棵大榕树下，听他们演奏箫、笛、琵琶和古琴。

如今，杨家大院巍然仍在，据云已改为中学，可谓弦歌未辍。

四　龙溪幻影

查阜西所写的一组文言小品《龙溪幻影》，成为他们在这段时间里交游的最为翔实的记述。小序里概括：

> 乐人词家，朝夕晤对，渐访得瓮泉、鹭林、缨桥、后坟诸胜，留连日久，乐而安之，不复知身在乱离中矣。诸君风流自赏，行止多足记者，湖山胜境，亦因四时朝夕而变。

《龙溪幻影》正文凡9篇，依次为《话眉坪记》《锄月桥记》《突梯坟记》《白鹭林记》《抱瓮泉记》《马缨桥记》《流花桥记》《乌龙浦游记》《白龙潭游记》，明显受到了张宗子小品文的影响，所记也都雅致风流，如1939年5月所写《话眉坪记》：

> ……尤爱此坪，旁依锄月桥，外接平畴及湖，上有古柏如幢，下激流泉成韵。晨夕坐此，山色湖光与夫朝烟暮霭，[或撷]（引者按：据文义补二字）笛酬歌，或援琴弄响，可以忘怀乱离。乡老张君为三宅其右，感诸君漂泊，寄顿是邦，因葺治其地以供行乐眺赏。予等复斥资琢石为几座，供乡人过客休憩之需。初夏上弦某夕，同人咸集是坪，新月初上，恰似蛾眉，湖光闪灼如瞳，湖外卧佛诸山趁烟浮动，有如其睫。充和谓："是坪为揽胜赏月之极致，今日裛此，宜锡以嘉名，谓之话眉如何？"众状况之，遂以话眉坪名。

《锄月桥记》的画面，更像太平时节的农家风貌：

> 村人罢耕，多把锄坐桥阑休憩。……（颖孙）佯狂，共儿女憨嬉。每上弦月出，辄徜徉桥上，与村妇长话桑麻。

7月所写《突梯坟记》更极言风物之佳绝、人物之安闲，虽度假胜地亦不过如此：

> 龙山之阴有后土碑，文曰"山神土地"，墓龙之神，儿辈呼作土地坟。独翁（颖孙自号独幽馆主）、龙女（充和自号云龙庵主）常聚诸客坐此，听龙潭诸溪自东西流，外瞰农

田千顷，接望滇池如带，西山如屏。北瞻三台，雉堞环抱如莲冠。梁王在南，若隐若现。其地有杂树数章，荫覆如幕；碧草柔浅，布地如茵。自云龙庵北行数百步即达。停午醉饱欲眠，以绳床系树，仰卧飘摇，看浮云倏起倏灭，可以栩然仙矣。

《白鹭林记》不仅记录了"一鹭扬声出林，又渐见三五成群而起，渐复见万千成阵，尽如风吹桃瓣，入湖而灭"的奇观，也记下了"龙女乐水，常独步五里外，至江尾村观海"的逸事。又如9月所写《马缨桥记》说：

古藤杂树，依附堆砌，绿浓阴翳，缀成圜拱。枝叶缤纷，苍翠欲滴，令人过此，留连不忍去。桥之东，水积为潭，可以驻骖洗马。其上有悬崖，不能攀及。溪之北有平冈，高如桥之平，地可三席。浅草如茵，可以坐地鼓琴。此为龙街诸胜之最幽者……

如此美景，真不可想。虽笔之于纸，也"令人过此，留连不忍去"了。

9月所写《流花桥记》，足见雅人深致：

余从独翁、龙女至古城，女摘花盈握，将怀归供之瓶，而半途即萎。女熟视，谓是名碎心花与断肠草，俱恶名，殆不吉之物，欲弃之。余止之曰，宜令泛溪流去。遂折回至印心亭右之石矶上，释手下，溪花朵朵，随流激荡而下，皆目睨而送之。独翁曰:"龙山花坞为呈贡十景之一,花落,宜使尽入溪流。此桥无名,今当花坞至湖之半道,宜以流花名也。"名遂定。

郑颖孙、张充和都出身书香世家,乐山乐水、诗书相亲早就融化在他们的血脉之中,不可或离。这是他们与世界交流的途径,也是他们最自然的表达方式。查阜西本质上是有旧学修养与情怀的时代人物,旧式文化的精雅他能充分地体验参与、流连徜徉,半生的坎坷与忧患又使他不失"斯世而有斯人"的惊喜。读这些文字,可以感受到查阜西珍惜满怀,也可以感受到他们并不因困顿而焦躁,不因战争而扰乱内心、丧失自信,一如既往地在山水草木、诗书琴笛之间寄托生活的乐趣。这就是他们的精神支柱,优雅而坚定。

五 高楼银烛春花影

张充和的安徽老家有琴,但她直到认识了郑颖孙、查阜西之后才听到琴声。她喜欢在安静时听琴,喜欢《秋江夜泊》和《潇湘水云》。不过,"从抗日战争开始时起,各地即告弦荒。……主要原因是由于杭州专售古琴弦及上等弦线的老三泰歇业了……"(查阜西《琴弦问题》)弦之不存,音将焉附?张充和那首《八声甘州》留下了一个有趣的细节:"丝钓借渔舟(以钓丝代杭弦)。"可以推想,古琴的六、七弦最细也最易断,细细的钓丝也只能将就着替代六、七弦了吧。

除了郑颖孙、查阜西,彭祉卿也常来弹琴。张充和比较过他们三人的风格：

> 郑颖孙最静；彭祉卿最野，一弹琴，玻璃窗都震动；查阜西比较活泼，处理得正好，弹起来一点不动声色，真了不起。（采访口述）

这里不妨插入一个话题。彭祉卿是查阜西的挚友，1944年去世，没能留下古琴录音，但据查阜西与张子谦的称道，他很可能是"浦东三杰"中演奏水平最高的人。但张充和对彭祉卿似乎不甚欣赏。1941年夏季，她写信指点语言学家罗常培游览青城山，说："有一弹七弦琴道士盖与彭祉卿同派，粗慢无礼，亦无其他修养，以不听为是……"（罗常培《苍洱之间》）她晚年忆及彭祉卿，以"野"字概括其琴艺，未必是褒词。从查阜西《彭祉卿先生事略》来看，彭祉卿"一生瑰意琦行，与人落落寡合，一语径庭，辄拂袖而起，幸友辈均能谅之耳。浼近几载，当大时代之艰难，俯蓄之资益困，又因得新欢而竟失恋，廓处悲忧穷蹙，乃复纵酒佯狂，绝弃形骸，自为戕贼。余时或劝其节量续胶，辄报以无情之怒目"，性格中颇有愤世嫉俗的成分，若非查阜西这样的知己，的确不易相处。张充和之不能欣赏彭祉卿其人其艺，说到底是大家闺秀的文化趣味与性情使然，但并不意味着她对彭祉卿毫无了解。这从她的《挽琴人彭祉卿》诗可以看出来：

> 独有湘江客，击节吟风月。有琴有酒不思归，一声写尽江梅落。干戈大地客愁新，又向空山忆故人。此日一杯掩寂寞，当时啸傲见天真。君家燕子不寻常，犹自依依绕玳梁。

但教生死情无极，岂必高梧栖凤凰。人生来去无踪迹，故旧何劳为君哭。不烧楮泊不招魂，痛饮千杯歌一曲。

与词的工丽婉转相比，张充和的这首诗几度换韵，不拘平仄，立意与音节都贯穿着磊落俊迈的男儿气象，正堪与"瑰意琦行"的彭祉卿相配。"又向空山忆故人"当然语涉双关，字面意义之外，还点出已经广为流传的古琴名曲《忆故人》（又作《空山忆故人》）正出于彭氏家传之谱。"当时啸傲见天真"则明明白白地写出了她对彭祉卿的理解——一个真实而率性的人。

查阜西原本什么音乐都爱学，少年时也学过一点昆曲，这时遇到张充和，旧兴复燃；张充和实在太喜欢琴声，也忍不住想弹上几曲。琴家曲人，正堪互授。张充和曾经回忆：

> 可古琴太难了，结果我只学了一首入门的《良宵引》，就没能继续下去。因为第二个曲子就有"跪指"这个指法，我指头受不了。所以，我一辈子只会弹《良宵引》这一支曲子。（采访口述）

张充和曾在聚会时当众弹过《良宵引》。查阜西《坊间杂记》记载，1940年3月9日他与唐兰（1940年初入住杨家大院）、郑颖孙郑慧父女、张充和等乐游之后：

> 既醉饱，诸客退之书室，进咖啡，郑女、张姑相继援琴，弹《良宵引》及《平沙》，余亦鼓《长门》，唱山歌、大鼓，度昆京之曲。

《平沙落雁》这样的中等琴曲应非张充和所能弹，因此文中的次序怕是颠倒了。结合张充和的回忆来看，其时当众所弹当即《良宵引》。查阜西逸兴遄飞之际，写起来难免"不计工拙"。不过，若说张充和真的毕生只会《良宵引》一首琴曲，却又不尽然。查阜西后来回忆，他曾教给张充和弹过一支小曲《耕莘钓渭》。倘若此说无误，张充和至少能弹两曲。

　　张充和学琴粗浅，查阜西学昆曲也差不多。当时与查阜西同学的还有罗常培（莘田）等人。张充和晚年回忆说："他（查阜西）学昆曲是马马虎虎的，没学几个曲子，还不如罗常培。"并调侃自己："我学古琴，和查阜西学昆曲一个样。"（采访口述）不过，从那以后，时不时可见查阜西参与昆曲同期和唱昆曲的记载，可见他虽程度不深，却终究没有白学。

　　张充和曾为查阜西抄过一份《长生殿·弹词》昆曲谱。这是她早年的书法精品，下笔沉着，布局疏朗，满眼空灵之气，更兼唱词直书，工尺斜行，朱色板眼错落，别有妩媚。但最有意思的还是落款"廿九年春二月为阜西先生琴伯抄《弹词》。云龙厂主"，下钤朱文小印"张"。"伯"者尊也，她忽然一改"老查""四哥"的口吻，恭恭敬敬地端出"琴伯"这样的称谓来，女儿家的顽皮心性也便表露无疑了。

　　学习昆曲，让查阜西产生了改进昆笛的想法，并开始以飞机上用的铝制汽油管来试制"七声平均律"昆笛。杨荫浏对这一尝试（杨荫浏写作"七平均律"）一直持异议态度。几年后，两位好友为此打笔仗时，杨荫浏述提及"某次晚餐席上"旧事：

大约是1939年吧，那次席上，有查先生，有郑颖荪（引者按：当作"孙"）先生、彭祉卿先生、张充和女士，罗莘田及丁燮林两先生是否在座，我记不得了。那一次，彭祉卿先生拿出来他所试做的两三支铝质的笛——或者就是查先生做的也未可知，我记不清楚了——其中有一支是七平均律，大家吹来一听，都说难听。查先生还记得吗？（《再谈笛律答阜西》）

纵是争论，也能让人少些寂寞。1939年秋杨荫浏的到来，对查阜西、张充和来说，龙街的昆曲同道便又多了一人，风流便又多了一分。第二年春天，他们演了一场昆剧《游园惊梦》，张充和演小姐杜丽娘，郑慧演丫鬟春香，杨荫浏撅笛，查阜西打板。龙街上的许多老百姓都跑来看，场面热闹极了。演出完毕，查阜西用他那龙街上唯一的照相机给大家拍了一张合影：前排左侧穿着戏服的两位，是今天的主角郑慧、张充和，她们左边的是曹安和，右边是沈从文的夫人张兆和；最前面的小男孩小女孩，是查阜西才上二年级的儿子查意檀（即查克承）和他的姐姐查意楞；把查意楞搂在身前的，是满面春风的母亲徐问铮，她的右侧，是郑德淑与查阜西的大姐查庆云；后排左侧穿着长衫的高个子是郑颖孙，右侧穿着西装的是杨荫浏；查阜西因为刚刚把快门调到自动档，赶回队列，还没站好……

后来成为名作家的汪曾祺也见过查阜西的铝制昆笛。他回忆在云南大学念书时参与老师陶光组织的曲会，特地记了一笔，虽然有些小小的失误：

> 查先生有时也来参加同期，他不唱曲子，是来试吹他所创制的十二平均律的无缝钢管的笛子的……（《晚翠园曲会》）

1941年秋，一次查阜西去晚翠园参加同期，刚试完特制昆笛，年轻的数学家许宝騄（闲若）上前求字，他以清末梁鼎芬的一副联语应对：

> 高楼银烛春花影，短径瑶簪紫竹班。

查阜西仓促间写出此联，当是觉得最为应景，而眼前有此景，心中岂无此境？晚翠园曲会，是许多跌宕人生中不可磨灭的亮色。

六　度长空，一掬见龙泉

郑颖孙煮茶之余，留意搜罗普洱茶的各式烤茶罐，大约收获颇丰，便自号"百䍃斋主"。"䍃"为古容器名，若不说穿，恐怕谁也不知道这里的"䍃"竟是烤茶罐。大凡真名士，但能体现林语堂所谓"生活的艺术"者，几乎无所不精，郑颖孙更是率意挥洒，皆成妙趣。煮茶、搜"䍃"之外，沈从文书信中一再提到他对茶叶的品鉴，而《龙溪幻影》中《抱瓿泉记》一文，又记载了一则他与张充和关于泉水的佳话：

> 呈贡西郊旧有地泉，县令李君右侯酾金筑亭其上，就泉

井砌石如泮，邑人皆称为龙泉。泉甘而冽，独翁、龙女常抱瓮往汲，于云龙庵置巨瓮积泉，可供三日之饮。自就泥炉举火，烹茶享客。客皆知泉为独翁、龙女抱瓮汲来，或为独翁摄影于云龙庵，裸体席地抱瓮，貌清癯道岸，悒悒若有思，为时教部征召独翁正急也。无何，独翁应召飞蜀，龙女悯其烦腻，为擢泉水一罇，畀余以青鸟将去，误致桂林，越一周复飞送巴蜀。独翁得之，深夜自煮，和以祁门红茶，怆然发莼鲈之感，遂谋脱桎梏归龙里，暮月如愿，以偿抱瓮汲泉如故。隐伦为纪兹胜迹，遂更名龙泉为抱瓮泉。

考虑到当时龙街上仅查阜西一人有照相机，因此文中所谓为郑颖孙"摄影于云龙庵"者，很可能就是查阜西本人。镜头里，郑颖孙"裸体席地抱瓮"，固是盛夏光景，却也一派魏晋做派，懒懒散散，无拘无束。难怪他被设在陪都重庆的国民政府教育部征召去后，张充和会"悯其烦腻"，通过查阜西在航空公司的关系，特地给他送去一罇龙泉之水；而他煮茶自品之际，又领悟到张充和长空赠水的深意，终于设法摆脱公务桎梏，回到龙街，再享抱瓮汲泉之乐。《抱瓮泉记》写于1939年9月，应在郑颖孙自重庆归来不久，他收到泉水当在8月，而其时任职于教育部恐怕尚不满一月。

然而，抱瓮汲泉之乐非但未能持久，且很快发生戏剧性的逆转。

1940年1月13日，上海《申报》第七页有《教部编辑〈国乐概论〉》新闻一条：

（重庆特讯）教部音乐教育委员会研究组鉴于国乐方面，学校缺乏相当教材，拟编辑《国乐概论》，供给关于国乐之历史知识与现行音乐材料，介绍国乐理论，略述国乐技术，举凡乐政乐教、乐德、乐制、乐律、乐器、乐谱乐歌、乐章、乐舞，无不罗列在内。现编辑该书之计划大纲，已由陈部长批准。关于编辑事项，除由该组主任郑颖孙担任外，并聘杨荫浏为该书编辑主任，罗庸、朱谦之、唐兰、丁燮林、魏建功、罗辛（引者按：当作"莘"）田、闻一多、彭祉卿、查阜西、程午嘉、张充和等为特约研究员。该书决于最短期间出版。

由是可知，此时郑颖孙已复归教育部音乐教育委员会，担任研究组主任。而担任《国乐概论》一书编辑主任、特约研究员的十多人名单中，住在杨家大院者就有杨荫浏、唐兰、查阜西、张充和四人，往来密切者有罗常培、彭祉卿，已占半数；其余罗庸、丁燮林、闻一多、程午嘉也都可知在查阜西的交游圈之内。这个名单，大约是在郑颖孙、杨荫浏、查阜西共同拟定的基础上形成的。

煮茶，品茗，互为知己，原也不能分别太久。郑颖孙曾被一罇泉水唤归龙街，而一年多以后，张充和终究从不必在职的特约研究员，转而北上重庆，服务于教育部音乐教育委员会。在那里，张充和接触到了一个更大的世界，她的昆曲也使更多人倾倒。

张充和离开不久，1941年11月12日，查阜西全家也从龙街迁出，移居昆明郊区的龙泉镇龙头村，那里正是西南联大、中央研究院历史语言研究所、北大文科研究所的聚居之地,"无意中自然集合而成""当时的一个文化中心"(冯友兰《三松堂自序》)。在此前后,查阜西陆续相识与交往的学者、作家、艺术家有吴文藻、冰心、冯友兰、钱端升、罗庸、李济、梁思成、梁思永、李方桂、闻一多、王了一、老舍、朱自清、任鸿隽、浦江清、陈梦家、游国恩、郎静山、赵萝蕤等等,其中赵萝蕤与北大文科研究所的阴法鲁还成为他的古琴弟子。

昆曲之期仍在继续。追忆晚翠园曲会的汪曾祺则强调了一个细节:

> 有一个人,没有跟我们一起拍过曲子,也没有参加过同期,但是她的唱法却在曲社中产生很大的影响,张充和。她那时好像不在昆明。

曲社同期之外,还有私下交流。浦江清1943年2月7日日记中,有他与陶光去查阜西家"各唱曲数支"(浦江清《清华园日记 西行日记》)的记载。查阜西的昆曲主要学自张充和,浦江清、陶光都是深受张充和影响的曲友,是夜之会,当即汪曾祺所谓在曲社影响很大的张充和唱法。对他们来说,撷笛拍曲固为所嗜,但抑按咏唱之际,又何尝不是一同思念友人的方式?

七 多少欢娱都梦幻

查阜西很想念老朋友们,1944年3、4月间到重庆出差,公务之余,终能与琴友曲友多次聚会。据写于4月7日的《巴山夜雨》

（载《坊间杂记》），4月1日那天，他独自长途驱车，到了青木关镇的国立音乐院，与在此任教的杨荫浏、曹安和午饭后：

> 转至石家沟，晤见郑颖孙、张充和，弹琴一曲，为充和撇笛，歌《刺虎》三折，就充和箧中，选取沈尹默书自作小诗三帧，均精品。充和为抟元宵一瓯，进，大可口，三时即行……

1944年4月26日查阜西《答邮亭老卒书》（载《坊间杂记》）在他与杨、曹"置酒唱歌，纵谈音律，微醺且饱"之后写得更为翔实：

> ……转驱竹林坡下，访百富斋主郑君颖孙、云龙庵主张女史充和。径取壁上琴，挟两主人各弹一曲，复撇笛伴其歌《三醉》、《扫花》以逞快。翻充和行箧，见藏有沈尹默行书精品数十，择尤（优）夺其三帧，又径取充和自临《兰亭》、管竹各一，驱车径行。

这一天到翌日，查阜西旋风般地高密度走访了徐文镜、程午嘉等多位友人，大慰渴想。

张充和作《呈贡杂咏二首呈阜西先生》诗：

> 天南最忆马缨桥，花色迎人楚楚娇。涉水流春春悄悄，白云飞去月无聊。（马缨桥即小溪桥，由我等命名者。）
> 洒阑琴罢漫思家，小坐蒲团听落花。一曲《潇湘云水》过，见龙新水宝红茶。（宝红茶为云南名茶。）

出于格律的需要，诗中将查阜西最负盛名的代表曲目《潇湘水云》改写为《潇湘云水》。张充和一定听查阜西弹过很多曲子，却独独拈出此曲，既是写实，也有致敬的意味。而在读了《龙溪幻影》之后再看这两首诗，可以发现其中处处散落着熟悉的字词与相关的意象。《锄月桥记》《马缨桥记》《流花桥记》之于第一首，《抱瓮泉记》之于第二首，皆堪作笺注。

查阜西和有《次充和怀旧韵》诗两首：

萍踪一聚小溪桥，风月妍如越女娇。多少欢娱都梦幻，狂歌纵酒总无聊。

群山飞渡过君家，不忍援琴奏落花。百结愁肠无一语，挑灯却坐试新茶。

在给留在苏州的弟子庄剑丞去信详细讲述古琴活动与见闻时，查阜西抄录了这四首诗，并特地说明：

诗里"百结愁肠无一语"之句，是一段奇剧，请你们切莫乱误会。樊伯炎的妹妹诵芬知道充和，而且有深交，见他时你们是（自）然晓得。诵芬现在重庆，是充和曲友，时常见面的。假如和伯炎有详细的通信，也许会谈到充和，因为伯炎也认识瞿安先生，都是一门弟子也。

时至今日，"奇剧"为何已无从知晓。樊伯炎是画家、作曲家、琵琶家樊少云之子，也是张子谦的古琴弟子。"瞿安先生"即吴梅。

一般说来，和诗会因步韵而约束内容，抒写相似的回忆极易雷同。查阜西的两首和诗的确不算是上乘之作——他自己也未尝留存，反映的感情却是真实的，甚至即便是内容重复，也不乏反复追寻回味，以求获得新的精神力量的潜在需求。细微处也略具新意。如张诗"琴罢"之后"小坐蒲团听落花"一句中的"落花"，是真正存在的"落花"；和诗中"不忍援琴奏落花"的"落花"，显然是一首琴曲（也许指查阜西擅弹的《梅花三弄》，但难以肯定）。这样落笔，不能不说是一种巧思。

更值得注意的是"多少欢娱都梦幻"的况味，与《龙溪幻影》这个题目的感情是一脉相承的。《龙溪幻影》这个题目，查阜西自注题于1940年，很可能是郑颖孙、张充和两位主角刚刚离去后所写。《呈贡杂咏二首呈阜西先生》《次充和怀旧韵》作成于1944年春，距离龙街之游也不见得多久。逝去的时光如此之快地成为缅怀的对象，只能说那段良辰美景、赏心乐事是何等的牵绊人心。"梦幻""幻影"这样的字眼，真实地写出了他们尤其是查阜西自己的内心。除了文字，查阜西在立意上也处处追摹张宗子，但还是有所不同。张宗子最初在享受欢乐时绝无有朝一日会失去这些的担忧，他的"梦忆"与"梦寻"，是在繁华落尽、百转千回之后遥遥地梦回往事；查阜西的"梦幻""幻影"，却是享受乱世中偷来的岁月静好时已觉奢侈，心怀彩云易散的隐忧，一旦梦醒，更觉惘然。

八　万里寄寒泉

1944年，第二次世界大战的形势彻底扭转，同盟国开始着手胜利后的重建。次年春，中国向美国派出了一支由10人组成的考察团，查阜西作为刚刚组建两年的中央航空公司副总经理，受命参与，负责考察美国的民用航空事业。然而，"与某方之合作计画甫成，而政府合资政策突变，来电婉谢，于是功告垂成"（查阜西致陈梦家、赵萝蕤书，1945年11月17日）。但这次政治上失败的旅行，却是成功的古琴之旅。此前，美国曾出现零星的古琴活动，但引起一定反响的正式演出，却只有1938年10月到次年5月间中国文化剧团在美巡演时卫仲乐的演奏。查阜西的到来，为久已消歇的琴韵再展新颜。在差不多一年的时间里，他在波蒙纳（Pomona）学院、加州大学伯克利分校、俄亥俄州音乐学院等高校，美国国会图书馆、美国音乐家协会、美国国家地理协会等机构举办古琴演出与讲座；在美国国会图书馆鉴定古琴，拍摄了"七百余尺、都五百余卷（引者按：七百余尺胶卷不可能有500余卷，应是50余卷）"的古琴文献正片，并留下《潇湘水云》《普庵咒》《梅花三弄》《忆故人》《鸥鹭忘机》《渔歌》录音；接受《华盛顿邮报》、《时代周刊》的采访；与陈梦家、高罗佩、赵元任等故友相逢，赵元任还要他"将《潇湘》在其家中亲自制留蜡片"（查阜西致陈梦家、赵萝蕤书，1945年7月31日、11月17日）……其间所用的古琴，就是宋琴"寒泉"。

这次赴美，查阜西原本没准备带琴，"来时因Dr. Van Gulik（引者按：即高罗佩）之敦劝，故将宋琴'寒泉'随身携带"（查阜西致陈梦家、赵萝蕤书，约1945年初夏），但1946年4月底他启程回国时，因为行李太多（其中大部分是摄影器材，他原本便是摄影发烧友，这时出于对政治的失望，颇想回去后以备开照相馆为生），便将"寒泉"盛以琴匣，寄存在国会图书馆的友人处，留待日后再取。

其时抗战已经胜利，国共双方正在"和谈"，和平建国的气氛极其浓烈，绝大多数人都对未来的生活充满了期待与热情，颠沛半生的查阜西也一样。他开始重新整修在苏州南园的"后梅隐庐"，扩大面积，种下许多美国带回的花草种子，在盘门东大街的张氏花园订了不少果树苗栽在后院。1947年6月，他将张充和七年前抄的昆曲谱《长生殿·弹词》精心重裱，并请友人、同事、也是琴人的吴鹤望署签。

生活好整以暇，似乎焕然一新。朋友们也都陆续归来，各安所居，一如从前。

张充和常去后梅隐庐。那时，沈龙朱跟母亲张兆和在苏州一个学期，又成了查家常客。在这里，他看到四姨弹琴（《水》复刊第37期）。查阜西的摄影技术也派上了用场，给她拍了许多照片。《八声甘州》词中"重招梅隐"一句，就是指这段时光。

查阜西去观前街，必定路过张充和家，也会去坐坐。张充和回忆：

> 他这个人很可爱，又昆乱不挡，什么都会，还会装苏州男人的小腔，因此每次一来，我家上上下下都喜欢，佣人们看到他高兴，太太们看到他也高兴。（采访口述）

这可真是一个鲜活的查阜西的形象。由此也可以想象，为什么查阜西能与雅如张充和彼此欣赏、野如彭祉卿交同莫逆。他是有经历也有性情的人，既不老于世故，也不流于任性，始终保持着那么一分可贵的天真。

但内战还在酝酿，渐渐不可避免。查阜西也受到共产党中的老友李维汉的关注以及连襟柳湜、小姨徐鸿夫妇的动员，重新拾起了青年时代的共产主义理想，在中共上海情报委员会书记吴克坚的领导下工作。不过，一开始他缺乏这方面的经验，张充和又是极亲近的人，一次竟给张充和看出了端倪。他叮嘱了一通，从此更加谨慎了。

人生的因缘际遇真是不可思议。19年前在大动乱中与党组织失去联络时，查阜西肯定没有想到会在这个时间这个形势下"归队"。同样，1945年查阜西在加州大学伯克利分校弹奏"寒泉"时，他也不会想到，听众中有一位德国犹太裔的学术世家子弟Hans Hermannt Frankel，将会在三年以后改变张充和与"寒泉"琴的命运。

1947年中秋后，张充和应邀北上，到北大教授书法与昆曲。假期间，她曾回苏州小住，也必去后梅影庐。定居苏州的湖南琴人李伯仁，1948年2月29日日记中就有在查阜西寓所听张充和唱自度曲的记载，并评之曰"清婉绝伦"（《玄楼日记》第13册）。就差不多在此前后，她认识了正在北大西语系执教的Hans Frankel，于11月19日结婚。一个月后，他们南下，从上海远赴美国。后来，Hans Frankel从事汉学研究，张充和给他改了一个中文名字：傅汉思。

深交10载的"四姐"结婚，查阜西自然要送上一份不寻常的礼物。他肯定想起了张充和学琴的往事，也许还想起了已于一年前将抗战中常用的"绿绮"琴赠给了中学时代的恩师、学者王易，同时又觉得两年前未将"寒泉"携回似有天意……他告诉张充和：你们到了美国，去国会图书馆找我的一位朋友，我存放在

289

他那里的古琴"寒泉"，就是给你们的结婚礼物！

许多年以后，张充和说起收到的最佳结婚礼物，凡三件，第一件便是"寒泉"。

九 宋琴寒泉（上）：琴名辨正

欲说"寒泉"，得先从"响泉"说起。《今虞琴刊·古琴征访录》著录了查阜西当时所用的古琴七张：漱玉、九霄步虚、雩风、雪夜冰、响泉、长风、潜泉。其中对"响泉"的介绍大致是：仲尼式，形体适中，桐梓面底，细牛毛断纹，声音松透，玉轸，腹款为"乾道四年紫阳朱氏藏"、"光绪十二年云闲重修"。又据查阜西1959年在《桐梓流声录》中所记，此琴系在上海购得，年份应在1927至1937年之间。

这张"响泉"，就是查阜西赠给张充和的"寒泉"。

张充和曾不止一次为此更正。1971年9月，她写信给编印《琴府》的香港琴人唐健垣，寄去了"寒泉"琴名的拓片，并作说明。唐健垣将之影刊于《琴府·近代琴人录》中。70年代，英国汉学家、音乐学者、琴人毕铿（Laurence Ernest Rowland Picken）常去耶鲁，一次在张充和处见到"寒泉"，想起了抗战末期在重庆与查阜西的交游。张充和又特拓"寒泉"二字并题跋：

"寒泉"琴，著录见《今虞琴刊·征访录》（误书"响泉"），查阜西先生来美演奏时所抚之琴，后存国会图书馆约二年。1949年阜西以此琴相赠。阜西已归道山，令Picken

先生见此琴相对叹息。拓此并志。

90年代前期，查阜西的琴歌弟子沈德皓初到美国，拜访张充和后写了一篇《不寻常的结婚礼物》，说：

> 接着，张女士又拿出珍本《今虞琴刊》，指着其中刊印为"响泉"的琴说："就是这张琴！不过，印错了，不是'响泉'，应是'寒泉'。"我想，能够指出此处编印的笔误者，如今也唯有张女士一人了。
>
> ……同时，（张女士）也提到如有机会，希能把《今虞琴刊》中的"响泉"正名为"寒泉"。

文章在《今虞琴刊续》发表时，也同样刊出了琴名的拓片。也就是说，数十年来，张充和始终认为《今虞琴刊》上著录此琴为"响泉"是"误书"、"印错"。

但事实恐未必如此。

首先，查阜西1959年所写《国庆十周年藏琴记数》提到："抗日时挟一琴飞滇，后命名'寒泉'……"路过成都时与琴友裴铁侠会面，裴铁侠对查阜西的琴不够满意，送了一张"绿绮"。《桐梓流声录》也说"绿绮"为"1937裴铁侠赠"。由此可知，这张琴命名为"寒泉"，是1937年抵达云南之后的事。在此之前，这张琴必当另有琴名。既然能肯定这是同琴的异名，那么查阜西"飞滇"前，这张琴的名字应该就是"响泉"。《今虞琴刊》正好是在1937年11月上海沦陷前后出版的，所记录的是此前的情况。

其次，查阜西曾经提到他最早的两张琴"良塘"、"馨音"，并非琴上镌有名字，而是他自己的"追名"，即失去之后用来称呼的琴名。与之类似的，应该还有"拟名"，即为正在用的琴拟了一个名字，却始终没有刻到琴上去。《今虞琴刊》所记的"响泉"，应当是查阜西的拟名。有可能是他得此琴不久，尚未及将琴名刻上去。

1942年1月25日，查阜西曾写《修琴纪实》（载《坊间杂记》）一文，几次提到"云闲僧所修乾道四年紫阳朱氏琴""今紫阳朱氏琴借赵萝蕤女士""云闲宋琴"；1944年4月26日查阜西《答邮亭老辛书》提到"宋琴响泉"——可见到此刻，"寒泉"一名还是没有出现。

第三，《琴府》在"寒泉"拓片旁有注云："此二字绝似黄体，极逼真庭坚。"查黄庭坚《松风阁帖》，正有此二字，与琴上所刻几乎完全一样，唯一不同者是"寒"字起笔的一点与下一笔相连。毫无疑问，"寒泉"的琴名正是从《松风阁帖》中集得的，镌刻时抹掉了连笔。从《松风阁帖》无"响"字还可以推测，查阜西最初可能仍想用"响泉"，但在仓促间找不到堪可匹配的"响"字，只得从《松风阁帖》中截取了"寒""泉"二字。从此曾拟名"响泉"的宋琴，刻上了"寒泉"的新名。这大概是1944年4月底至次年春查阜西赴美之间的事。

由此也不妨衍生出两个疑问：其一，查阜西为什么一定要用《松风阁帖》？须知乱离之际虽无检阅大量碑帖的条件，却未必集不到同一出处的"响""泉"二字。较为可能的推测是，查阜西作为江西修水人，肯定知道黄庭坚是自己的同乡先贤，他选择从《松风阁帖》中集字，本身便是有意赓续前贤风流的一种象征性行为。其二，有无可能是"响泉"琴名已经刻好，查阜西却不满意，补漆后换刻了"寒"字？也不然。因为"寒"字之下，并无补漆的痕迹，而它周边的断纹，也没有因补漆而突然中断的现象。

因此，《今虞琴刊》上的"响泉"，当非"误书"，也毋须正名。

十 宋琴寒泉（下）："蟫山琴士韵泉顾氏"考

兹在《今虞琴刊》的基础上作进一步介绍。"寒泉"通长122.5厘米，有效弦长112.5厘米；琴额上宽16.2厘米，下宽15.6厘米；琴颈较唐琴为短；琴肩约当2徽半，较耸，宽19.5厘米；收腰在近8徽至过10徽之间；琴尾宽12.8厘米；面板弧度略圆，低头不甚明显；岳山略低，琴弦与琴面较近；边沿厚度：肩中为4.9厘米，尾部为4.3厘米。整个琴体显得极为秀润。琴身髹黑色漆，因经修缮，间有朱砂；蚌徽；琴背开长方池沼，龙池纳音基本铲平，池沼内木质已呈金黄色；琴名刻在龙池上方9.5厘米处，馀无铭文；两个护轸曾脱落或换过，显经重新安装。断纹非如《今虞琴刊》所记细牛毛断那样简单，而是琴面以小蛇腹断、小流水断为主，略起剑锋；琴背以细牛毛断为主，间有流水断、蛇腹断；面底局部有多处产生"梅花头"；琴额有冰裂纹。通体造化天然，美不胜收，而并不影响左手走弦。试弹之下，其音色温润醇厚。综合考量它面桐底梓的材质、木料的年代、制作的风格与工艺、漆面断纹的多样性（尤其是具有较为少见的梅花断）等等要素，"寒泉"的确具备南宋时期古琴的很多特征，查阜西定为宋琴是合适的。

"寒泉"琴腹内有墨书,龙池右侧为"乾道四年紫阳朱氏藏",左侧为"光绪十二年云闲重修",凤沼右侧为"蠙山琴士韵泉顾氏监修",三处墨色较新,笔迹接近,显然是一次所书。"乾道"为南宋孝宗年号,乾道四年大致相当于公元1168年,"紫阳朱氏"为大学者朱熹。历史上的朱熹不仅是琴人,也是比较重要的琴学家,有琴学论述及琴铭传世,镌有他名号的琴也不时可见。不过,"寒泉"虽是宋琴,要说是朱熹的旧藏证据还不足,当然也不能轻率否定——即便是琴腹内年款的墨色晚近亦不能说明问题,因为当初修缮者自有依据也未可知。对此暂时存而不论,也许是比较审慎的态度。

值得特别探究的是"光绪十二年云闲重修"、"蠙山琴士韵泉顾氏监修"。巧的是,"寒泉"并不是如今可知的唯一有如此腹款的古琴。1919年苏州怡园琴会刊行的《会琴实纪》卷六《琴考》记载:

虎阜梵音,仲尼式,细蛇腹断纹。湘西吴兰荪家藏。龙池内刻"光绪十二年云闲重修,蠙山琴士韵泉顾氏监修"楷书,琴背刻有"虎阜梵音"四字。又刻题识一篇曰:"此琴声音清越,以廉值得于吴市,知为云闲开士重修,故合法度。从来良材非遇良工,亦复湮没不彰。因以'虎阜梵音'名之,不忘所自也。戊午天贶节湘西吴建识。"

吴兰荪与查阜西交厚,两家住处临近,查阜西也许见过"虎阜梵音"。云闲,他们当然都如雷贯耳,那是晚清著名的广陵派琴僧，又名空尘、枯木禅，江苏如皋人，著名的宗仰上人、杨时百都是他的再传弟子。他刊行过自撰的《枯木禅琴谱》，往来于大江南北，到1912年才去世，算起来还是很近的人物。光绪十二年为1886年，这是"寒泉""虎阜梵音"最近的一次修缮年份。

但"蠙山琴士韵泉顾氏"显非名流，查找匪易，却未必毫无头绪。《今虞琴刊·古琴征访录》还著录了一张梧枝斋藏的元末朱致远所斫仲尼式"鸣玉"琴，有"光绪丁亥顾韵泉修"的款识。"光绪丁亥"为光绪十三年，正值监修"寒泉"、"虎阜梵音"二琴的后一年。再从地名措手，考察"蠙山琴士"的"蠙山"。显示云闲与"蠙山"密切关系非仅见于琴器，也可见诸光绪十九年的《枯木禅琴谱》，其中正文首叶与"古吴释空尘云闲著"并列的，就是"嘉禾钱发荣恒甫订"、"蠙山朱敏文时飘选"。"嘉禾"不难知为嘉兴，但"蠙山"却多为研究者所回避。其实，"蠙山"即今江苏省如东县县城所在地掘港镇，旧属如皋县，称掘港场。其地旧时临海，"蠙山"得名亦缘乎此；"蠙"即"玭"字，为蚌珠之属。《如皋县志》载邑人黄端《蠙山赋》：

（蠙山）一名蚌螯山，在场（引者按：指掘港场）西北之茸上，土人取蚌螯，弃壳海滨，累积成山，高十余丈，上耸一峰，望之若浮峦孤屿出没于云涛中。

这是掘港又名"蠙山"之由来。又据说凡有文人处，无不有"八景"，掘港也不例外，旧有所谓"蠙山八景"，"蠙山晓日"即为其一，登蠙山看日出是也。

295

掘港素有琴学传统。清代著名的《自远堂琴谱》卷首张敦仁序后的乔锺吴跋云：

> 维时工斯艺（引者按：指抚琴）者，若金陵吴宫心、蟛山吴重光、曲江沈江门、新安江丽田等，汇集维扬……

这里的"蟛山吴重光"，就是如今见诸记载的掘港早期琴人。

地方志的相关记载，也能与"寒泉""虎阜梵音"琴腹款识及《枯木禅琴谱》等文献内容相印证。《掘港镇志》卷二十三《文化》所列明清以来文苑人物中，虽无顾韵泉，但有云闲，注为"同治间东林禅院僧，冷泉之徒"；而他的师傅冷泉"号昆朗，俗姓顾，咸丰时人，东林禅院僧，工琴韵律"，似乎也提示了重要的考察方向。

琴人王生香、梅曰强递藏的"霜天铎"琴，最终揭出了"蟛山琴士韵泉顾氏"的名字。王生香《金陵访琴录》载"霜天铎"条：

> 落霞式，长三尺八寸一，肩面弧长五寸九，肩底宽五寸五，岳内高四分，外高五分二，龈高五厘，厚五分，面硃色，侧及底黑色，岳龈轸足皆铁梨木，蚌徽，长方池沼。池内墨书"大清光绪癸巳，蟛山琴士韵泉顾沂得古杉于珠峰寺，斲成琴并附记于内"，右十五字，左十四字。沼内墨书行书四行云："余至句曲山，道经湖熟，遇琴友月夜操琴，忽霞从屋后落，迹之，得古杉焉，仿古斲成落霞琴一张，某

某自为记之矣。"字多模糊，间有以意揣者。木质颇轻，音韵苍松而透，因名命"霜天铎"，并集《曹全碑》刻于池上，时癸巳秋月，距斲琴时已六十年矣，时光如流，人寿几何，抚弦动操，不禁感慨系之。（顷见一琴，与此琴完全相同，但彼为纯黑色耳。）

由是可知，这位号"韵泉""巘山琴士"者名为顾沂，清光绪十九年癸巳（1893年），他在去茅山（句曲山）时途经南京湖熟，于珠峰寺得古杉而斲成落霞式琴一张，并在池沼内墨书记下斲琴始末。整整六十年后（1953年），王生香才将此琴命名为"霜天铎"，并载之于书。"寒泉""虎阜梵音""鸣玉""霜天铎"，顾沂修琴、斲琴的材料，已尽于此。

可以说，宋琴"寒泉"在一百多年里见证了云闲与查阜西的薪火以继，查阜西与张充和的知己相托。文化血脉就是这样一代代传承下来的。正如张充和亲手为"寒泉"做的精美琴囊，固然是珍惜宝物、感念友人，可又不仅止于此——她的点点滴滴，都"体现着中国文化中那最美好精致的部分"。（傅汉思语）

十一　喜佳音万里，故人犹健

张充和结婚、南下、赴美之际，正是国民党军队在战场上节节败退、共产党地下活动形势严峻的时段。她不会想到，当查阜西告诉自己怎样去取"寒泉"的同时，一辆吉普车默默地停在苏州北局的祥生汽车出租公司里已近一年了，16岁的少年查克承已然练就一身娴熟的驾技，做好了随时带上全家开车转移的准备，还暗藏着一支父亲给他的比利时造F&N牌手枪。但在这历史的转折关头,两位好友也许都知道,彼此正在承担与将要迎接的是不同的命运。

这是他们的最后一次见面。

没多久,新中国建立起来了,憧憬这一天已有二十多年的查阜西却不能欢呼——他正在香港默默地从事着中央、中国两家航空公司的起义说服工作。一个月后,两航百余架飞机宣布起义,11架飞机北飞,震惊一时。立下大功的查阜西在三年后只保留了一个民航局顾问的虚衔,正式转行,从事古琴音乐的专业研究,去实现他青年时代的梦想。

50年代初,琴人们时时面临着一种尴尬的无奈。古琴顶着"封建士大夫""孤芳自赏"的帽子,在文艺"为工农兵服务"的时代里显得多余甚至尴尬。琴人们非但得不到重视,还不时因细故陷于困窘,甚至有家破人亡者。查阜西和他的琴友们尽自己的所能,证明古琴能服务于新社会,以此保存古琴种子。在民族音乐研究所的领导下,他与溥雪斋、张伯驹、汪孟舒等友人发起成立了北京古琴研究会,利用首都的地缘优势,借助自己的社会地位,又使北京古琴研究会以一个特殊的地方性古琴民间组织,成为了事实上的全国古琴研究中心。

从1953年起,查阜西在吕骥的支持下,以民族音乐研究所的名义发起全国琴人为现存最早的古琴文字谱《碣石调·幽兰》打谱,随后又为《广陵散》打谱,并为改善各地琴人的生活待遇与社会地位而奔走。1956年,他带领许健、王迪对全国琴坛进行了有史以来的第一次普查。他们以实地走访为主,通信联络为辅,采访了20个地方86位琴人,录下了演奏时间超过两千分钟的262

首琴曲，并征集到了多种珍罕的古琴文献。这次采访抢救所得的音响资料成为最珍贵的一笔古琴音乐遗产，也为后来的古琴学习与研究奠定下坚实的物质基础。

查阜西还留下了大量的琴学著述：他将琴人们关于《碣石调·幽兰》打谱的学术通信与资料汇编为《〈幽兰〉研究实录》（三册）；从古代琴籍中辑录出《传统的造琴法》《传统的造弦法》并作校注；他主持编纂了两部共计两百多万字的大型古琴工具书《存见古琴曲谱辑览》《存见古琴指法谱字辑览》；领导编写搜集历代两千多琴人资料的《历代琴人传》（六册）；将六朝到民国千余年间的142部琴谱汇编为《琴曲集成》（30册），并给每一部琴谱撰写了提要；他将自己擅弹、打谱的8首代表曲目汇编为《照雨室琴谱》，将挖掘、整理的琴歌汇编为《琴歌谱》；与沈草农、张子谦合作撰写古琴普及读物《古琴初阶》；而他研究琴学的心得，则结集为约70万字的《溲勃集》《溲勃别集》等。

这庞大的成果，绝大多数完成于"文革"开始前的14年之内。虽然在获取资料极为便利的如今看来，其中颇有进一步修订、增补的余地，但在当时的历史条件下，查阜西对总结琴学传统、重建现代琴学的开拓之力、奠基之功仍然无可替代。可以说，几乎每一个弹琴、爱琴的人，都或多或少、或直接或间接地受过他的恩惠，鲜有例外。即便在五六十年代的海外琴坛，琴人们对此也是了解的，当然也包括张充和、饶宗颐。有意思的是，饶宗颐的重要论文《宋季金元琴史考述》刚刚发表，查阜西便注意到了，并复制留存。

查阜西也曾偶尔得到张充和的零星消息。1960年夏他有西南

299

之游，6月9日在贵阳见到了张充和的弟弟张宗和。日记说：

>……又言四姐与傅汉斯伉俪甚笃，已有子女各一，赠其阖家照片一帧，似父母子女乐融融也。

这对惦念故友的查阜西，无疑是感到欣慰的消息。

"文革"期间，海外的华人知识分子普遍弥漫着一种为故国与文化的沉沦而感伤的情绪，在赏心乐事之际尤其如此。如张充和的友人余英时在为《周有光百岁口述》作序时提到：

>大概是1968年，充和到哈佛演出《思凡》、《游园惊梦》。那时大陆上"文革"正进行得如火如荼，所以我在赠诗中有"不须更写还乡句，故国如今无此音"之句，表达了一时的感慨。

本文开头所引饶宗颐写于1971年的《一寸金》，小序讲完缀谱吹笛的风雅，便以下句作结：

>临睨故乡，寸寸山河，弥感离索矣。

由此也就可知，饶宗颐在耶鲁时期的落寞与孤独，并不全是一己之感受，也有文化母体面临崩塌沦丧的迷惘和感伤。而查阜西在"文革"初的遭遇，他与张充和无疑也略有了解。因此，他们的《八声甘州》酬唱，固然是在感念私谊，推重查阜西的琴学贡献，同时也是在为斯文的丧尽唱一曲挽歌。

但他们没想到的是，当时查阜西还在人世。

"文革"后期，中国大陆的社会状况逐渐趋向平稳，许多人与海外亲友也都恢复了联络。1974年，张充和得到了查阜西还在世的消息，"喜极"，再赋《八声甘州》：

闻阜西尚健在，喜极，依前韵。

度长空、一掬见龙泉，泠然忆清游。喜佳音万里，故人犹健、疑谶都休。拟买吴侬软月（阜西有"湘水西流囚楚客，大江东去作吴侬"句），重泛石湖舟。往事分明在，琴笛高楼。　容许荒烟塔左，听楚云、秋梵、渔唱悠悠。把劳生万事，尽撇下眉头。料依前、落梅庭院，只星星、华发镜中浮。挑灯句、自来搔首，不畔牢愁。

"度长空、一掬见龙泉"句，当即《抱瓮泉记》所谓"龙女悯其烦腻，为攫泉水一罇，畀余以青鸟将去，误致桂林，越一周复飞送巴蜀"的旧事。"石湖"在苏州西南，是查阜西、张充和的旧游之所。"荒烟塔左"的"塔"指瑞光塔，后梅隐庐正在瑞光塔之东，当时瑞光塔周边皆为番薯地，人烟稀少，故谓"荒烟"。"挑灯句"自然是指辛弃疾的名句"醉里挑灯看剑"，既点明了查阜西怀有辛弃疾一样的报国之志，又暗指"可怜白发生"，与前一句"只星星、华发镜中浮"呼应。"不畔牢愁"则是相对饶宗颐《八声甘州》词末句"与畔牢愁"而言——"阜西尚健在，喜极"，"牢愁"也就一扫而空了！

十二　尽艰辛事事，不挂上眉头

1976年3月，81岁的查阜西在家中收到了曲友、张充和二姐张允和一封信，信里附有张充和亲笔抄录的两首《八声甘州》，末行是一句中规中矩的套话，却满是俏皮的神色："阜西四哥/嫂同粲。充和。"几天后，张允和、张寰和姐弟来看望他了。

与充和多年音尘隔绝，老人纵然迭经劫波，此刻也必然心潮澎湃。然而，想说的话越多，落在纸上的越少。3月27日，他给张充和写了一封简短的信：

……您的《八声甘州》，环诵多次，觉情词瑰丽，又胜当年多矣。数日后二姐又偕环（寰）和弟同来，使八十老人感到激动，很想即时赓和，奈老年迟钝，只合候他时再献丑矣。我病后只星星华发老态龙钟，余皆无恙，临风揾泪……

虽未能赓和，查阜西还是将词重抄了一遍，并加注：

（一）阜西苏州寓门额上署"（引者按：此处脱'后'字）梅隐庐"；（二）"湘云""楚云"指《潇湘水云》，"秋梵"为《普安咒》，"渔唱"为《醉渔唱晚》，"搔首"为《搔首问天》，皆琴曲名；（三）"见龙泉"在云南呈贡。

4月15日左右，查阜西又接到当月5日的张充和复函，这次他了解了更多的张充和、傅汉思在美国的工作与生活情况，也第一次知道了三十年前他在加州大学伯克利分校弹琴时,傅汉思便在听众席中,且认为他的弹奏"入定"而富"美态"——当然这是傅汉思修习汉学之后所采用的词汇。张充和也告知,当年的滇中旧游里,陶光、李芋龛都已经去世;最近,她的昆曲学生陈安娜(即吴陈安娜)将有北京之行,准备让她去看望他……5月14日查阜西作复,信末说:

> 来书已几度回环阅读,兜来旧游光景欲骋宣笔下,竟衰不能作,今仅简复,而且迟延,十分抱歉,以后决不使邮鸿断息耳。

延缓整月始作复,可能还是想和《八声甘州》词,却"衰不能作"。衰年的查阜西终究没有留下和词。

这两封信有两句话极其相似,也格外动人:一句是"环诵多次",一句是"来书已几度回环阅读"。那样反复读词和信,是怕遗漏了任何信息,是想对友人的情形不厌其详地了解,而这样急切、深情、细腻的读信人,竟是一位历尽沧桑、"老态龙钟"的"八十老人"!

写完第二封信的一周之后,查阜西便因忽发脑溢血入住空军医院,时而清醒时而昏迷,终于8月10日去世。

7月底,陈安娜抵达北京,正要去看查阜西,唐山大地震发生了,北京全城惊惶不安。作为外宾,她被要求紧急离境,错过了见查阜西最后一面。1978年,她再到北京,替老师探视了"四嫂"、查阜西的妻子徐问铮。

第二年,66岁的张充和也回到了阔别30年的故土。欢迎席上，徐问铮取出了着色红梅图一轴，画端录《临江仙·咏蜀中桃花鱼》一首，落款为"丁亥秋充和为后梅隐折枝并录此"，正是当年张充和北上前夕所绘。32年过去，她为查阜西折入画中的这一枝疏影，鲜妍如新。

得知故人去世的消息后，张充和迭经修改，为查阜西写了第三首《八声甘州》：

> 悼阜老
>
> 正丁宁休怠、鱼鸿相招故国重游。怅泠泠七弦，凄凄一代，千古悠悠。渺渺天西望极，欸乃起渔舟。惟有忘机友，远与波浮。休论人间功罪，叹生生死死，壮志难酬。把琴心剑胆，肯逐向东流。迓余辉、晴空照雨，待谱成十万灿神州。抚新词、临风缄泪，寄与闲鸥。

这首词的起首与结尾，都化用了查阜西来信中的话（"以后决不使邮鸿断息""临风揾泪"），以为呼应。在下阕前半，用"琴心剑胆"这一指代文人士子的常用语概括查阜西的一生，也极为合适，因为查阜西既有文化上的情怀与抱负，又有革命救国的志向与实践，虽然"壮志难酬""逐向东流"。下阕后半中的"晴空照雨，待谱成十万灿神州"不仅嵌入了查阜西的室名"照雨"，也充分肯定了他的努力泽被后世。

三首《八声甘州》中，这第三首改动最多，其实初稿亦好，尤以"尽艰辛事事，不挂上眉头"一句为佳。大约第二首有一句"把劳生万事，尽撇下眉头"，为避雷同嫌疑才作了改动。但"劳生万事"与"艰辛事事"内涵有别：在"荒烟塔左，听楚云、秋梵、渔唱"，自然不必牵挂"劳生万事"；总结一生，不以"艰辛事事"为意，才更见"襟怀落落"——正如查阜西晚年的一张照片上，他沉浸在翻检与著述的快乐之中，脸上流露出发自内心的温柔与沉着，好像一生都没有任何波折，好像此刻不在逆境，好像他的探索之旅才刚刚启程。

张充和作文纪念书法恩师沈尹默，起句便是"数十年来每在洗砚时都会不能忘记尹师，所以必得从此开始"。为查阜西作的这三首《八声甘州》词，原也必得从"寒泉"琴开始的。

附记：

本文依据的图书资料按面世时间依次为：《松风阁帖》、《枯木禅琴谱》《会琴实纪》《今虞琴刊》《苍洱之间》《申报》1940年1月13日、《玄楼日记》第13册、《如皋县志》《金陵访琴录》《琴府》《三松堂自序》《查阜西琴学文萃》《今虞琴刊续》《汪曾祺全集》第6卷、《清华园日记 西行日记》（增补本）、《曹安和音乐生涯》《沈从文全集》第18卷、《掘港镇志》《周有光百岁口述》《浦薛凤回忆录》《饶宗颐二十世纪学术文集》第14卷、《水》复刊第37期、《杨荫浏全集》第5及13卷、《曲人鸿爪》《张充和诗书画选》《湘籍琴家李伯仁研究（湖南师范大学硕士学位论文）》《醉琴斋诗选》。文中引用了查阜西、张充和的一些未刊著作手稿（含信札），其中查阜西致陈梦家、赵萝蕤伉俪的一组手札系北京方继孝先生于数年前影印见示。我还直接采访了郑慧、查克承，间接采访了张充和、陈安娜。在此一并致谢。

张充和为查阜西所写的三首《八声甘州》，后来均经修改，

305

形成了两个版本。由于查阜西所见的前两首是最初版本（这两首后来的改动也小），即为本文所引用；但第二首下阕漏一字，不合词格，又以最终版本补之。文中所引第三首则为定本。对照最初版本可以发现，第三首下阕除末句几乎全改："底事狂歌纵酒，行吟泽畔，阶下成囚。尽艰辛事事，不挂上眉头。灿余辉、夕阳无限，待谱成十万尽离愁。抚新词、临风缄泪，寄与闲鸥。""行吟泽畔"句首也同样漏一字。

我还想解释一下本文第五节所引的张充和、查阜西的四首唱和诗以及查阜西书札片段的来历。约六年之前，某旧书网站有位上海书贾拿出一册硬面笔记本来卖，叫价18000元。这册笔记本系庄剑丞所抄，封面上写有"琴人书札"四字，内文是用蓝黑墨水的钢笔抄成，凡93页，最末是庄剑丞去世后师友的挽联。我联系卖家，请他将目录开了出来，竟然多达155通，某些书札他还标出了时间和起首的几个字。这批书札起自1935年，终于1944年，正好是今虞琴社酝酿成立到抗战胜利前夕的一段时间；看收信人，大部分都是庄剑丞本人，也有写给今虞琴社及彭祉卿、查阜西、周冠九、张子谦等人的；看寄信人，查阜西最多，张子谦、吴景略次之，其余琴人不下三十。庄剑丞作为查阜西最器重的弟子，也是处理社务的重要助手，"浦东三杰"是今虞琴社的核心人物，周冠九在苏州的寓所一度曾是今虞琴社的社址。由此可以初步判断，这本《琴人书札》可能是庄剑丞为了携带、翻检方便，将琴人往来的书信集中抄录，作为琴社的工作档案留存的。

《今虞琴刊·艺文》选录了徐立孙、邵大苏、汪孟舒、郑颖孙等来函及查阜西、彭祉卿去函，我将那位卖家标出的某些书札的时间、作者、起首数字与之对照，发现目录中汪孟舒的一通可能与《今虞琴刊》上那通同为一函，也就更加印证了先前的推测。《今虞琴刊》在琴人书札后有编者按语云："本社承各地琴人，源源赐教，鱼书雁讯，满目琳琅。兹为篇幅所限，仅录数通，以见鳞爪，余悉什袭珍藏。他日或当专印琴人书札，藉志此一段因缘也。"既然有"专印琴人书札"的计划，那么这本笔记可能就是为此准备的。若以每页500字计，全本近5万字，颇为可观。与张子谦《操缦琐记》一样，《琴人书札》不仅对如今仍在活动的今虞琴社价值非凡，也堪称现代琴坛的重要史料。

与卖家的沟通并不顺利，要价也升到了两万。其时我正在编订《徐立孙先生琴学著作集》，便提出以100元一通的代价，复印其中徐立孙的两通，被拒绝。此后偶尔看到卖家将书札目录放在网上招徕买主，几年忽忽便过去了。一年半以前，经友人催促，又向卖家问起，云已售出，且在不久之前。这便是我与这本《琴人书札》的微不足道的因缘。

最初卖家曾贴出几张图片，我下载后未曾细看。这次忽然有其中提到"充和"的印象，找出来，赫然便是查阜西本人的叙述！先前在《张充和诗书画选》读到《云龙佛堂即事》诗，根据"一曲《潇湘云水》过"一句，我猜测此诗应该与查阜西有关，在书札中这一猜测得到了证实：原来它就是《呈贡杂咏二首呈阜西先生》的第二首。同时，此诗第一首与查阜西《次充和怀旧韵》两首，都是他们的佚诗，可以补入他们的作品集的。

据查阜西手稿《坊间杂记》中的《巴山夜雨》、《答邮亭老卒书》来与这两页书札核对，大致可以推断它们所说的同为一次行程见闻。由此可以确定两个时间：第一，《呈贡杂咏二首呈阜西先生》、《次充和怀旧韵》作于1944年4月1日查阜西去看望张充和的当天下午；第二，《琴人书札》1944年有查阜西三札，前两通皆系一月发出，仅5月28日的一通能记录四月初发生的事，则这两页书札必为5月28日一通。

书札93页，卖家正好展示了查阜西讲述张充和的两页（当然也许不止此数），我下载久已忘怀，却偏偏在写作中想起来，巧合得不可思议。如今既然有人买下它，亦当知其价值，深盼有一天能将之刊布，使之发挥出应有的作用，也算是成就了前贤未完的心愿。

辛卯春节至元宵写成，乙未惊蛰前四日改定

原刊《万象》第13卷第4－6期（2011年4—6月号）

我的张充和印象

杨早

特别怕有谬托知己之嫌，赶紧先声明：我与张充和先生素未谋面，对充和先生的印象，都是来自"物"和"文"，或许还有那么一丁点儿的精神。

最早知道充和先生的名字，是从汪曾祺的笔下。汪曾祺1988年撰文追思老师沈从文，题目叫《星斗其文，赤子其人》，一开篇就交代题目的来源：

沈先生逝世后，傅汉斯、张充和从美国电传来一幅挽辞。字是晋人小楷，一看就知道是张充和写的。词想必也是她拟的。只有四句：

不折不从，亦慈亦让。星斗其文，赤子其人。

这是嵌字格，但是非常贴切，把沈先生的一生概括得很全面。这位四妹对三姐夫沈二哥真是非常了解。——荒芜同志编了一本《我所认识的沈从文》，写得最好的一篇，我以为也应该是张充和写的《三姐夫沈二哥》。

汪曾祺的评价非常高，而那幅字也确实好看。2001年初访凤凰沈从文墓，墓碑背面也是这16个字。

零零碎碎听闻一些消息，如"最后的闺秀"、"昆曲海外遗珠"之类。2005年之后，受邀开译金安平著《合肥四姊妹》，对张家的事情了解得多了一些。这本书的起源是金安平与张充和的交往，可落到内容上，充和的篇幅是四姊妹里最少的，或许她的一生，传奇性不那么强，夫婿也不那么有名？

近年充和先生的名声传扬，一是书法，一是昆曲。当然提到时总会附上"张家闺秀"的背景，还有叶圣陶的判词"九如巷张家的四个女孩，谁娶了她们都会幸福一辈子"。但说得多了，人就渐渐模糊在这些赞词与传说之中。

见过"星斗其文"之后，一直很喜欢充和先生的字。2006年吧，朋友黄永说起，他母亲在美国，跟充和先生很熟，是不是可以试试请充和先生给《话题》题个书名？我当然大喜过望。居然也成了。那年下半年，收到了充和先生的题词，而且非常认真，横竖各一张。

可惜不能当面向充和先生致谢。2007年《合肥四姊妹》简体字版出版，我作为译者之一，也算是和张家结了一点因缘，虽然隔得很远。

让人遗憾的是，出版社的设计师认为手写题辞与《话题》的风格不合，一直拒绝使用。后来年年寄《话题》给在美的充和先生，闻听充和先生后来还屡屡问及：为什么没有用我的题词呀？

張充和为杨早主编的《话题》一书题签。

從文二哥 永安

不折不從亦慈亦讓

星斗其文赤子其人

漢思
克和 率以元 謨敬誄

张充和为沈从文撰写的诔文。

总感到异常惭愧。2012年是充和先生百年华诞，我们特地请商于出版社，印了500本《话题2011》的纪念版，用了充和先生的题词，聊慰先生垂注之情。这本纪念版，黄永让我题句话再寄美国，当时紧张得不行，既不知道该写什么，也难为情用钢笔还是那么丑的字。黄永说：一紧张，字就会更难看。果然。但也没办法，尽心而已。

金安平、孙康宜、苏炜他们在耶鲁，与充和先生时有过从。苏炜后来出过一本《天涯晚笛——听张充和讲故事》，有些篇章，先在一本内刊《中堂闲话》上发表，友人陈均是昆曲专家，2012年初写有一篇札记：

> 昨晚收到杨早兄参编的《中堂闲话》，今晨方展卷，便见有"访"与"道"张充和女史之二文，录充和女史隽语趣闻甚多。略举三事：其一，苏炜访张充和时，见其谈郭德纲、潜规则、男色消费云云，惊叹"update"，其实是因张氏读《话题2006》所得，而《话题》为杨早兄所编，后曾请张氏为《话题》题签。其二为怀抱一部《四部丛刊》于兵荒马乱中去国赴美，此事亦可牵出彼时文化古城之可爱处（如"一种风流吾最爱，六朝人物晚唐诗"），细节暂略，有意者可寻是文。其三为张充和言唱昆曲勿要嘴张得太大，其友善唱但有此病，张氏笑言：给你扔一块狗屎进去。仅此一语，便可梦见百岁老人张充和之今昔风影也。

《话题》能聊补充和先生对国内时事的一点认知，也是让人很欣慰的事。只是《话题》没能用上充和先生题词，仍然耿耿于

313

怀。去年《话题2013》出版，寄到美国，充和先生还拿着书拍了张照片，黄永母亲手抖，虚焦了，模糊不清。今年《话题2014》几经周折，5月才得出版，虽然在我们的争取下，终于用上了充和先生的题词，但已不能让她亲睹了。

在《中堂闲话》发苏炜这两篇文章之前，我就问过黄永：你妈妈在美国跟充和先生也算熟人，能不能约她写一篇张充和印象记？他摸着下巴的胡茬沉吟了一下说：我妈年纪大了，估计写不动。我的外甥女年初去拜访过充和，我看她能不能写一篇？我说那敢情好，90后写张充和，或许更有看头。

文章后来发来了，7000字，署名李归渔，也用了（跟苏炜那两篇文章同一期，还真是巧）。是日记体，记得是2011年1月11日至13日，她随外婆（黄永母亲）去张家小住的情形。18岁女孩的视角，颇有趣。我好像跟着李归渔小朋友也去拜望了一趟充和先生。

　　她的脸白白的，只有眼睛周围有几层眼袋，额头上有几条和我妈一样深的皱纹。其实如果不是两个脸颊上的肉有些下坠，根本看不出是一位98岁高龄的奶奶。

　　然后一个推着四角推车的小老太婆从里面的门里也出来了。这就是张充和了。张充和伸出手，我赶紧也伸出手。外婆在一旁说，你怎么不抱抱她，亲亲她。这对我来说是个怪极了的提议。但我依然凑上身艰难地隔着推车半抱了一下她。

《这就是张充和了》，整篇文章的标题就是这个。想来她平日听大人说这位老太太说得太多。

张充和喜欢吃麦当劳。我问外婆，这么老了吃油油的东西还没事？她说："哎呀，她就喜欢吃肉。我就给她买了chicken sandwich。"回家后看到外婆，充和说："没有McDonalds？"外婆指着桌上说，这不是吗。她看了半天说，没有呀。外婆就过去把东西一样样拿出来，掏出两个咪咪点大的汉堡，还有薯条。这时充和才说，哦，这是McDonalds。一旁的吴先生说，诶呀，你买了这个呀，我带菜啦。后来问充和要吃什么，她还是拿起她的chicken sandwich说，我本来就不吃饭的。

我一向认为，访问记一定要写细节。高大上的东西别人从文章演讲报道里尽可得知，衣食住行这些非当面不得而知的细节却是最传神的所在。充和先生爱吃肉，一定很颠覆很多文青的想象吧？

她先生也在Berkeley教过书。说到她先生，她的两个眼睛好像都睁大了。"他话不多的，我不知道他是怎么学语言的，可能听听别人说。"边说边用手指指自己的头，表示他先生可能记住别人怎么说话的。又说他其他的语言都有degree（学位），就中文没有degree，可是他却教中文。听得我们都觉得好笑。

许多人的回忆或表述给人一种印象,充和先生似乎是和蕃的昭君。有人揣测她当年喜欢姐夫沈从文,也有人惋惜她不接受卞之琳的追求以成一段佳话。无论如何,充和先生选了外国人傅汉思,她有她的理由,人不是为了别人的想象与看法活在世间。

她说,我读书很奇怪。我到16岁都是在我祖母家,读的是旧书,到16岁才上初一,可是算学一点不会,上了两天我就不愿意去了。后来考大学,我去考了五校汇考,一个是满分,一个是零分。糊里糊涂的就这么进大学了。当时还是以点句为最重要的,我12岁的时候就学了点句,就是punctuate。古书都是没有点句的,要自己点。那时候出了非常难的点句,没有之乎者也的,没有人做得出来,就我做出来了。我刚进北大的时候,胡适之他们系开一个party,那时候他还不是校长,在party上他就说,张充和啊,你的算学要补补啊。我当时就很紧张,去教务部,她说你进都进来了,还管什么。我说胡老师要我补的你怎么不给我补?她说,他不懂。原来胡适之是和我开玩笑的,打官腔。我就这样糊里糊涂地进了大学了。算法一点都不会,还敢去考,胆子也挺大的。

我祖父比充和先生小几岁。我每次回家都想引他说一些当年在金陵大学的旧事。但是问来问去,他总是说那几件事,比如看过梅兰芳的戏,请冯玉祥签过名,去过于右任家吃饭。看来人老了之后,最喜欢讲述的,倒未必是他最萦于心的,多半是最得意的往事。充和先生考北大这件事,大部分有关她的文章都会提及,说者听者,都很欢喜。比如这一桩事,李归渔跟苏炜记得一模一样："说完她就示范了一遍。而且唱昆曲嘴不能张太大了。她给我讲她的一个朋友，'唱得很好，但是嘴巴总张这么大。我就说，给你扔一块狗屎进去。'说到这她自己又乐呵呵地笑了，和我们说，我和他开玩笑。"这个段子想必也是常讲常新。

  后来她又说她和她的大弟只差12个月12天。其他几个弟弟也都几乎只差一年。她的妈妈21岁结婚，36岁就去世了。生了11个孩子，死了两个。我和外婆都觉得一定是累死的。外婆和我说她妈妈是很贤惠的女人。家里除了公公婆婆，还有太爷的姨娘什么的都得服侍。又说到这个姨娘，张充和说是他爷爷（好像是爷爷）到四川的时候娶的。是别人送的，还不得不收。别人看你当官，送姨娘是honor。外婆问那他老婆没一起去？一起去了呀。一起去了别人还送姨娘。别人送了，她也高高兴兴地收下，因为这是别人给他丈夫的Honor嘛。但姨娘的地位就低了。我母亲后来把我一个弟弟送给她当孙子。一般人都看不起姨娘，但是张充和不这么看。

我们从中几乎可以感受到金安平当年是怎样被触发了《合肥四姊妹》的写作冲动。李归渔大概没读过《合肥四姊妹》，不知道充和的曾祖父是著名的淮军将领张树声，她的家族，还有合肥的豪杰们，曾经牵动过近代风云。
  但十八岁的李归渔有了另外的感受：

  我看张充和的字，因为语文实在有些没学好，辞穷，不知该用什么样的比喻和描写，只能这么形容，那就是，正点。非常的正点。

　　想想现在学校里总有种不明说的默认，都认为学理科的要强于学文科。可是那时候学文科的也是大师。国学一点不逊色于科学。不知道现在的世界是怎么了，总有一天会翻掉。也许是现在的人都不愿意做研究也不想做什么老师更觉得作家好像不是个职业，都想一毕业就找个稳定的工作，赚钱养家，过上普通的生活。

　　她说的，不就是"小时代"么？"现在的世界是怎么了，总有一天会翻掉"，我倒还不敢如此决绝地断言，只是有张爱玲所说的"惘惘的威胁"在心头。

　　今天外婆还跟我说有一个人之前来她这里住在三楼，结果把沈从文以前写的信翻出来拍了照片拿去发表了。沈从文的孙女很不高兴。说很多人来这里都是为了挖宝贝的。唉，唉，唉。

　　这真是无奈啊。一个人的热闹与冷淡，原不是自己可以作得主。充和先生在海外躲了多年的清静，也总有被包围被探索的晚年。
　　关于充和先生，我们现在知道的似乎已足够多，但其实是很少。多少人津津乐道她与沈尹默、胡适、沈从文、卞之琳的故事，还有家世的煊赫，四姊妹的闺名。很少有人细说她赴美后的艰难，要供丈夫读博士，只能在大学图书馆里谋一个劳碌的职位，自己也放弃了读博士与做学问的梦想。比较留在大陆的惊涛骇浪，美利坚的平淡岁月似乎也不太值得提及。可是平淡岁月亦磨煞多少英雄抱负，普通生活消蚀多少风流情怀。充和先生在海外坚持传授昆曲，习练书法，"外婆说她都这么大年龄了每天临字帖还要写二百遍。每写一遍她就写上数字。所以她能写这么好！聪明人且得这样，不聪明的人又得怎么办呢？！"李归渔有些后悔自己没努力考进耶鲁了，若是申请大学之前来此，会不会改变自己的一生？

我突然想到肯定所有人都想，要是我有这样一个妈，一定从小就和她学昆曲写字。可是她偏偏就是在美国把小孩养大，也并未逼他们向自己学昆曲写字。她家的字画她的儿女也不太懂，于是她早早的都该卖的卖，该送的送，要在生前处理掉。也许她的孩子们长大了以后也有点后悔没起码把中文学了。可是谁小时候知道自己爸妈有多厉害呢？

李归渔临别前，吃了充和先生手制的茶叶蛋：

虽然不喜欢吃蛋黄，但是蛋白还是很有卤子的味道。我边吃边看她在水池边敲着新的蛋的蛋壳再把它们放到锅里，声音清脆。都98岁了，还是能做事。她问我睡得好不好，我说睡得很好。问她几点钟起的，她说她三点就醒了，看书看到五六点起来的。

很多细节能够让人窥见充和先生过往的日子，但也只是窥见而已，终非全豹。大致来说，用陈寅恪形容王国维的话"为文化所化之人"差可概括充和先生一生之气质，说"文化遗民"也大体可通。所以今晨听说充和先生仙逝的消息，第一时间想到的是陈寅恪诗《忆故居》：

> 渺渺钟声出远方，依依林影万鸦藏。
> 一生负气成今日，四海无人对夕阳。
> 破碎山河迎胜利，残余岁月送凄凉。
> 松门松菊何年梦，且认他乡作故乡。

充和先生半生寄居海外，其心境与陈寅恪或有小别，我发微博悼念时，改颔联为"海内无人存知己，槛外负手对斜阳"，聊表我内心的感慨，总觉得还是肤浅，只能说是"我对充和先生的印象"。

今日重读李归渔的文章，发现此前没有留意到"充和看相册"这个细节：

> 回来时张充和拿出了一本相册正在翻着。后来我们也坐在沙发上和她一起看。她说五弟在家找到了许多老照片，就翻印了一本送给每个人。他们张家的十个兄弟姐妹如今也就只剩三个了，除了她和五弟，另外一个好像也糊涂了。老人们说到死总是很委婉地说过去了，或者很可爱地说没有了。或许大家多少还是觉得说死太干瘪了，没什么生机。

"小五"张寰和去年11月21日病逝于苏州九如巷。7个月后，6月17日，四姐充和在美国去世。这期间，联系《话题》与充和先生的黄永兄，在去年12月8日病故。他们都过去了，没有了。真的，"死"这个字太干瘪了，没什么生机。

第四编 水之涓涓

讲故事人的笑容[①]

齐藤大纪

日本北海道，特别是靠日本海的地方，冬天下很多雪。我曾经住过的札幌就在多雪地带，今年也照例下了很多雪。雪很多，非要除雪不可，这除雪工作很费劲，给我们带来了麻烦。而且雪是一边下，一边化，白天化了，夜里就结冰，整个札幌市内好像成了个滑冰场，这样一来，路也就很难走了。可是如果你不出门，情况就不一样，房子里面很暖和，外面有很厚的白雪吸收街上的杂音，世界上一切似乎都变成安静了。

我记得2003年2月24日也是那样的天气，就是很安静的一天。那天下午我在家里翻译沈从文先生的小说《新与旧》，觉得有点累，忽然想看看有没有人给我发电子邮件，就开了电脑。果然我收到了一封电子邮件，是沈红先生发来的，觉得很高兴。但再仔细地看，发现那邮件名为"Sad news on my grandmother

---

[①] 原文中多处对女士的尊称为"先生"。

Zhang Zhaohe"时，我心里有一种很不好的预感。

去年9月份，我到湖南凤凰参加"沈从文百年诞辰国际学术论坛"时，见到了张之佩先生，询问张兆和先生的情况，张之佩先生说了一句"她老了"。那时我知道了张兆和先生身体并不怎么好，这时收到了沈红先生发的电子邮件，看了其内容之后，这预感不幸变成了现实——张兆和先生已经离开了我们。

我马上就给一位朋友打了电话，告诉他这令人悲痛的消息。朋友知道这个消息后，心里很悲痛，一下子说不出话来。因为这朋友曾经和我一起拜访过张兆和先生。

其实，我们只见过张兆和先生一次。那是1997年秋天，我一个人先到北京调查关于沈从文先生文学创作的资料，朋友在东京准备去中国留学的事。朋友来中国之前，我有机会拜访了沈虎雏先生家，我和沈虎雏先生聊天时，问了沈先生"可以拜访张兆和先生吗"，没想到沈先生就说"当然可以"，并且告诉我张兆和先生的住家地址。我回宾馆之后，给张兆和先生打了电话，约定了9月6日拜访先生。

虽然我已经约好拜访张兆和先生，但是我有点胆小，如果一个人拜访张兆和先生，有点不好意思。说句冒昧的话，那是因为我看过张先生年轻时的照片，觉得她太漂亮，很有可能说不出话来……所以我决定等我朋友来北京之后，请他做我的"保护人"，陪我拜访张兆和先生。

过几天，朋友到了北京，当天吃晚饭时，我跟他说："我有一件事跟你说，我已经跟张兆和先生联系好了，决定6号拜访先生。不过一个人去，有点不好意思，所以我不敢去。你做我的'保护人'，一起去张兆和先生的家，好吗？"朋友说："唉，我今天刚到北京，又不会讲汉语，去了也只会打搅张先生，我不去。"我说："我很想拜访张兆和先生，拜托你啦！大哥！"他说："你比我大8岁，不要这样说，好，我也去吧。"那时我29岁，在念博士研究生；朋友21岁，还在念大学本科四年级。

到了9月6日，想到过几天就是中秋佳节，所以我们买了一盒月饼，拜访了崇文门大街张兆和先生的家。我到了门前，深深地吸了一口气，轻轻地敲门。门开了，出来的是一位年轻女士（后来张兆和先生说，这女士是在张先生家里做保姆的）。我说："我们是从日本来的学生，来拜访张兆和先生！"她说："请进来。"她带我们到客厅里坐下。过一会儿，左边的房间里出来了一位清瘦而又有风度的老人家。这就是我对张兆和先生的第一个印象。

其实，我们在此之前对几个问题进行过讨论，决定向张兆和先生请教这些问题，所以提前把这些问题记在我的本子上。不过，真的见到了张兆和先生的时候，心里有点紧张，突然找不到话题了。那时，张兆和先生说："我腿不好，"却亲自给我们倒茶，接着又说："我很喜欢喝绿茶，如果你们想喝的话，就自己随便加啊。"大概张兆和先生见了我们太紧张的样子，便说："不要顾虑那么多嘛！"我心里一下子就轻松起来了，并且开始向张兆和先生问了几个关于沈从文先生文学创作的问题。

我和张兆和先生谈沈从文先生，谈得正高兴时，忽然听到了"对不起"的叫声。怎么回事？向那个方向看去，发现我朋友自己倒茶时，把茶壶盖弄到地上去了。幸亏茶壶盖没有破碎，但他好像犯了大罪似的，就这样叫了一声。张兆和先生说了声"没有关系"，朋友才轻松起来，端了茶杯回他座位上了。

之后，我们换了话题，一下子谈起张兆和先生小时候的故事来了。张先生说，她小时候很调皮，有一天在外面玩，发现了一条蛇皮，为了吓一吓她姐姐，便想把蛇皮拿回去给她看。张兆和先生把它捡起来，竟然发现那并不是蛇皮，而是一条死蛇！结果她自己吓了自己一跳。

我听这个故事，觉得很生动，想起《从文自传》里所描写的沈从文先生顽童时代的故事，所以就说："您小时候像沈从文先生一样，也很顽皮吗？" 张兆和先生听了这个提问，一下子变了神态，说了一句："完全不一样！"张先生说："沈先生是他家第二个儿子，很多人照顾他，都对他很好，所以可以在外边无所顾忌地玩耍。我呢，就不一样，我是我家第三个女儿，当时重男轻女，没有人照顾我，所以不得不自己一个人在外面玩耍。"张兆和先生最后说："我们这一代的人一辈子都很苦！"我想到先生走的漫长而艰难的路，就无话可说，只好沉默了。当时张兆和先生还说："我在准备写回忆录。"很多人知道沈从文先生是一位讲故事的高手，不过那时听张兆和先生讲的故事，我觉得张先生和沈先生一样，也是一位讲故事的高手。我很想听张兆和先生的童年故事，一直在盼望着先生写回忆录，可是现在先生走了，已经无法听她讲的故事了……

一年之后，在湘西吉首召开"98国际沈从文研究学术讨论会"，我和我的那位朋友都参加了。开会之前，我们到了凤凰，并且去为沈从文先生扫墓了。那时看到了墓旁有一个石碑，碑上刻有张兆和先生的文章，好像是《从文家书·后记》。文章里有"从文同我相处，这一生，究竟是幸福还是不幸？得不到回答。我不理解他，不完全理解他……为什么在他有生之年，不能发掘他，理解他，从各方面帮助他，反而有那么多的矛盾得不到解决！悔之晚矣"的文字。我们两个人看到这些文字，想着张兆和先生写这些文字时的心情，激动得差点哭起来。看这样的文字，我们说什么好呢？那时，沱江边只有一片沉默。可是我们似乎知道了一点张先生爱沈先生如何之深，更喜欢张兆和先生了。

又过了5年，也就是今年4月份我终于得到了新出版的《沈从文全集》，发现编辑名单上有张兆和先生的名字。这时，我想，张兆和先生拿着《全集》到沈从文先生身旁，给他看这套很精致的《全集》，现在这两位讲故事的高手在天上遥远处相会，一边在看着《全集》，一边讲很多故事，一定谈得特别高兴！

将来我们也讲故事吧。"我年轻时，见过很可爱的老人家。她走了很艰难的路，可是她讲的故事是多么生动，多么有趣……"那时，我们一定会想起张兆和先生讲故事时有点像小孩似的顽皮笑容。

"非典"流行的时候，我不知不觉地担心张兆和先生身体情况，不过过一会儿醒悟到先生已经离开我们了。

2003年6月　日本富山

沈龙朱编后记：日本学者齐藤大纪先生负责编辑日文学术刊物《湘西》，他在来信中说，这期《湘西》计划出版"张兆和先生特辑"作为纪念。

三姐夫沈二哥

张充和

我家"外子"逼我写点关于沈二哥同三姐的事,他说:"海外就你一个亲人与他们过去相处最久,还不写!"我呢,同他们相别31年,听不完,也说不完的话,哪还有工夫执笔!虽回去过一次,从早到晚,亲友不断往来,也不过只见到他们三四次,一半还是在人群中见到的。

如何开始呢?虽是31年的点滴,倒也鲜明。关于沈二哥的独白情书故事,似乎中外都已熟悉。有的加了些善意的佐料,于人情无不合之处,既无伤大雅,又能增加读者兴趣,就不在此加注加考,做煞风景的事了。

1932年暑假,三姐在中国公学毕了业回苏州,同姐妹兄弟相聚,我父亲与继母那时住在上海。有一天,九如巷三号的大门堂中,站了个苍白脸戴眼镜的羞涩客人,说是由青岛来的,姓沈,来看张兆和的。家中并没一人认识他,他来以前,亦并未通知三姐。三姐当时在公园图书馆看书。他以为三姐有意不见他,正

20世纪30年代,(从左至右)张兆和、沈从文、张宗和、张充和在北平清华校园溜冰场合影。

在进退无策之际，二姐允和出来了，问清了，原来是沈从文。他写了很多信给三姐，大家早都知道。于是二姐便请他到家中坐，说："三妹看书去了，不久就回来，你进来坐坐等着。" 他怎么也不肯，坚持回到已定好房间的中央饭店去了。二姐从小见义勇为，更爱成人之美，至今仍然如此。等三姐回来，二姐便劝她去看沈二哥。三姐说："没有的事哩，去旅馆看他？不去！"二姐又说："你去就说，我家兄弟姐妹多，很好玩，请你来玩玩。"于是三姐到了旅馆，站在房门外(据沈二哥的形容)，一见到沈二哥，便照二姐的吩咐，一字不改地如小学生背书似的："沈先生，我家兄弟姐妹多，很好玩，你来玩！"背了以后，再也想不出第二句了。于是一同回到家中。

沈二哥带了一大包礼物送三姐，其中全是英译精装本的俄国小说，有托尔斯泰、陀思妥耶夫斯基、屠格涅夫等的著作。这些英译名著，是托巴金选购的。又有一对书夹，上面有两只有趣的长嘴鸟，看来是个贵重东西。后来知道，为了买这些礼品，他卖了一本书的版权。三姐觉得礼太重了，退了大部分书，只收下《父与子》与《猎人日记》。

来我们家中怎么玩呢？一个写故事的人，无非是听他说故事。如何款待他，我不记得了，好像是五弟寰和，从他每月二元的零用钱中拿出钱来买了瓶汽水，沈二哥大为感动，当下许五弟："我写些故事给你读。" 后来写了《月下小景》，每篇都附有"给张家小五"字样。

第二次来苏州，是同年寒假，穿件蓝布面子的破狐皮袍。我们同他熟悉了些，便一刻不离的想听故事。晚饭后，大家围在炭火盆旁，他不慌不忙，随编随讲。讲怎样猎野猪，讲船只怎样在激流中下滩，形容旷野，形容树林。谈到鸟，便学各种不同的啼唤，学狼嚎似乎更拿手。有时站起来转个圈子，手舞足蹈，像戏迷票友在台上不肯下台。可我们这群中小学生习惯是早睡觉的，我迷迷糊糊中忽然听一个男人叫："四妹、四妹！"因为我同胞中从没有一个哥哥，惊醒了一看，原来是才第二次来访的客人，心里老大地不高兴："你胆敢叫我四妹！还早呢！"这时三姐早已困极了，弟弟们亦都勉强打起精神，撑着眼听，不好意思走开。最后，三姐说："沈先生，我累了，你去吧。"真有"我醉欲眠君且去"的境界。

那时我爸爸同继母仍在上海，沈二哥同三姐去上海看他们。会见后，爸爸同他很谈得来，这次的相会，的确有被相亲的意思。在此略叙叙我的爸爸。

祖父给爸爸取名"武龄"，字"绳进"。爸爸嫌这名字封建味太重，自改名"冀牗"，又名"吉友"，望名思义，的确做到自锡嘉名的程度。他接受"五四"的新思潮，他一生追求曙光，惜人才，爱朋友。他在苏州曾独资创办男校"平林中学"和"乐益女中"。后因苏州男校已多，女校尚待发展，便结束平林，专办乐益女中。贫穷人家的女孩，工人们的女儿，都不收学费。乐益学生中有几个贫寒的，后来都成了社会上极有用的人。老师有的现在已成当代有名的教育家或"党"的领导人。爸爸既是脑筋开明，对儿女教育，亦让其自由发展。儿女婚姻恋爱，他从不干涉，不过问。你告诉他，他笑嘻嘻地接受，绝不会去查问对方的如何如何，更不要说门户了。记得有一位"芳邻"曾遣媒来向爸爸求我家大姐，爸爸哈哈一笑说："儿女婚事，他们自理，与我无干。"从此便无人向我家提亲事。所以我家那些妈妈

张兆和、沈从文在北京陶然亭合影。

20世纪80年代，张兆和与张充和在美国合影。

们向外人说:"张家儿女婚姻让他们(自己)去(由),或是(自己)(由)来的。"

说爸爸与沈二哥谈得十分相投,亦彼此心照不宣。在此之前,沈二哥曾函请二姐允和询爸爸意见,并向三姐说:"如爸爸同意,就早点让我知道,让我这乡下人喝杯甜酒吧。"二姐给他拍发一个电报,简约地用了她自己名字"允"。三姐去电报中却说:"乡下人,喝杯甜酒吧。"电报员奇怪,问是什么意思,三姐不好意思地说:"你甭管,照拍好了。"

于是从第一封仅一页,寥寥数语而分量极重的情书,到此时为止,算是告一大段落。

1933年初他们订婚后同去青岛。那时沈二哥在青岛大学教书、写作。暑中杨振声先生约沈二哥编中小学教科用书,与三姐又同到北平,暂寄住杨家。一天杨家大司务送沈二哥裤子去洗,发现口袋里有一张当票,即刻交给杨先生。原来当的是三姐一个纪念性的戒指。杨先生于是预支了50元薪水给沈二哥。后来杨先生告诉我这件事,并说:"人家订婚都送给小姐戒指,哪有还没结婚,就当小姐的戒指之理。"

1933年9月9日,沈二哥和三姐在北平中央公园的水榭结婚,没有仪式,没有主婚人、证婚人。三姐穿件浅豆沙色普通绸旗袍,沈二哥穿件蓝毛葛的夹袍,是大姐在上海为他们缝制的,客人大都是北方几个大学和文艺界朋友,家中除大姐元和、大弟宗和与我外,还有晴江三叔一家。沈家有沈二哥的表弟黄村生和他的九妹岳萌。

新居在西城达子营,小院落,有一枣一槐,正屋三间,有一厢,厢房便是沈二哥的书房兼客厅。记得他们结婚前,刚把几件东西搬进新房那天夜晚，我发现有小偷在院中解网篮，便大声叫："沈二哥，起来！有贼！"沈二哥亦叫："大司务！有贼！"大司务亦大声答话，虚张一阵声势。乃至开门赶贼，早一阵脚步，爬树上屋走了。

后来发现沈二哥手中紧紧拿了件武器——牙刷。

新房中并无什么陈设，四壁空空，不像后来到处塞满书籍与瓷器漆器，也无一般新婚气象。只是两张床上各罩一锦缎百子图的罩单有点办喜事的气氛，是梁思成、林徽音送的。

沈二哥极爱朋友，在那小小的朴素的家中，友朋往来不断，有年长的，更多的是青年人，新旧朋友，无不热情接待。时常有因穷学生和文学青年来借贷。尤其到逢年过节，即使家中所剩无多，总是尽其所有去帮助人家。没想到我爸爸自命名"吉友"，这女婿倒能接此家风。记得一次宗和大弟进城邀我同靳以去看戏，约定在达子营集中。正好有人来告急，沈二哥便向我们说："四妹，大弟，戏莫看了，把钱借给我。等我得了稿费还你们。"我们面软，便把口袋里所有的钱都掏给他。以后靳以来了，他还对靳以说："他们是学生，应要多用功读书，你年长一些，怎么带他们去看戏。"靳以被他说得眼睛一眨一眨地，不好说什么。以后我们看戏，就不再经过他家了。一回头四十多年，靳以与宗和都已先后过世了。

"七七事变"后，我们都集聚到昆明，北门街的一个临时大家庭是值得纪念的。杨振声同他的女儿杨蔚、老三杨起，沈家二哥、三姐、九小姐岳萌、小龙、小虎、刘康甫父女。我同九小姐住一间，中隔一大帷幕。杨先生俨然家长，吃饭时，团团一大桌子，他南面而坐，刘在其左，沈在其右，坐位虽无人指定，却自然有个秩序。我坐在最下首，三姐在我左手边。汪和宗总管我们伙食饭账。在我窗前有一小路通山下，下边便是靛花巷，是中央研究院史语所所在地。时而有人由灌木丛中走上来，傅斯年、李济、罗常培或来吃饭，或来聊天。院中养个大公鸡，是金岳霖寄养的，一到拉空袭警报时，别人都出城疏散，他却进城来抱他的大公鸡。

那时沈二哥除了教书、写作外，仍还继续兼编教科用书，地点在青云街六号。杨振声领首，但他不常来。朱自清约一周来一二次。沈二哥、汪和宗与我经常在那小楼上。沈二哥是总编辑，归他选小说，朱自清选散文，我选点散曲，兼做注解，汪和宗抄写。他们都兼别的，只有汪和宗同我是整工。后来日机频来，我们疏散在呈贡县的龙街。我同三姐一家又同在杨家大院住前后楼。周末沈二哥回龙街，上课编书仍在城中。

由龙街望出去，一片平野，远接滇池，风景极美，附近多果园，野花四季不断地开放，常有农村妇女穿着褪色桃红的袄子，滚着宽黑边，拉一道窄黑条子，点映在连天的新绿秧田中，艳丽之极，农村女孩子、小媳妇，在溪边树上拴了长长的秋千索，在水上来回荡漾，在龙街还有查阜西一家、杨荫浏一家，呈贡城内有吴文藻、冰心一家，我们自题的名胜有："白鹭林""画眉坪""马缨桥"等。

1941年后，我去重庆。胜利后我回苏州他们回北平，1947年我们又相聚在北平，他们住中老胡同北大宿舍，我住在他家甩边一间屋中。这时他家除书籍漆盒外，充满了青花瓷器，又大量收集宋明旧纸。三姐觉得如此买下去，屋子将要堆满，又加战后通货膨胀，一家四口亦不充裕，劝他少买，可是他似乎无法控制，见到喜欢的便不放手。及至到手后，又怕三姐埋怨，有时劝我收买,有时他买了送我,所以我还有一些旧纸和青花瓷器,是这样来的,但也丢了不少。

在那宿舍院中,还住着朱光潜先生,他最喜欢同沈二哥出外看古董,也无伤大雅地买点小东西。到了过年,沈二哥去向朱太太说:"快过年了,我想邀孟实陪我去逛逛古董铺。"意思是说给几个钱吧。而朱先生亦照样来向三姐邀从文陪他。这两位夫人一见面,便什么都清楚了。我也曾同他们去过。因为我一个人,身边总比他们多几文,沈二哥说:四妹,你应该买这个,应该买那个。我若买去,岂不是仍然落在他家中?因为我住的是他们的屋子。

沈二哥最初由于广泛地看文物字画,以后渐渐转向专门路子,在云南专收耿马漆盒,在苏州北平专收瓷器。他收集青花,远在外国人注意之前。他虽喜欢收集,却不据为己有,往往是送了人;送了,再买。后来又收集锦缎丝绸,也无处不钻,从正统《大藏经》的封面到三姐唯一的收藏宋拓集王圣教序的封面。他把一切图案颜色及其相关处印在脑子里,却不像守财者一样,守住古董不放。大批大批的文物,如漆盒旧纸,都送给博物馆,因为真正的财富是在他脑子里。

这次在大陆见面后,不谈则已,无论谈什么题目,总归根到文物考古方面去。他谈得生动,快乐,一切死的材料,经他一说便活了,便有感情了。这种触类旁通,以诗书史籍与文物互证,富于想象,又敢于用想象,是得力于他写小说的结果。他说他不想再写小说,实际上他哪有工夫去写!有人说他不写小说太可惜,我认为他如不写文物考古方面的文章,那才可惜!

1980 年 12 月 5 日深夜

初识沈从文

傅汉思

1948年3月，我第一次见到沈从文，那时他是北京大学中文系的一位教授，我却是半年前来到中国在北大教授拉丁文、德文和西洋学的年轻人。我听许多人谈起过这位著名的小说家。西语系一个青年同事把我介绍给他，下面是从我那时写给加州史丹福我父母信中摘录的：

> 北平，1948.3.31……还有个可爱的人，我以前没提到过——沈从文教授，他是目前北京的一位最知名的作家和教授。他不像是个写了那么多有关士兵故事的人，他的仪表、谈吐、举止非常温文尔雅，但一点也不带有文人气习。他对中国艺术、中国建筑深感兴趣，欢喜谈论，欢喜给人看一些图片。介绍我给他的是一位年轻朋友金堤，沈从文有一位文静的太太和两个小男孩……

1933年9月,张充和与沈从文在北平结婚时合影。

我同沈家的两个男孩交上了朋友。我来中国有一个目的，就是学习讲中国话，我觉得最好是跟孩子们学，因为在北平生长的孩子讲一口纯粹的北京话，他们不懂英文，比成年人讲得自然。而成年人总以为同外国人讲话，要考虑怎么适应他们的特点同习惯。我最喜爱的孩子是袁家骅教授的两个女儿(在冬天我有时同她们去溜冰)和沈从文的两个儿子。大的龙朱(小名小龙)那时13岁，是个善良、爽直的孩子，随时都准备去帮助别人。小儿子虎雏(小名小虎)同小龙一样可爱，比哥哥小两岁，淘起气来充满了诙谐和幽默。北大好些教授住在中老胡同北大宿舍，我常常到中老胡同沈家小小的院宅中去。到沈家谈天、吃茶、吃饭的客人很多，有教授，有作家，更多的是年轻人，学生和一些别的人。虽然沈从文是个大忙人，写小说，在北大教课，款待来客，但我去时他总找时间同我谈天。虽然他一口湘西土音我只能听懂一部分，我却很喜欢听他谈话。沈太太对我也很亲切，有时沈从文讲的我不懂，她就用普通话复述一遍，解释解释。我还见到沈太太的四妹张充和，他们住在一起，她准备在北大教书法和昆曲。

过不久，沈从文以为我对充和比对他更感兴趣，从那以后，我到他家，他就不再多同我谈话了，马上就叫充和，让我们单独在一起。

我还要从给我父母的另一封信中摘引下面一段：

北平，1948.4.15……袁家骅明天即将赴英。……前不久，沈家设宴为袁家骅饯别，一共九个人，我也被邀请参加。吃的好极了，是用一种别致的方法在一个特制的陶罐中烹调的。我们九个人挤坐在一张桌子边上，那桌子在美国只容得下四个人。我对沈从文的文化修养知识很钦佩，他完全是自学的，他连小学都没有读完……

小虎注意到充和同我很要好了，一看到我们就嚷嚷："四姨傅伯伯。"他故意把句子断得让人弄不清到底是"四姨，傅伯伯"还是"四姨父，伯伯"。

又过一个月，我在致我双亲的信中写道：

> 北平，1948.5.21……上星期我同沈家全家去天坛野餐。我总是喜欢听沈先生讲解中国古代的艺术同建筑。此外，大家都玩得极尽兴……昨晚充和过生日，沈家请我去吃长寿面。饭后我们玩各种有趣的游戏，每人都得唱一个歌……

我开始阅读沈从文的著作，先读英译本，然后读中文原著。在他的著作中，我看到了我过去很少了解的中国生活、文化的各个方面。也是我一生第一次结交一个作家。1948年夏天，我有机会更进一步了解了沈家。我在给我父母的信中这样描述：

> 北平，1948.7.14……我在北平近郊著名的颐和园度一个绝妙的假期！沈家同充和，作为北大教授杨振声的客人，住进谐趣园后面幽静美丽的霁清轩，那园子不大，却有丘有壑，一脉清溪从丘壑间潺潺流过。几处精致的楼阁亭舍，高高低低，散置在小丘和地面上，错落有致。几家人分住那些房舍，各得其所。我就把我的睡囊安放在半山坡一座18世纪的小小亭子里。生活过得非常宁静而富有诗意。充和、我同

20世纪60年代,张充和与傅汉思在美国家中。

沈家一起吃饭,我也跟着充和叫沈太太三姐。我们几乎每天能吃到从附近湖里打来的鲜鱼……

充和同我在1948年11月19日结婚了。为了使婚姻在中美两国都合法,我们准备了一个中西结合的仪式。有美国基督教的牧师、美国驻北平领事馆的副领事到场证婚。从文、三姐在结婚仪式上也是重要人物,我在信中对父母这样描写:

> 北平,1948.11.21……是的,我们前天结婚了,非常快乐……仪式虽是基督教的,但没有问答,采用中国惯例,新娘新郎在结婚证书上盖章,表示我们坚定的决心。除我俩外,在证书上盖章的,还有牧师,按照中国习俗,还有两个介绍人(从文和金隄),两个代表双方家属的,沈太太和杨

振声教授(他代表我的家属)。参加婚礼的还有充和两个堂兄弟、沈家两个孩子和几个好友,连邵牧师夫妇一共14人。邵牧师夫妇在他们西式房中为我们安排了非常好的仪式。没有入场仪式。我们俩站在小桌子前面。牧师站在桌后,面对我们。他用中国话宣讲基督教义同婚姻意义,他想那样所有在场的人才能够听得懂……

后来吃结婚蛋糕。小虎最喜欢吃,他说:"四姨,我希望你们天天结婚,让我天天有蛋糕吃。"

一个月后,充和同我离开北平,经由上海来到美国。一直到30年以后,我作为汉学研究团团员之一来到中国大陆,在北京和另外七个城市访问一个月期间,才又在北京看到从文、三姐和龙朱,在成都看到小虎。这以后,再同从文、三姐会面,就是1980年10月27日晚上,在纽约甘遒迪机场。从文同三姐,不仅是第一次来美国,也是第一次出国旅行。对充和同我,有这样两个亲人从万里外来到我们康州家中,正是实现了我们32年来的梦想。

张充和译

双溪的回忆

沈龙朱

日本学者福家道信先生要去当年文化部干校所在地湖北咸宁访问，特别向我们问起如何去当年爸爸被"疏散"的双溪。我去过，但是那已经是近40年前的事了。

此事引发我对双溪的回忆，草绘一张爸爸当年在双溪的第二个驻地的情况图，颇有感慨。那是一间比室外路面稍低的小学教室，由于"停课闹革命"已经闲置两三年，屋顶多处漏雨，下雨时，室外路面的积水也会顺势流入室内，带进路面的泥浆，因此室内地面也沉积着红色的一层泥巴，有的地方还汪着点水。虽然室外雨已经停了，室内还有些地方在叮叮咚咚地滴水，为了避免大量积水，漏得最凶的地方，已经用某些容器接着，隔一段时间，就要泼出窗外更低洼的地方去。室内用具的摆放也是选择室内不漏或少漏水处而置，无法考虑使用的便利与否。由于床的面积最大，几乎无法找到可以完全躲开漏雨的地方，只好考虑摆在遮挡的最方便位置。所以在帐子顶上又用塑料床单张拉起一块防

沈从文、张兆和与大儿媳马永暐、孙女沈帆合影。

在湖北下放时期的张兆和、沈从文。

水顶棚，用很长的、很结实的行李绳、布带扯在远处的木柱上，在不得已的情况下，至少暂时避免床上直接灌水还是有效的，从我去时曾经把那帐顶上两三桶积水（约20斤）倒出室外来看，能在那种物质条件下想出这个办法是非常难得的。由于室内地面有淤泥，室外路面也是处处积水淤泥，所以爸爸总是穿着雨鞋，那种鞋帮子高到小腿肚的半高筒套鞋（从与农民妇女小孩合拍的那张照片可以看到）。为了防水，室内用具一律垫高两层红砖，所以不论是床、小书架、大木衣箱的支架、书桌……甚至痰盂、接水的大铝盆也都垫上了砖，衣箱、书桌、书架也都覆盖以各色塑料布。为了在室内走动方便，地面上用红砖像梅花桩一样摆成通向各点的小道，只有迈准确了步伐，才可能不踩到泥泞中去。

应该说，是当时一同被下放的张师傅（历史博物馆修复青铜器的技术工人专家）一家，故宫博物院在当地的下放干部，和当地的老乡和村干部帮了大忙。因为当时已经70岁的爸爸，绝对不可能自己找来上百块红砖，不可能自己把床、箱子、书架、书桌摞到砖上面去，不可能自己把一块块砖摆成那室内通道，更不可能紧紧扯起那块张在床顶上的防水塑料布……

在那个时代，我去探亲，第一眼看到了爸爸当时的生活条件，当然充满了不敢说的怨气和愤怒。但是随后，当我细致观察了那个奇异的环境以后，我又充满了对爸爸周围那些朋友的感谢。

隔壁邻居胡三爷

沈虎雏

在中老胡同32号大院里,我家住西北角,北平解放那年,爸爸陷入精神迷乱,3月,曾一度轻生,幸而遇救,他没成功。突如其来的举动,震惊了左邻右舍和大院众多街坊。他们中间有些人日后也寻求解脱,却成功了。那场灾变让沈从文成了对新时代疑惧的不祥名字,来客渐少,大院西北角变得格外清静。

开春了,大地解冻,虽然家有病人,我和龙朱哥儿俩仍像往年一样,刨松小院泥土,捡出碎砖烂瓦,盘算今年种点什么。

镐头常松动,小二看在眼里,拿来家伙打进一个楔子。

我欢喜小二,他很和善,手底下麻利,什么活都会干,也肯教我。我家石妈、陈友松伯伯家李妈都欢喜他,碰到玩不转的重活,小二从不惜力。小二是胡三爷的中年男保姆。解放军围城时候,南京政府把北京大学出身的陈雪屏派来,抢运学者教授。爸爸也在名单上,但他和大多数被抢运对象都选择了留下。在北大50周年校庆前夕,胡适校长仓促登上去南京的飞机。他小儿子思杜没走，带着在胡家多年做杂工的小二，带着一只长毛波斯猫，搬来中老胡同，成了我家的隔壁邻居。

那只波斯猫保养得很好，干净硕大，乌黑长毛四射，矜持自重，从不乱叫。它趴在门口晒太阳时，用两只美丽大眼睛望着你，望着这陌生院落，怎么逗引都不肯挪窝。新邻居家悄无声息，没什么来客。胡三爷难得露面，从不在我们两家共有的小院里溜达或停留，只偶尔站在门口活动胳膊腿，远远地看我们兄弟修自行车、侍弄小菜园。

听石妈说，胡三爷是对面江泽涵伯伯什么亲戚，也看不出他跟江家经常往来。新邻居和爸爸妈妈好像素不相识，其实他们之间的缘分可追溯到1930年，妈妈暑假去胡适家的情形，保留在她日记里：

> 我走到极司非而路（极司菲尔路）的一个僻静小巷中，胡家的矮门虚掩着……我看见罗尔纲在院上教着一个男孩念书，他见我来，站起来同我点头。

罗尔纲从中国公学毕业后，到胡适身边工作，却是由爸爸牵的线。1930年5月初他致信胡适：

> 罗尔纲同学同我说想做点事，把一点希望同我说过了，特意写给先生……

1932年初，爸爸寒假期间到北平，住在胡适家，想必有更多机会接触罗尔纲和他的这位学生。解放前这两三年，爸爸妈妈去胡适家做客也不止一次，胡三爷早已是成年人了。现在他们做了隔壁邻居，相互竟如陌生人。

这天我跟小二闲聊，三爷过来嘱咐点什么，见我转身要走，便笑笑说："小弟你别走，到我家来玩。"

"胡三爷"是保姆们背地里对他的尊称，我当面这样叫他好像不合适，但没有一张机灵的甜嘴，想不出该怎么称呼才对，只能尴尬笑笑，跟着进了这位新邻居家。

屋里被小二收拾得干干净净，三爷穿件中式上衣，身板厚墩墩的，人白白胖胖可并不拖沓。他不讲礼数，好像两人早已相熟，解除了我的拘束感。

"好香啊！"一进屋我就闻到一股甜甜的酒香。

胡三爷告诉我那是他泡的枣子酒气味，刚才打开过一次。一面说着，把个圆肚青花瓷坛抱上方桌，掀开盖子让我看。嗨！更浓的甜酒香气迎面而来。

"想不想尝一尝？"

我没有食欲，摇头，断定这东西闻着香，不会喝酒的人欣赏不了。

他于是说些枣子酒怎么做，有什么好处之类。

"其实这个还不算香，茅台要香得多。小弟你尝过茅台吗？"

我摇头。他从橱柜里拿出一瓶没喝完的茅台酒，打开盖让我闻。

嚯！果然好闻，还没凑到鼻子边，浓浓酒香已经扑过来把我包围了！

三爷解释说，他就是喜欢喝两口。像是在承认一个弱点。

从那以后，远远见我他就点头致意，迎面碰到，他会用轻声

"小弟"打招呼，我照例还是笑笑作答。

一天，三爷招手示意，邀我再去玩。随便聊着，他问起解放前夕有没有同学离开北平。我告诉他同班有个姓吴的，爸爸是兴安省主席，全家走了。

"哈！一直待在北平的兴安省主席吧？"

我说还有个姓王的，常跟我们讲八路军的好话，说家里人亲眼所见。爸爸是励志社职员，他家并不富裕，甭说金条，就袁大头也不会有几块，也走了。

胡三爷解释，励志社是国民党的，又问我："小弟你见过金条吗？"

"见过。有个叫虞和允的同学跟我挺好，临走时我去看他，人来人往乱哄哄的，他匆匆忙忙捧来叫我看了一眼。"

"那，见过金元宝吗？"

"没有。"

三爷走进里屋，回来时掌上托着个金灿灿的东西。

"哎呀，这么小！"我只从演戏的道具和年画上见过元宝，个个都是大家伙，没想到他的真东西比饺子还小一号。

不知怎么又聊起学习，听说我们六年级同学自己成立了时事学习小组，搞不清的问题，老师要是回答不出来，就上街拦住戴"军管会"臂章的解放军询问。三爷充满兴趣，想知道问点什么。

"左派、右派说法是怎么来的？为什么共产党算左派？"

"有答案吗？"

我告诉他三个同学一块儿上街的经历，先拽住一个年轻人，那人推托说有任务，匆匆忙忙走了。又拦个中年人，他说外国也把共产党归在左派,但这说法来源他本人不清楚。

三爷说这个中年人老实。

我讲起每次游行、上街扭秧歌,学习小组的人都参加,其他同学不一定去。最近游行特别多,解放南京、解放武汉、五一、五四……我们都上了街。

胡三爷笑着说:"小弟,你知道吗,毛泽东领导了五四运动。"

"知道,知道!"我告诉他学校集合排着队去听政治报告,北京的五四运动是在少数学生、知识分子中间进行,后来毛泽东发动湖南工人,五四运动有了无产阶级领导,才影响全国。一边说着也笑了起来。

在我这小学生脑瓜里,原先对五四的零碎常识,大半来自阅读,分明记得胡三爷的父亲曾倡导新文学,算得上五四时代领袖人物之一。解放后第一次受到新的历史教育,便彻底颠覆了旧常识。

1955年唐山铁道学院学生在上课,他们或许都听过胡思杜的政治课。

胡三爷悄无声息地搬来,没住上一年,又不事声张地走了,从此再没见过他和小二的身影。大院西北角比原来更加冷清。

听石妈说三爷入了革命大学。1949年进革命大学的熟人,像汪曾祺、金叔叔,他们和进华北大学的妈妈一样,都穿着全套军装。想到胡三爷白胖身躯套上解放军制服的模样,我觉得一定比其他熟人滑稽。他那些含着浓香的酒坛子、酒瓶子,看来全都舍弃了。

威严神气的长毛波斯猫,跟在黄花、大白后面四外流窜,成了无家可归的野猫,漂亮的长毛很快就纷乱纠结。第二年开春时候,蹲在原来主人家房顶怪叫。石妈说它两眼都瞎了,想喂点吃的,唤它,已经没有反应。

这个春天,爸爸由历史博物馆组织上安排,也进了革命大学。两位隔壁邻居同样为了融入新社会,在思想改造的漫漫长路上,作各自不同的跋涉。

我们家人没听到胡三爷的学习情况,只是常为爸爸着急。他倒有自知之明,在信中告诉萧离叔叔:"由于政治水平低,和老少同学比,事事都显得十分落后,理论测验在丙丁之间,且不会扭秧歌……也就是毫无进步表现。在此半年唯一感到爱和友谊,相契于无言,倒是大厨房中八位炊事员……那种实事求是素朴工作态度,使人爱敬。"

那只脏兮兮的大白,开始肆无忌惮地朝我家钻。刚打出去不一会儿,又幽灵似地悄悄溜回来,隐藏在暗处。我加重惩罚,它并不夺路逃走,只是把整个身子俯贴地面,默默地忍受着。

妈妈看出原因:"小弟别打了,我估计是怀了小猫,要找暖和地方休息。"

从此大白得到个简单的窝,并得到一份吃食。

一次周末,爸爸从革大回家,半夜床尾有咕吱咕吱响动,原来是大白擅自选中妈妈脚边被窝当作产床,正在吃掉小猫的衣胞。妈妈不让惊动它,两人保持固定姿势直到天亮。被褥虽然搞得一塌糊涂,四只小猫已经被大白舔得清清爽爽。

四个小猫四个样,其中一只黑里带点白花的,长毛四射,特别精神,活像它父亲,被大家称作狮子猫。爸爸在信中告诉梅溪表嫂:"家中养了五个小猫猫,极有趣味,虎虎成天看着,如丈母看女婿一样。"

到秋天，爸爸用手绢把狮子猫包好，带去送给革大的老炊事员朋友。这时候胡三爷还没毕业，不知能不能从伙房里认出那只波斯猫的后代。

这个秋天，胡思杜在革大写了《对我的父亲——胡适的批判》，海内外几家报刊登载，对随后几年批判胡适运动发挥过启示作用。罗尔纲在《胡适琐记·胡思杜》里，回忆起自己读后的感受："胡思杜与胡适还可以划清敌我界线，我做学生的，更可以与老师划清敌我界线了！从此解决了心头的难题，豁然开朗了。20年前，我是胡思杜的老师，今天胡思杜是我的老师了！"

听爸爸讲过，统战方面的人曾请他给胡适之写信，劝胡从美国回来，共同为新中国文化事业出力。信写好了交上去，再没有下文。

爸爸必定也学习过胡思杜的文章。对于爸爸来说，转变立场批判胡适肃清流毒，检查自己所受的影响，即便从革大毕业以后，仍是必修课之一。交出一份及格考卷，比交出一封对胡适作微笑态的信困难得多。

那一个秋天，爸爸在革命大学试用新的立场、观点、方法，私下里写了赞扬劳动模范炊事员的《老同志》，又历时两年，七易其稿，是毕生倾注热情耗费精力最多的一个短篇习作。他企望创作生命能够死灰复燃，找回重新用笔的信心，为新社会服务。怎奈力不从心，无法驾驭主题先行的写作路数，这篇失败的习作后来被两次退稿，生前没能发表。

爸爸从革大毕业前，组织上希望他能归队搞创作，征求本人意见时，因私下写《老同志》的体验，明白自己"极端缺少新社会新生活经验"，而且"头脑经常还在混乱痛苦中"，选择了默默回到文物工作岗位，埋头于库房、陈列室的花花朵朵、坛坛罐罐间，用"有情"的笔，谱写汪曾祺说的"抒情考古学"，度过了后半生。

那些年听传言，说胡思杜去唐山铁道学院，做了马列教员。我相信他是在付出超乎常人的努力后，得到认可，已经过上改头换面的全新生活。那些年，我听到接踵而来颠覆常识的新理论，已逐渐学会正面接受，再也没有哑然失笑的落后表现。胡思杜肯定更胜一筹，有资格对新一代作正面教育了。

但那些年我并不知道，这位邻居背负着无法改变的可怕出身，三十好几也交不上女朋友。尽管他一直努力工作，争取进步，一直想入党，尽量乐观，却一直是二等公民，1957年中央号召"百花齐放，百家争鸣"，胡思杜积极响应，给学院领导提教学改革建议，随即被打成向党进攻的右派分子，同时把胡适抬出来，一起批判。经过多次大会小会，在《对我的父亲——胡适的批判》文章首次发表整整7年后，9月21日他在绝望中上吊自杀，才换得永久解脱。1980年，组织上对胡思杜重新审查，以错划右派平反昭雪。

胡适1962年病逝于台北，在他生前，家人一直不敢把胡思杜的悲惨结局告诉胡适夫妇。

曾在中老胡同32号西北角做隔壁邻居的两位户主，先后成为古人已经很多年，爸爸笔下称为"乌云盖雪"的那只长毛狮子猫，一直还没长大，依然在炊事员老同志身边"床上地下跳来跑去，抓抓咬咬自得其乐"，活在那篇失败习作的字里行间。

2010年3月记

张宇和纪念日

张以迎

今天是爸爸离开我们8周年的日子（6月7日），也是他老人家冥寿96周岁。生卒同日，人生是一个圆圈。应中科院编撰"老科学家传略"的要求，南京植物研究所在征集了我们家提供的材料的基础上，撰写了以下文稿并上报。谨以此作为纪念。祝爸爸在天堂愉快！

前 言

张宇和（1918—2006），我国著名园艺学家，从事园艺和植物引种驯育教学与研究，培养了一大批专业技术人才。在果树引种驯育方面有着较高的学术造诣，较早开展和指导天然食品添加剂菊黄色素、咖啡添加剂菊苣及甜味添加剂甜菊的引种栽培及资源的开发利用研究，获得省部级科技成果进步奖6项。在植物种植保存等方面做出了重要贡献，取得了显著的经济和社会效益。

由于张教授文化底蕴深厚，科学知识丰富，卓有远见，较早提出并帮助中山植物园开创了植物环境保护研究。主要著作：《果树砧木的研究》《江苏果树综论》，主持编著《太湖洞庭山的果树》《植物的驯服》等著作十余部。1994年获国务院"政府特殊津贴"。在任中科院南京植物研究所研究员期间还兼任江苏省园艺学会理事长，江苏省第七、第八届人大常委。

经历与成就

张宇和原籍安徽合肥。1918年生于江苏苏州。在苏州上中学时，乐于帮助贫困学生，组织学生合作劳动，克服读书经费不足的困难。1931年就读于省立苏州农业学校。1935—1937年留学日本东京农业大学，因抗战发生，回国就读于成都金陵大学农学院园艺系。由于品学兼优，获得学校金钥匙奖，并获免偿贷金（助学贷款）。1942年毕业后留校任助教。1945年起先后担任安徽省农改所园艺部主任、安徽省科学馆生物组组长，1947年任苏州农校园艺科主任、教导主任等职。为了培养学生的学术研究兴趣和能力，他指导本科学生成立学术研讨会，让学生参加生产实践和社会调查，有效提高教学质量和学生各方面的能力。

1956年调入中国科学院南京中山植物园（即现中国科学院南京植物研究所）工作，任驯化育种研究室主任。他的敬业精神是一贯的，为了培养年轻人，经常利用业余时间组织专题讲座，交流学习，并亲自讲解中国古典文学和唐诗宋词，以提高年轻人的文化水平和写作能力。

20世纪50年代，他开创的木本粮食植物研究取得了丰硕的成果，促进了生产。60年代初在《人民日报》发表题为"对木本粮食树种的几点意见"的文章，受到人们的重视。1957—1965年期间着重中国板栗资源、遗传育种和生物学特性的基础研究。主持课题组调查了全国11个板栗主产省的品种资源的分布、生产情况及栽培技术。70年代后期，主持食品添加剂植物的引种、筛选和利用研究，并主持开创植物环境保护的研究。他在长期的科研活动中，积累了丰富的资料，主编了《中国果树志·板栗卷》《板栗》《果树引种驯化》《植物的种质保存》《果树砧木的研究》《果树繁殖》等10余种专著。60—90年代曾在多种杂志上发表学术论文30余篇，曾12次获得科技图书进步奖和荣誉证书。

张宇和对园艺学有较深造诣，曾担任大型图书的编审工作，如《中国果树志》总编委，《中国栗树志》主编，《中国大百科全书·果树卷》副主编，《英汉大词典》果树园艺主编，《江苏省志·风景园林卷》副主编等。

几十年来，张宇和的严谨治学、博学多才、幽默诙谐和平易近人令人印象深刻。更让人难忘的是他言传身教，带领年轻人一步步跨入科学研究的殿堂。他带领学生去苏州洞庭山调查枇杷、杨梅品种，时值枇杷开花季节，他勾画模式图形，记载枇杷的开花习性，新颖生动。

调查前，他列出详细的调查提纲，大家依据提纲进行深入细致的调查后，终于发现了两个枇杷新品种。

在果树砧木试验工作中，他率领课题组认真查阅文献资料，制作卡片，进行资料的整理和综合。这种研究方法，为青年科技人员起到了榜样的作用。20世纪60年代初经济困难时期，张宇和提出木本粮食植物板栗、枣的研究课题。从1960年到1964年间，在全国范围内进行品种资源的调查和引进，在中山植物园内建立了60多个板栗品种和70多个枣品种的种质资源圃，并进行生物学、遗传学特征特性的观察、栽培和杂交试验等，积累了大量的基础资料，使南京植物研究所的板栗品种和枣品种研究工作处于全国领先地位。

在进行每项试验或调查研究时，张宇和都严格要求年轻人做出详细可行的设计或提纲，试验研究中要求做好点滴记录。他还专门为大家讲解如何写试验设计，试验结束后如何撰写论文等。年终时，他仔细地将所有的总结和文字资料装订成册，统一保存，至今已有数十册板栗、枣的原始记录和整理文章保存在所内科技档案室。张宇和的这种严谨认真的科学态度培养了年轻学者，形成一种良好习惯，使他们在今后的工作中得以继承和运用。

张宇和还具有出色的科学管理才能。他设计了以研究对象为主的纵向小组，以学科为主的横向小组，纵横交错、统一管理的组织形式。

在这样的组织管理下，每个年轻人各有其职，各司其责，分工明确，相互合作。充分调动了大家的积极性。这是一个学科与任务有机结合的科学管理模式。张宇和对学生的写作能力也非常关心，他不仅重视文章的科学性、逻辑性和结论的严肃性，还注意文字简练、用词恰当，每篇文章他都亲自修改。在这样的严格要求下，他领导的一帮年轻人上进心强，学习氛围浓厚。

张宇和教授不愧为我国老一辈著名科学家。他生活简朴，科研成果卓著，为国家科学发展和经济建设做出了重大贡献。他自强不息的科研精神和创造性的科研方法，引导了年轻一代科研工作者走上正确的科研道路，他永远是我们的榜样和良师益友。

主要论著：

《果树砧木的研究》《江苏果树综论》《太湖洞庭山的果树》《中国大百科全书》（农业卷）（参加编写）《中国农业大百科全书》（农业、林业卷）（参加编写）《板栗》《植物的驯服》《中国栗树志》《江苏省·风景园林卷》《果树繁殖》《果树引种驯化》

二姐同我

张充和

二姐同我相聚的日子，88年间总共不到两年。我出生8个月，过继给二房叔祖母做孙女，由上海回合肥老家。

第一次到寿宁弄家中，我7岁。见到3个姐姐5个弟弟，又高兴，又陌生，像到了另一个世界。姐姐们觉得忽然跑出个小妹妹来，更是件新鲜的事。于是商量要办学校，说到做到。大姐的学生是二弟，三姐的学生是大弟，二姐的学生是我。二姐最是上劲，把我的名字改成"王觉悟"，还把三字绣在一个书包上，要我背着。学校在园中的花厅里，上的是什么课我记不得了。有一天，不知为什么得罪了老师，她用一把小剪刀，一面哭，一面拆"王觉悟"三个字，哭得很伤心。大大（合肥方言，母亲）说了她几句："这么大还哭，小妹妹都不哭，丑死了。"事后见二姐的著作《最后的闺秀》。故事略有出入，或大有出入。

以后我们师生和好如初。她教我在一块缎子上绣花，我从未拿过针，她完成后，算是她教我绣的，到处给人看。钟干干（带充和的保姆）夸我，更夸她教得好，她高兴，我也高兴。其实到现在我还不会绣花，正如我不会算学一样。

第二次回家，家在九如巷，我14岁。大大在我9岁时过世。继母生了三个孩子，两个不存，只有宁和七弟，才两岁。从此我们姐弟是10个人。这次是祖母（叔祖母识修）带我来苏州，我们住在南园李家别墅。祖母有时把我送到九如巷同姐妹们住几日。也许不到一月，我们就要回合肥，三个姐姐在晚上关起楼门，办了四个碟子、一壶酒为我饯行。我们谁也不会喝酒，只举举杯做样子。但二姐就真的喝了几口，即时倒在床上。大姐说："今天送四妹，不可无诗，我们四人联句，一人一句就是一首诗了。"大姐前来一句"更深夜静小楼中"，第二句该是二姐，可是她呼呼地睡着了。三姐向我挤挤眼睛笑着说："她作不出，装睡了！"她可真醉了，叫也不醒。大姐说："三妹接第二句吧！"三姐接"姐妹欣然酒兴浓"。大姐接了第三句"盘餐虽少珍馐味"，我接"同聚同欢不易逢"。现在看来，这首诗真是幼稚。但当时我真感到有三个姐姐对我这么好，还给我饯行。夜间都睡静了，我是第一次百感交集不能睡，作了一首五律："黄叶乱飞狂，离人泪百行。今朝同此地，明日各他方。默默难开口，依依欲断肠。一江东逝水，不作洗愁汤。"[①]也是破题儿第一遭五律。

第二天，大弟知我们又吃又喝又作诗，没有带他，有些失望，也不服气。他作了一首长短诗："天气寒，草木残。送妹归，最难堪。无钱买酒饯姐行，只好对着酒店看。无钱醉，无席

[①] 这是张定和收集的张充和最早的诗句。

餐。望着姐归不能拦。愿姐归去能复来，相聚乐且欢。"我看了又高兴，又感动。回合肥把三首诗给我的举人老师左履宽看，他说宗和的最好。他其时13岁（本文中年岁都是虚的），因没有读多少旧诗，所以没有旧诗老调。我们略读了一些，就无形中染了老调。以后他偶然作些，都无旧诗习气。此后只同三姐通了几封信，也还有一两首小诗。

1930年，祖母春天过世，我17岁。秋冬之际回到家中。这次是真正回家了。但是姐姐们已都去上海进大学，我一个人在楼上一间房住。最大的转变，我得进学校，按部就班，爸爸的意思是应该接受普通教育，问题是在英文和算学上。二姐介绍她中学算学老师周侯于从四则教起。我在乐益小学六年级读几天，就读初中一年级。一年后"一·二八"事变，我们一家去上海。我斗胆考务本，居然考取高一。以后转学光华实验中学，是二姐与她同学们办的。二姐也是其中老师。她住老师宿舍，我住学生宿舍，那时她同耀平兄还在恋爱时，我同她不常见。

耀平兄请我陪他三姐去向爸妈求婚。三姐非常文雅，客气地说了很多求婚应说的话，我一句也不懂。爸爸是个重听，妈妈也不会这一套，两人只微笑，微笑就算是答应了婚事。后来耀平兄送我一件红衣，称我为小天使。他们在上海结婚，曲友们还叫我唱《佳期》，耀平兄看着曲本。以后他向二姐说，如果四妹懂得词义，大概不会唱了。其实唱清曲，题目应景就行。上台表演又是另回事。

她连生三个孩子，一个不存。以后我去北平，回苏州，又去南京，都同她很少见面。直到抗战初期，她一家来张老圩避难，住很短时间就先往成都去了。

后来我到成都见到她，但不住一起，我同四弟、镕和弟[1]另住在湖广馆。她同光华教员同住。不久我去昆明。直到1941年我到重庆，正是大轰炸，不记得她住何处。见面时只在荫庐胡子婴[2]家。以后她同晓平[3]、小禾住在江安，我也去住了几天。江安是个安静而美丽的地方。我最喜到江边去散步，也听不到警报声。

那时我的工作地点是青木关教育部，不常去重庆。忽有一个消息传来："小禾病重，来重庆医治。"小禾病也很严重，盲肠炎转腹膜炎，已变成只剩下皮包骨头了。战时的特效药及盘尼西林等药，只许空军可用，医生也束手无策，只每天给小禾洗一次，腹部开一口约二三寸长，洗时并不听她呼痛。但不时要二姐抱她，说背疼。一天好几次，二姐的身个小，小禾七岁，虽瘦，对二姐来说，还是又重又大，天气湿热，我向小禾说："妈妈累了，我抱抱吧。"她转过要哭不能哭的脸，皱着眉头说："不！"以后又喊："妈妈，抱抱。妈妈，抱抱。"二姐抱她坐在藤椅上，她闭着眼，安安静静地似乎睡了。及至放到床上，又要抱，越来越想在妈妈身上睡。二姐多日的焦虑，痛心，疲劳，虽是抱她坐下，但小禾整个上身仍是在她臂膀上。一次小禾又要抱，二姐抱是抱起了，却突然把她向床上一放，伏在床上，失声痛哭说："我受不了了，我受不了了……"我每天都在希望与绝望之间窒息，透不过气。经二姐这一发作，我跑到门外大大地抽咽。看护们以为小禾出了事，赶快进去，看看无事又都散了。

一个下午，炎热稍散，二姐同我走回荫庐，路上喝杯冷饮。

---

[1] 后来参加远征军，与张充和是同被识修收养，是过继来的。
[2] "民国七君子"之章乃器夫人，与张允和较好。
[3] 也叫小平。

两人擦个澡，天已傍晚，到医院大门，门外停一口白木小棺。我们心里明白，我说："回去！明天再来！"二姐没有反对，也没有说要再看小禾一面，也没有一滴眼泪，她已伤心到麻木了。

第二天清晨，太阳没出，我们去医院，小白棺已在防空洞。小禾离开我们安然睡去了，不再要妈妈抱了。这几十年来二姐同我，我同二姐再没提起小禾。只一次，提到五弟①，她说："我很感激五弟，他替我办了小禾的后事。"

以后我进城不再住荫庐，住在曲友张善芗②家，她的住处是上清寺，青木关进城最后一站就是上清寺。一天清晨，天还没亮，有紧急敲门声，工人起来开门。一声"四妹！"，是耀平兄，我几乎滚下楼来，我以为二姐出了事。耀平兄说："晓平中弹！我要去成都，请你同去找郑泉白③搞车票。"他知道我每次回青木关是郑泉白派人买车票的。于是我们又去敲郑家的门，他即刻派人到车站内部去买，不必站班，有时站班还不一定买得到。耀平兄拿到车票，就搭第一班车去成都。我送他走后，惊魂不定，晓平再出了事，二姐怎么办？这一家怎么办？我一天到晚走路，大街小巷去跑，善芗看我这样游魂似的不安定，她说："得消息时说中弹，不死，总是有救的。成都医院好，坏消息未来，就是好的。"她到底比我大几岁，这么一说，我倒稍安定些，还是等着，等着。重庆到成都是两天的路，六七天后，得到耀平兄一封长信，叙述他一路上心理变化，好的方面少，坏的方面多。及至到家，见到老母还在静静地擦桌子（周老太最爱干

---

① 张寰和。
② 昆曲名家，后去台湾。
③ 充和曾绘画《仕女图》赠给郑泉白，后来曾保持联系。

净），知晓平已出院，于是一块石头才由心中放下。这封信写得真切动人，是篇好文章，我一直带在身边。十年前寄二姐转晓平。二姐回信说，此信同晓平腹中取出的子弹放在一起，传之后世。1945年6月在成都医牙，住在二姐家"甘园"（就是晓平中弹的地方），我有几天日记，抄下作为结束：

7月10日　医生说二姐胃中有瘤，疑是cancer，要动手术。

7月13日　二姐明天八点动手术，耀平兄心中很不安，一天三次到院。好丈夫即在此处可见了。

7月14日　二姐于八点进手术房，割去盲肠及胃中小瘤，经过良好。

7月16日　晚间在医院为二姐守夜。

8月4日　二姐同房病人赵懋云[①]，是第一届北大女生，信佛，要我唱弥陀佛赞。

8月10日　一声炮响，胜利了。耀平、晓平去前坝。

9月4日　陪二姐到湖广馆看李恩廉[②]。

二姐大概是8月10日以后出院的，我没有记。

二姐后半生是多彩的、充实的。她为昆曲做了很多有用的事，写了很多文章，又恢复了《水》。最重要的是抗战中的苦难，锻炼了她的大无畏精神，虽然她本来也不是畏首畏尾的人。只看红卫兵来抄家时，她那种幽默、潇洒不可及的态度。她虽然

[①] 1920年2月，四川省南溪县的赵懋云、赵懋华成为北京大学首次招收的八名女大学生之一。

[②] 光华大学成都分部的教务部副教务长。

有严重的心脏病，却没有一点屈服于病的心理，仍如常人，甚至于超过常人的勇敢办事、学习。所以她满意一切，也没有带走一点遗憾。

难忘的记忆
——给亲姐姐兆和三姐的信

张定和

三姐：

午夜梦醒，对星空瞭望，不知你此时停留在哪片云后，哪颗星上；不知你和什么人相遇了，也许是见到了二姐，还像往常一样，高高兴兴，有说有笑，有商有量。是在策划什么吗？

我记得姑苏城内，乌鹊桥南，有务农人家，有阡陌田畴，也有小小河流。说这话是20世纪20年代的事了。你带着你的四妹，是两个"大家闺秀"，竟敢冒天下之大不韪，在众目睽睽之下，赤臂露腿，跳到河里，跟"萝卜头"祖麟兄学游水，招惹了好多人跑来看新鲜，你们却旁若无人。

记得我和四弟、五弟少儿时期，在九如巷家里同住一屋，在水井南边一溜平房东头。你的绣房是北面楼上的西阁。你要呼唤三个弟弟中哪一个上楼，就用口琴吹事先商定的曲子，我们都能如你之愿做到。我们觉得有趣、高兴，还觉得荣耀。不过要是你去外地上学，住校，我们就听不到你的呼唤了，大有门庭冷落之感。举头望西阁，低头心黯然！

也记得你在我们自己家里的游艺会上演独角戏，你勾画饶有趣味的面孔，头上插着五色斑斓的纸花，穿得怪模怪样，还把蚕豆般大小的饼干代替佛珠，穿成一串，套在脖子上，用从高干妈那里学来的扬州话，又说又唱，表演俏皮、滑稽、有趣，逗得大家乐不可支。你的出众才华给大家带来欢乐，给我留下深刻的印象。

你画过一张画，画一个和尚，一手摸着自己脑袋，睁大了眼睛，瞪着一条身上长满了毛毛的虫。在图上你写了个"羡"字，还加上个惊叹号。此画幽默风趣，堪称上品！我想，如果你专攻美术，定能成为一个漫画大家。

我这里有你在中国公学上学时的一张照片，体魄健康，肤色黝黑（你曾自称为Black Cat），短发、短袖、篮球鞋，双手叉腰挺胸膛，好一派刚强的男儿气概！人称体育健将！你不仅在一个大学专攻西洋文学，还在另一个大学专攻中国文学，功底深厚扎实。你在《人民文学》当编辑，审定过成千上万字的文稿，有多少文学青年在你的赏识下走向文学成功之路。而你却常年辛苦，任劳任怨，埋头工作，默默无闻。

在我小的时候，有一次你呼唤我上楼，我进屋觉得天色近黑，就去开灯。"不要开灯！"你叫住了我，我不知所以。你说，一开灯马上就变成晚上了，这一天白昼就没有了；要是不开灯，那就是黄昏时候。黄昏是白昼的延续，是白昼的一部分，就能够多挽留一点儿"今天"了。三姐啊三姐，当年我年纪小，浑浑噩噩，对世事不甚了了，你说的话有的我未能领会理解。及长，回想起你因"黄昏"而说的话，那是你珍惜时间，热爱生命的意思，全然是悲天悯人大慈大悲的菩萨心肠，庄严、深沉、悲壮！

　　三姐，你走了，真走了，走向渺茫！你款款而行，频频回首，是在寻找我们么？

　　三姐，我在这里！三姐，亲爱的三姐，想你，很想你！想和你执手相看，想亲亲热热地拥抱你！

　　地久天长终有尽，亲情眷恋永无垠！祝你走好，走好，好好地走！珍重，珍重，珍重前程！

三弟

妈妈的手

沈龙朱

就在妈妈住院以前，我为她剪了一次手指甲。那天，保姆小霞见她指甲长了，想替她修剪一下，怎么动员也没有说通，只好求助于我。我一边和妈妈开玩笑，说是要为养的花草准备点"马掌水施肥"，一边轻握起她那双骨节突出瘦小的手。她笑了，听凭我摘了眼镜动起小剪子和指甲刀来。这是我最后一次为她修剪指甲。我们小时候，妈妈也总要用各种方法哄着小虎和我剪指甲，在我多少已经懂得被妈妈温暖的手握住、一根根手指甲被细心修剪是一种享受时，被爸爸妈妈称为"稳健派"的小虎却仍然对在手指尖上动用剪子怀着恐惧感。有一次妈妈为我剪指甲时，旁边的虎雏突然大哭起来，原来是他太专心地瞪着大眼睛看，却被蹦出的指甲屑迷了眼。

妈妈的手看上去真瘦、真小，褐色的皮肤下面几乎没有多少肉，露着的是青筋和变形的指关节。这双手，曾经牵着我去上幼儿园，在我过分淘气时揪过我的耳朵；这双手，拆洗了旧毛衣、毛裤，又一段段接织起来，成了我身上漂亮的毛背心；这双手，揉面、发酵、用扣在一起的两个搪瓷脸盆当蒸笼，弄出了我和小虎馋兮兮、眼巴巴在盼着的开花馒头；这双手，既能在小河边冰冷的水中为两个孩子洗衣服，又能在学生的土纸作业本上批批改改，写出漂亮的行书和英文；这双手，在爸爸最困惑艰难的时候支撑了我们这个家；这双手默默修改过不止一位作家早期的文稿，这双手也在湖北咸宁的向阳湖畔播种、抬粪和收获。正是在那里，这双手为我新婚妻子胸前戴上随手采来的野金银花，那是永玮第一次戴花；这双手一面为小虎和我抚育着下一代，一面精心种下了一片漂亮的各色月季；这双手也为爸爸最后的重要著作《中国古代服饰研究》做了无人取代的许许多多工作……

1937年，带着小虎和我留在沦陷北平的妈妈给在后方爸爸的信里这样写着："……不许你再逼我穿高跟鞋烫头发了，不许你用因怕我把一双手弄粗糙为理由而不叫我洗东西做事了，吃的东西无所谓好坏，穿的用的无所谓讲究不讲究，能够活下去已是造化，我们应该怎样来使用这生命而不使它归于无用才好。"妈妈真的一辈子就这么去做了。

现在人们都说妈妈是名门闺秀，可是我似乎从来没有见过她的"纤纤素手"，我印象中最多的却是冬天贴满橡皮膏的手指，比手指粗大得多的指关节。这双手，真的不太好看，可是，我多么想再次捧着、握着，轻轻地为妈妈修剪那些有点变形的指甲！

2003年8月 北京

奶奶的花园

沈 红

春节刚过,北京还是天寒地冻的时节,奶奶离开了我们。慰问和怀念,像无数花朵,陪伴奶奶。奶奶的房间变成了一个五彩花园。

出于天性,奶奶与花草亲近,与小动物亲近,与大自然亲近。奶奶一生素朴平实,却欣赏美,创造美。那些曾经呼唤她的美丽小生命,牵动着我们的欢乐悲哀。

羊尾巴花园

70年代初两位老人结束干校生活,从湖北丹江回到北京。下放回来没有一个完整的家,不得不分居两处。爷爷挤在东堂子那个窄而霉的小屋里,尽将他的书籍资料堆放得铺天盖地;我随奶奶住进"小羊尾巴"胡同[①]。红门灰瓦青绿回廊的一个四合院,

---

[①] 即小羊宜宾胡同。

张兆和与孙女沈红在一起，
总有着说不完的话。

是奶奶单位人民文学杂志社的宿舍，街坊邻居是奶奶的同事。也许因为那时政治压力接连不断，需要缓冲；也许生活在灰色单调的环境里，需要色彩；也许在乡村锻炼了几年，多少学习了一点农家技术，不宽敞的院子里家家户户喜欢动动土，种种东西，我们住进了一个小花园。

春夏季节，"苔痕上阶绿，草色入帘青"。院子里，金银花藤、葡萄藤、蔷薇、牵牛花、茑萝攀援生长，鸢尾、地雷花、扁豆、丝瓜、向日葵渐次开花，在太阳进门时很是热闹。到秋天，院子变化成小果园和小菜园，满目琳琅。

奶奶在"花农"岗位上兢兢业业，日日早起弓腰曲背在园子里忙碌，主攻月季并且颇得章法。爷爷称赞道，"一大清早起，照旧在花朵间剪枝。看来花得不少……以为比故宫御花园的还好。""这里下地深、上气足，今年雨水又好，所以特别旺盛。大的如牡丹，如牡丹好看。""花特别茂盛，真可说'花团锦簇'，或许有三百来朵同时而开。"① 其实我家园子只有巴掌那么大。

巴掌大的花园可不单是奶奶自己的。那些活泼的颜色，快乐了家人，装点了我的童年，也放松了大人们为政治争斗而疲惫的神经。

白天，园子边是爷爷的写作间。很长一段时间他每天在两个"窄而霉斋"之间奔走，后来终于从东堂子迁来羊尾巴和奶奶一起住。早早晚晚空气新鲜，爷爷喜欢搬个椅子在院子里看书，端个小桌子在篱笆旁写作。爷爷关于古代服饰的部分稿子就是在篱笆边修改的。我上学放学的时候，看见那张小面板桌子上堆着稿子，在走廊和花架之间端过来移过去，好避一避太阳。这个"御花园"写作环境较之于东堂子斗室好得多，可是祖孙三代挤在19平米内，在旁人看来还是不堪。香港商务印书馆李先生为出版服饰大书来访，难以相信我们的居所如此简陋。屋内局促，两人站在院子里聊天，聊着聊着大雪飘来，"漫天大雪，两个男人，一个小院，一部书稿，水乳交融，记载着两个人对中华文化的承担，多么富于浪漫的诗情画意！"② 可是承担者何止两个男子，诗情画意又何止那一天。

晚上，园子归孩子们。那时我读小学，算个"小白丁"，既不懂得欣赏奶奶的园艺，也不懂案牍诗书，跟着院子里一群孩子玩。当豆角丝瓜的藤蔓爬上了屋檐，葡萄叶子密密挨挨的可以纳凉时，小白丁们就巴望天黑，天黑了玩藏猫猫。一个孩子背转身

---

① 引自1979年夏天给友人信。
② 李祖泽：《魂兮归来——沈从文先生百岁祭》，2002年。

数数，其他孩子迅速作鸟兽散。鸟兽何处躲？奶奶花篱下。躲进花丛密叶深处，泥土气息包裹了我。经过日晒雨淋，晚上的泥土好闻。园子里也种夜来香，在太阳落山后施展香气妖气，叫人做梦，梦想自己有孙猴子的本领，大闹天宫。催梦的是花，把孙猴子从梦中咬醒的是蚊子虫子。

我家住四合院的东厢房，屋子狭小，花园就是天然客厅。客人来访，或者大鸿儒，或者小白丁，习惯在园子旁坐坐，喝茶，谈天，时间长了，就在园子旁开饭。朋友们都记得花园的好处，斯是陋室，唯"花"德馨。

园子也做过习艺场所，白天在工厂劳动的工人大大[1]下班回家变成花农大大，在园中试身手，这园子是他第一块试验田，花园里走出了一位花经理花专家。也曾有一位年轻的远亲住在奶奶家，每日很勤奋地练胡琴。现在回忆那些乱耳丝竹，也不讨厌。所以说，这园子可以调素琴，阅"金锦"。

唐山大地震，我家墙倒屋塌，举家南逃苏州避难。我就此告别羊尾巴，在奶奶家乡、外婆家乡以及父母家之间辗转千里。我当时不会照相，会照相的大大又舍不得买彩色胶卷，所以没有留下花园的斑斓色彩，遗憾。以后这个院子的遭遇和北京很多四合院一样：拆迁，夷为平地。羊尾巴花园就拆迁到少年记忆里了。

十多年后的一天，我曾到这个地方"怀古"。院子已经不复存在，拔地而起一座水泥高楼，景致全无。那座水泥疙瘩竖立的地方原本是前院赵家地基，这个发现叫我兴奋，于是抱着一丝幻想改怀古为"考古"，竟然摸索到了我家的屋基轮廓！摸摸

---

[1] 大大是我对伯父沈龙朱的称呼。

墙根，奶奶陪我挑灯夜读《西游记》的样子，爷爷低头看书的背影，伙伴们蹦跳叫嚷，奶奶唤我回家吃饭的声音，仿佛昨天。可惜，花园的松软土壤已经被梆梆硬的水泥覆盖。

阳台花园

奶奶的花园复兴，是90年代初的事。爷爷在，奶奶尽心尽力照顾爷爷；爷爷不在了，奶奶才有时间侍弄花草。这时候我们没有了四合院，只有一个狭窄阳台，施展不开，比不上羊尾巴花园，比苏州九如巷孝华奶奶的菜园、美国康州纽黑文充和奶奶的竹园相差更远。同事的水仙，爸爸的龟背竹，胡先生的昙花，田伯伯的虎耳草，姑父的长春藤，花花朵朵陆续成活，阳台渐渐拥挤。健硕者如巴西木有巴西人那么高，小巧者如仙人掌只在掌上，大大小小一度有三四十盆。有一阵我四处寻找耐活的小东西。曾经到访凌山老人家，见她家有一株大吊兰。老人说，本来是你奶奶送的，带它的孩子回去吧。回家的兰草子子孙孙发展为一个家族。

细小生灵的招摇，轻轻填补一个人失去亲人的情感失落。奶奶阅读唐诗宋词，编辑整理爷爷的故事和自己的故事，从花影中体会世间冷暖。她曾给花草起名字，用的是爷爷书里那些可爱女孩的名字。一位朋友说，张先生养育的花草延续着爷爷小说的生命，延续着爷爷"对笔下小人物深藏的那份温爱与呵护"[①]。

阳台上优胜劣汰，叶比花多、耐寒作物多，"竹"成了主

[①] 见本期乌日娜文：《永远的回忆：温爱与给与》，2003年。

要种群：文竹、龟背竹、水竹、富贵竹、紫背竹[①]。"竹"虽不竹，却枝繁叶茂。奶奶应马悦然先生[②]之约，为他题写书名《茂竹展叶》，笔力峭拔，是奶奶写得最好的一幅。下笔时必定受家"竹"鼓舞，胸有成竹。

花园引来了一群食客。早晨，奶奶抓一碗红豆绿豆金黄小米雪白大米，端一碗水，送到阳台窗台上，款待她的鸽子。起先只来一只花鸽，不久来了一对，末了则是一群。奶奶宠鸽子，天天喂，还向人家宣传。曾有记者来访，寄回来五张照片，结果鸽子有四张，奶奶只有一张。某日，不同花色十来只鸽子出现在我家阳台上，如同八国联军进犯，狂啃滥啄蛮横无礼。花园遭到毁坏，这个现实终于启发了奶奶的阶级觉悟。经过一番思想，她开始划分鸽群的好人坏人，并且挥舞扫把来表示自己的敌我亲疏观。

下雨了，奶奶念叨："雨还在下，可怜我们花坛中那些无辜的小花草。"花枝凋零，奶奶叹息，不等《葬花词》念完，已经眼泪汪汪。绿叶婆娑，奶奶欢喜，生出君临之感，称阳台为后宫。有一次奶奶出行之前，给我一则"我的后宫佳丽"。写的是花，读出来的是人的情趣。

比如写龟背竹："家中两棵，一老一少，老者敝人，少者红也。"一老一少至今陪伴着奶奶。

赞美勿忘我："排第一，无他，人品中之至上者也。"

何谓花之品行？比如文竹："欣欣向荣，但必须随时剪枝，无使滋蔓。其中之一主动收养无家孤儿牵牛花，仁爱之心可嘉。"

[①] 奶奶这么命名鸭跖草，因为叶面为紫色而得名。
[②] 瑞典学院院士，著名汉学家，诺贝尔文学奖资深评委。

也爱憎分明："紫背竹甚霸道，无可取处。打入冷宫！"

为新来的苦刺梅担心："红花亦不见再开，思念其故主乎？"

最心疼的要数来自湘西的小家伙："虎耳草，虎虎有生气。正身强力壮之时，多子多孙之兆也。"甚至怂恿之违反政策："何不解放思想，暂置计划生育于不顾，繁衍其子孙，获得素质良好之子嗣，对我中华民族，亦大好事。"

奶奶心中的风景

奶奶在江南园林长大，常常怀念童年。受姐妹和孩子们的鼓动，陆续写下来一串童趣故事，似乎就从故园中信手拈来，比如寿宁弄书房，比如乐益女中。奶奶记忆中的苏州寿宁弄："花园中有太湖石假山，有荷花池，有水阁凉亭，有大花厅。花厅前有枫树，白玉兰、紫玉兰各一棵。花厅周围，有杏树、核桃树和柿枣，还有绣球花。最令我惊奇的是，假山旁边竹栅栏内，还有一只仙鹤。"[1] 故园风景已无从寻觅。

20个世纪20年代，奶奶和她的姐弟们就是从这个粉墙黛瓦优美雅静的花园走进了一个充满动乱灾难的大社会，求知识寻自由。

奶奶从来不做小家碧玉，年轻时当运动健将，夺得学校女子全能第一；下放干校时奶奶任蔬菜班长，与一群戴眼镜的老者在田野操持锄把；年迈时仍然向往高山大海，向往远足，不放弃

---

[1] 张兆和：《我到苏州来》，作于1996年。

贴近大自然的机会。80岁以前，南登黄山观云海日出，西出阳关看敦煌壁画。80岁之后，足迹北至北戴河山海关，东临烟台，西达峨嵋，东南至苏州、泉州、厦门鼓浪屿、香港，西南至湖南湘西、云南昆明，甚至直抵大理苍山洱海。

11年前的5月，奶奶率全家送爷爷回湘西凤凰故乡。那一次，伴爷爷骨灰一同贴山近水的，是奶奶积攒了四年的花瓣。奶奶站在虹桥上，目送爸爸和我乘舟顺沱江而下，小船身后漂起一道美丽花带，从水门口漂到南华山脚下。

1995年奶奶到北戴河，欢呼，"天气好极了！空气凉爽，晨起大雾，花圃中各种花草争奇斗艳。应当告诉二姨奶奶①，来对了，不是错。""在园中散步，仔细观赏识别。盆栽的有玉兰、扶桑、白兰花、绣球，绣球有紫色、绿色和其他颜色的。"闻闻树木的气息，"枞树高达数丈，叶子一直长到地面，因多雨雾，枞树、路边青草，放出清香，色香宜人"（引自家书）。她从一草一木中"领悟生命的原色"。

喜欢听我讲述每一次大山大水的远行，不论我攀爬深山老林，还是漂洋过海。她甚至记得我曾独自去东非肯尼亚历险，在国家公园即野生动物保护区迷路。有一次奶奶外出时听说不远有一处野生动物园，这消息即刻唤起她非洲探险的豪情："要坐森林车子去。我虽未去非洲，也得尝尝红红几内亚②的经验了。我们不会迷路。"还有一次作家协会筹备组织老人们去云南旅行，奶奶态度明朗。"有人说太远太累，有人说心脏不好，不想去。另

---

① 奶奶的姐姐张允和。
② "几内亚"，为肯尼亚之误。

一些人坚决要去,正在争取,我属于后者,一定要取得胜利,云南哪能不去?"结果她不但故地重游,兴致勃勃地探访抗战时期住过的呈贡龙街子,而且像每一次一样,她是团队中最年长的。

"年纪最大,走路最稳,不要人扶",说着说着自己翘起大拇指。

大拇指的指骨弯弯曲曲,其实手足关节早已变形,是过去乡村劳累的印记。对于生活的粗砺和坎坷,奶奶的体会比他人更深。

和作家协会朋友们一同远足的乐趣一直保持到1999年9月,在京郊八大处,朋友们悄悄准备三个蛋糕,为她和好友梅志(85岁高龄)、郑重(80岁)三位老人家同时祝寿。90岁!那份欢愉童心与九岁无异。九十多岁时候奶奶腿脚差了也并未蜗居,天气柔和时经常到户外运动。北海、天坛、中山公园……直到去年"十一"前夕,奶奶还坐着轮椅,去天安门和文化宫赏花。还有一个景致让奶奶牵挂着:滇北川南的泸沽湖。抗战时期,画家朋友李霖灿先生曾调查研究摩些人(纳西族摩梭人),泸沽湖风土一直令爷爷奶奶神往。我从云南回来,给她看丽江宁蒗的图片,宁静安谧的薄雾山水,阳光红叶,奶奶眼睛里就闪动着光。

奶奶向往的风景其实很远,心中的花园其实很大。

最后的花园

守护着奶奶,直到最后时刻。

一切抢救都停止了,送奶奶离开病房。摸摸她的头发、胳膊和脚,奶奶的胳膊和脚是热的。从火化的地方接奶奶回家,很小的一个布包捧在手里,布包也是热的。接奶奶回家一如当初陪奶奶求医，抱着她坐车子穿越城街，作穿越生死的漫长旅行。在寒冷的深夜无助守望，满目期盼满心焦虑。一次又一次，我碰到死神冰凉衣衫，但是奶奶的温暖依然真切！

奶奶用温暖的方式与我告别，留下暖意。

奶奶走了，春天来了。这是一个没有沙尘的春天，也许，天上也有一双眼睛充满了泪水。

人们说，爷爷接走了奶奶，两个人在天堂相会了。家里飞来一只只天堂鸟，一束束百合花。不知天上景象，不解天意的我们为奶奶建起最后的人间花园。

取奶奶在花园的照片制成纪念卡寄给大家，简洁朴素，是亲情之花。

姐妹们的挽联，弟弟们的书丹，是手足之花。

菊花、仙客来、鹤望兰、君子兰、勿忘我、郁金香、马蹄莲、红掌、蝴蝶兰、非洲菊、石竹、满天星和剑兰，是友情之花。

老朋友金堤夫妇和吕琳夫妇送来的榕树，与松柏绿萝相错落，是常青之花。

五湖四海的追思、电报、电话、信函，是言语之花。

花之回赠：当奶奶屋子里鲜花遍开时，我们回赠鲜花。来访者会得到一束陪伴过奶奶的花，带回家，痛楚可以分担，温情可以分享。

花之收藏：落下的花瓣斑斑驳驳，小心收起来烘焙，花开时一种神气，花干时另一种样子。最出色的是玫瑰和小苍兰，焙干后鲜亮不衰败，雅致不萎靡，脆脆有声。

母亲、我和小霞用照顾奶奶的心思照顾她的花，尽其花开花落，一个月芳菲不绝。

人走了，花还在。花谢了，芳香还在。芳香消散处，听那吟诗声音：

既耕亦已种，时还读我书。

穷巷隔深辙，颇回故人车。

欢言酌春酒，摘我园中蔬。

俯仰终宇宙，流观山海图。

2003年5月初

那一本老相簿已经阖上

沈 帆

关于奶奶，我只拥有那些散碎的片段，而且只有画面，有时是静止的，有时泛着黄，就像奶奶的那本厚漆皮相簿，快要散架，闻上去有樟木箱子底的味道，封皮上凸版压印着壁炉前烤火的两个孩童，黑色漆皮上那一团红红黄黄的、触手可及的纹理，仿佛真正温暖的火焰。

那一帧最古旧的是浸透烟雨的庭园，空气里饱含水分，墙头成百朵蔷薇像新娘的头纱铺泻而下，圆石子地缝隙间的青色苔痕，花园里的戏台，笛师咿咿呀呀的伴奏，水袖拂过时的窸窸窣窣，墨汁的发霉味道，书里夹着的信笺，照片里穿着样式怪怪的网球装的少年男女微笑，这一秒便定格。之后，书页褪色，照片褪色，白蔷薇花也褪了色。

最鲜丽的是昆明的乡下，在新年的第一天，要走很长的路去难童学校。穿过一大片金黄色油菜花田，又是一大片紫花的苜蓿田，一个人，安安静静的，路过村庄时，看女孩子们在最大那棵

2003年9月出刊的《水》为纪念张兆和女士专题，图为封面。

树上系起牛皮的绳索荡秋千,她们的嬉闹声像烟花一样升空又消散。走过去,又是大片金黄,接大片紫色,很长很静的路,像独自走在梦里。

在最后几年里,奶奶让自己的记忆停留在少女时代,那句曾外祖半带嘲笑点评过的词,足够得意八十年;一两句颠三倒四的安徽小调,接不上时,又从头另起。人家说,到了这个时候,人常会想起一生中最幸福的时光,有时我有点羡慕她呢。关于奶奶,属于我自己的记忆少得可怜,听来的,看来的,与我的想象杂揉在一起。

我只记得那个有廊柱的院子,碎砖拼铺的路面,冬日结冰的水房,一对曾在我们的房檐下做窝的黄色和蓝色羽毛的美丽小鸟,其中一只被饥肠辘辘的野猫吃掉了,那一晚的搏斗短暂得惊天动地。还有在暮色中开放的晚香玉。我记得那个两边都可以上栓的木头隔扇,隔扇后只能塞下一张大床,伴随着午睡时间的有时是支离破碎的唐诗,有时是本厚厚的英文儿童书,躺在床上听讲卷筒冰激凌的由来、印地安人来袭、挂铃铛的乳牛,远上寒山,伐薪烧炭……古诗和故事搅在一起,很快为浅鼾取代,只剩我瞪大眼睛望着纸糊的顶棚。我记得中山公园的散步,每见来今雨轩都会跟人说一句:我奶奶做的的冬菜包子比他们好吃。记得中山公园里的旋转木马,吞吞吐吐地要五角钱,一辈子唯一坐过这一次。记得装饰着螺钿的黑漆柜子,那对门上的扣环相互轻撞的金属响声,午后的小点心。一木盒生锈的首饰,珐琅剥离、水钻脱落、流苏撒了一盒。我记得我努力展平的长纸卷,在上面画很多很多忙碌的小人,那些纸卷早不知扔到哪里,再没有人会那样收起它们。

有一段时间一直觉得很奇怪，因为不相信有往生，没有了就是没有了，其余的一切都是生者在做，也是做给生者，所以看留下的人才更不忍。虽然前一秒钟脑子里还在想：挺过这一次就可以到一百岁呀。可是在后一秒，呼吸机关上的时候，内心竟很平静。明知我们不可能在另一个世界重聚，却并不感到难过，我奇怪我为什么能如此坦然。

之后过了一个月，与朋友聚会，在一个不相干的场合，和不相干的人，聊不相干的话题。

一个朋友谈起和爱人分手的过程，对方已经办好出国的手续，两个人都知道，这一走就不可回头。

在机场，为了这一场生死别离，其他亲友都自动让开，留给他们独处的时间。电影里常用的片段，也差一点点就在现实中上演，虽然许多宝贵的东西都已磨平，但只要这一个开口说不要走，那一个就真的会留下来，他们心里都很明白。

但他们就只是随意说着话，这一个没有开口挽留，那一个也就这么走了，甚至没有料想中的抱头痛哭，两个人就这么淡淡相对，直至分别。曾想为他们制造机会的亲友后来忍不住发问：你们就一点都不难过？

这个朋友说：我是觉得，难过，也不在那一时，真要难过，那一点时间也不够。

奶奶过世一个月，我一直平静如往常，直到听到这句话。

那一刻，泪下。

曲终水流
——怀念充和四姐

张煦和

6月18日上午,我突然收到侄儿以林从美国发来的短信:"四姑于美国时间6月17日下午1时去世。"我一惊!很长时间脑子一片空白。10天前,以林才从美国来电话,告诉我他近期要去看望四姑,我还请他代问候。几个月前,我刚写了一篇忆张家四姐妹的文章,说四位姐姐走了三位,只有充和四姐还在美国。怎么能想到,如今,连四姐也去了。

想起2014年9月底,中央电视台纪录频道的摄制组在合肥拍摄纪录片《张家四姐妹》,说还要去美国拍充和。我说:"能拍一点充和生活、工作的影像,片子会更好看,你们一定要抓紧时间,越快越好!"他们回北京后,没几天就去美国了。10月中旬,我接到编导回到北京打来的电话,说他们在《张家四姐妹》一书的作者金安平、元和大姐女儿凌宏的陪同下,在充和家进行了两个半天的拍摄,很顺利。充和先生虽然说自己身体不好,说话也不方便，但得知中央电视台特地来拍摄她的纪录片，很高兴。金安平、凌宏和四姐的儿子，同时接受了采访。当他们说到昆曲，当长年照顾她生活起居的小吴吹起笛子时，充和先生的脸上露出了可爱的笑容，留下了珍贵的影像。

我也想起了每次与四位姐姐聚会的情景，历历在目，可现在，她们都走了！

1986年，我第一次见到四姐是在苏州寰和五哥家里，她知道我在学书法，就问，临什么帖？我说，楷书临颜真卿的勤礼碑，魏碑临张猛龙的，隶书临石门颂、张迁，小楷临唐人写经。她点点头。当我说最近在临爨宝子碑时，她说她不喜欢爨宝子碑，那全是刻工后来刻的字形，不是书家的原样。

说着，她打开身边的箱子，从里面拿出一幅用纸包着的扇面，上面工工整整写了几百个小字，好极了！她对我说："这是前几年写的，还参加过几次展览，请你提提意见，送你留作纪念。"我双手接过，高兴得不知说什么好，我只顾看字，半天才说了声，谢谢四姐！这时我想起，不久前去看望书法家葛介展先生时，他对我说："在书法杂志上看到张充和写的扇面，小楷字工整极了，文、字都好，说是合肥人，我想可能是你亲戚吧？"

过了一会儿，四姐又拿出一卷字让我看，说这是她美国学生的作业，全是洋人，有中学生、大学生，有一位马上要去英国读博，其中有人一点中文都不认识，可他们学起书法非常认真，认为书法是门艺术，写起来很有趣。我看到有些字用红笔打了个小圈，也有些用墨笔打了个小×。作为不懂中文的洋人，能写出这样的字已经很好了。

四姐问我："你写字是磨墨还是用墨汁？"我说："大多用

位于合肥肥西的张老圩子，参天梧桐还在，现为一家中学。

墨汁，时而写小字磨墨。"她说："那不行，一定要自己磨墨，我在美国几十年一直是自己磨墨写字，从来不用墨汁，有时写大字，要磨两三天。我用的都是好墨，虽是明、清的古董，留着也没用，就给磨了。前两年沈二哥（沈从文）又送了我两块好的，下次我送你一块！我把磨墨当作锻炼身体，另外就是打坐。我每周还要和汉思到马路上去走，我们那儿路上车少，人更少。"说着她站起来，走到我身边，卷起袖子，让我摸摸她手臂上的肌肉，轻轻对我说："煦和，我这些肌肉都是练书法练出来的。不能懒，大一点的字一定站着写，要用腕力，用肩臂力量来写，坚持下来，对身体也有好处。我在家里的客厅写字，那里光线好，餐桌大，不吃饭时，它就是我的工作台。我每天写字，大多是临摹，书谱快临100篇了。我教洋人全是中国的传统方法，他们都能接受。"这是我和四姐第一次见面，她的教导至今难忘。

过了两天，四姐要我陪她到街上看看，说苏州老城正在改造，再有几十年，城市的老房子很难看到了。我说要是能像欧洲的有些国家一样，把老城区保护起来，在老城外围再建新城，这样有老有新不是更好吗？她说："要是能这样做就好了！"

一路上她不停地给我讲苏州老街、小巷的故事。这里是她青年时期生活学习过的地方。苏州我来过多次，处处小桥流水，春夏秋冬风景各不同，从哪个角度来看都是一幅美丽的图画。当我们来到一座桥上，看到桥这一边的房子全拆了，那一边旧的二层小楼还在，河上时而划过一两条小船，这时四姐拿出照相机，站在桥上要我给她拍张照片，我看风景很好，一连拍了几张。她要我和她合照一张，可等了很长时间也没有一个人走过来，再往前走去，"禁止通行"的牌子横亘在眼前，前面因拆房而把路挡住了。

往回走了几步，她问我："合肥的街道房屋也是这样拆的吗？"我说比这改动大多了，现在市区扩大，马路拓宽，新建了很多楼房。四姐也一定怀念合肥的张家老宅，她在那里生活了17年，度过了童年和少年时光。我曾读过她写的一篇关于老宅的文章："老宅很大，有几十间房屋，阁楼上有二三个书房，大批藏书，名人字画，随便翻阅。大小花园里，鲜花四季开放，翠竹、梅花、桂花，各种树木散发着袭人的香气。有家庭教师精心指教诗词书画，给生活、学习带来无限快乐！能不怀念吗？"

四姐问我："奶奶在大门口栽的两棵广玉兰树现在还好吗？那不是一般的玉兰树，它有很多故事可讲。"我告诉她，"文化大革命"中，东边那一棵因在树上乱拉了很多电线早死了，另一棵最近不知什么原因也快死了。自我们搬出后，老房子全拆了，前几年大门厅还在，后来因要盖楼也拆了。文物部门告诉我，张家老宅主要房屋的木料，作为文物全部保护了起来。四姐说："那有什么用呢。张老圩还在吗？"我说在，现在是肥西县一所重点中学。她点点头。

我们在河边慢慢走，看着对岸留下的风景，她很长时间没说话。我对她说："有空带汉思回去看看，我陪你们到各处走走。"她说汉思早就想去看看了。这时，她突然停下来对我说："煦和，回去看什么呢？过去老的东西一点都没有了。老年人大多怀旧，总想看看过去的老东西，总怀念童年、少年生活过的地方。"

元和、允和、兆和、充和，她们是我的堂姐，早年随父母离开了家乡，而我生活、工作在合肥，所以每次见面，她们都有问不完的家乡事，她们在报纸上、电视里看到家乡新闻时，也都要说上几天。

汪曾祺先生曾笑着问我："你的几位姐姐抗战时在云南，那时就听她们讲家乡话，前几年在美国见到充和，她在那里生活60多年了，怎么还是讲家乡话？"

我说："乡音难改！"

一封信

张以氓

记得我大约七八岁的时候,有一天爸爸给我买了一盒彩色铅笔,12色的,看见那些五彩缤纷的笔,我高兴极了,可是那时候没有漂亮的纸,怎么办呢?只有爸爸那里会有好纸,我悄悄地跑到爸爸书房,一看爸爸正好不在,我大喜过望,在爸爸的书柜里一阵乱翻,看见一摞微微发黄的纸,纸是好纸,可惜有一面写满了字,管他呢,我悄悄抽出一张,一溜烟跑回自己房间。

画什么呢?我想可别糟蹋了这张好纸。对,剪个娃娃吧。我小心地把纸对折,用笔画好样子,跑到妈妈房里,找来一把小剪刀咔嚓咔嚓几下,一个漂亮的娃娃就剪好了,像我一样的短头发,穿着泡泡袖的连衣裙,我用黑笔画上眼睛鼻子头发,再用红笔画上樱桃小嘴,用粉红、黄,给裙子画上花,最后画上粉绿的叶子,还加上一双红皮鞋。哎呦,好美的娃娃!我左看右看得意极了,我举着我剪的娃娃蹦蹦跳跳地跑到爸爸书房,我看看爸爸回来没有,我要给他一个惊喜呢!推开书房门,嗨,爸爸回来了。"爸爸，爸爸，看我剪的娃娃好不好？"爸爸坐在书桌边写字呢，他抬头看了看，说："我家妹妹剪得真好，拿过来我看看。"

我喜滋滋地把我的杰作递到爸爸手上，他把娃娃放到书桌上仔细地看着，一边看一边说："不错，不错，我家妹妹真能干！"看完了正面又翻过来看反面。我仰着头笑嘻嘻地看着爸爸，我想爸爸一定会表扬我的，说不定还会带我去吃冰激凌呢。看着看着爸爸的脸色不对了，两只眼睛直愣愣地盯着娃娃的反面，脸一会儿通红一会儿刷白，拿着娃娃的手不由自主地颤抖着。爸爸一把拽过我吼道："这纸从那里来的？""我，我，我书柜拿的。"啪，啪，爸爸朝着我的屁股狠狠打了两下，我禁不住大声哭了起来，正在厨房做饭的妈妈慌慌张张地跑过来，"怎么了？怎么了？""你看！你看！"爸爸吼着。

妈妈看了看桌上的纸娃娃，脸色也变了，她一声不吭地把我拖到厨房，细声细气地跟我说："小妹，你不能乱翻爸爸的东西，那些东西宝贵得很，再也找不到了。听话，以后再也不能动爸爸柜子里的东西了。"我抽泣着频频点头。"好了，去玩吧。"妈妈忙着做饭，我乖乖地坐在门口的石阶上，心里委屈极了。我有什么错呢？我做的娃娃多好看，那张纸有这么重要吗？还要打我。在我的印象中爸爸从来没有这样生气过，也从来没有这样打过我，禁不住我又伤心地哭了起来了。

书房的门轻轻地开了，爸爸慢慢走出来坐到我的身边，他深深地叹了口气，把我揽进怀里说："妹妹，你不懂，有些东西没了就再也回不来了。"我仰头看着爸爸，他的眼圈红红的，那时候，我真的不懂，那张纸真的那么重要吗？后来爸爸把被我剪坏的那封信用薄薄的皮纸补好，收得他的书柜里去了。从此以后我再也不敢去翻爸爸的东西了。

在史无前例的"文化大革命"中，爸爸的几百封信件连同从初中到文革前的日记和许多文稿，都被红卫兵们搜了去。过了很久，那时我们家已经被赶到山上一栋破破烂烂的工人宿舍去了，住在我们原来房子的是一户工人，那个工人家的孩子有一天晚上悄悄地跑到我们家，对爸爸说："伯伯，我家有很多你家的书，我家爸爸喊你们去抬。"父亲高兴不已，把我从床上叫起来，我们俩拿起箩筐扁担，跟着小孩到了我们原来的家，在厕所里看到爸爸的书本散乱地堆着，线装书被撕得七零八落的当了擦屁股的草纸。

昏黄的灯光下我看见爸爸的眼睛里涌出了泪水，他蹲在地下，哆哆嗦嗦地拣起他的书，嘴里念叨着说："好书，我的好书啊！""别看了，快点抬走吧，放在这里占地方，现在他们（红卫兵）也不管了。算你们运气好。"爸爸求他借了一副箩筐扁担，我和爸爸乘着夜色抬了两次才算抬完。我累极了，倒床就沉沉睡去了。爸爸一夜无眠。

那一次，爸爸找回了一部分书和他的日记，还有一些信件。那些珍贵的日记和信件现在正静静地躺在我的书橱里，我正在整理它们。抚摸着这些泛黄的信件，我仿佛看到爸爸、妈咪、四姑、三姑爷……我好像和他们一起回到了过去的日子，我的心里充满了安慰和温馨，爸爸的那份爱恋，那份温情，那份永远不能忘却的日子我现在理解了，那些泛黄的纸片承载着爸爸多少欢乐，多少回忆。是的，有些东西如果没有了就再也找不回来了，可是有些东西却永远地留在我的心里了。

六分钱一斤的书

张以端

那是1968年的秋天,正是上山下乡运动如火如荼发展的时候。家庭出身"黑五类"的我,自然更逃脱不了去农村落户,接受贫下中农再教育的命运。这个城里年轻人到农村去插队继续革命的又一波运动,是不分"黑五类""红五类"的,没有多少人可以在城里"吃闲饭"。

在吃"乡下饭"之前,有个短暂的机会,我从贵州来到北京看望一下在京的各位亲友。

我们是傍晚时分到二姑张允和的家的。

夕阳的余辉,把窗外发黄的藤蔓映照到屋子里,风一吹,一阵黑一阵白晃动。那时二姑爹周有光已经去了宁夏的五七干校。沙滩后街空荡荡的家,只剩下二姑一个人。

别瞧经历了"文化大革命"两年的"烤"验,二姑还是显得那样淡然。身穿一件蓝底白色小碎花的偏襟中式女装,依旧保持着过去那种书香门第的风雅气质。头上绑的是小辫盘起来的"张氏头型",略显苍白的脸庞,瘦小的身躯,依然迈着轻盈的脚步。

第二天,二姑带我去看三姑爹沈从文。那时他住在北京的东堂子胡同。我们七拐八拐地走到那里,进了一个典型的小四合院,北边一排中间的那一间,就是他家。

这是一间名副其实的"蜗居"。斗室里一看,首先就是书。到处是书。地上,桌子上,小柜子上,都是堆着一大摞一大摞的书,床上,也有一大堆的书散摊着,五斗柜旁有把椅子,我艰难地坐了下来。三姑爹也只能坐在一张紧贴着床的椅子上,我们一坐下,好像屋里已经没有了什么走动的空间了。

寒暄一番,拉拉家常过后,我问:"哎呀,三姑爹,你怎么有这么多的书呀!"三姑爹慢慢地抬起头,用着他特有的湖南普通话对我说:"我从前有好几个大书架,很多书都是作者签名赠送给我的。无奈!要我让出两间房来,房子太小,没有地方搁,很多书都六分钱一斤当作废纸卖了,卖了……"说着,眼角里闪着泪花。

这是我第一次见到沈老先生。第一次谈话,就触及到他的痛心处,我十分后悔。要知道,书,是文人的命根子呀!我无意地提到这个问题,想不到给他伤口上撒了把盐。

当从三姑爹家出来,我一句话也不说,脑子里尽是三姑爹那句话:"六分钱一斤当废纸卖了,卖了。"

在那个年代,文人,就是"臭老九",就是比娼妓还低一等级的人。特殊的政治标准,使得"知识越多越反动"。从读书人,到书籍、知识,都是反复冲击和批判、改造的对象。命都难保,更哪有人的基本尊严可言。

作为有影响力的一代文学家，解放后从此在文坛上自我封笔的痛苦心境，恐怕是常人所难以理解的。就是在这以后将近20年的寂寞过程，在批判、改造、下乡看菜园子的过程，在宝贵资料被迫六分钱一斤作废纸卖掉的过程，在几次辗转的这些简陋的斗室中，他最终还是坚持完成了一部学术巨著《中国古代服饰研究》。

它的重要性有多大，作为普通百姓，我并不太了解。但我知道，在改革开放之初，中国领导人出访日本的时候，这本书，是作为中国"国礼"赠送给了日本天皇的。

在荣光的背后，有多少人又了解，作者就是在这斗室里如此艰难地完成的！

书，折射着一代知识分子的坎坷、曲折的命运。

张充和在成都的岁月

朱晓剑

成都文化的发展不能不提到20世纪的抗战时期，此时，大西南作为抗战的大后方，大学内迁，学者、艺术家、作家纷纷避居于此。在成都，就留有不少文化名人的身影，比如朱自清、钱穆、陈寅恪、马悦然、李约瑟等等。昆曲大家张充和来到成都也是在这一时期。

关于张充和来成都的缘由，有两种说法。有一种是跟诗人卞之琳有着极大的关系。抗战时期，卞之琳与张充和聚散漂泊，聚少离多。1937年8月，朱光潜聘请得意弟子卞之琳为四川大学文学院的外文系讲师。1937年10月10日，卞之琳一抵达成都，就给避居在合肥老家的张充和写信，邀请张充和到成都去谋求一个发展的机会。

张充和到成都还有一个理由是，因当时战火从北方迅速向南方蔓延，张充和的家人大多滞留于成都。于是，张充和离开了合肥的乡下，辗转走向成都。此后，她又去了昆明、重庆等地。

张大千为张充和创作的昆曲意象画作。

抗战时期的张充和旧影。

1938年3月中旬，张充和到了成都。一时未能找到合适的事情来做，就暂时借住于二姐张允和家里。此时，张允和在光华大学成都分校任教，而租住新南门内王家坝街房屋为校址，后迁至光华村。1943年，张允和的儿子周晓平中流弹时其住址是在华西医学院附近，想必，二姐张允和家是一直住在这里的。

张充和在成都的生活如何少有记录。但此时的卞之琳对她给以关怀。比如生怕刚刚来到一个陌生环境的张充和无聊，就常常写信与张充和交谈。那一段时间，他们间谈论的话题很广，天南地北，海宽天阔，只要能给战争气氛中的张充和带去一点的安慰，卞之琳都一一满足。

成都居住期间，在张充和身上还发生了一次"离家出走事件"。关于此次事件，作家张昌华在《最后的闺秀张充和》里说：

2005年秋，允和四弟宇和亲口对笔者说："当年在成都，四川大学的几位热心教授，给诗人帮腔，定期设宴，邀四姐出席。四姐讨厌这些，一气之下悄悄离家出走。一周后家人从报纸上才知道，原来她独自一人上了青城山，在为上青宫道院题写诗作时，正巧被一游山的大名人看到，那大名人要四姐为他写字，四姐没有睬他们。'名人'的随从中有好事之徒，将此事作为'要人行踪'登了报。"宇和又说："得信后，家里要我去找，那时四姐出走已10天了。我坐在汽车上看到四姐戴个大草帽坐在人力车上，与我擦肩而过。我下来追，四姐见有人来追叫人力车蹬得更快。我请后面骑自行车的人带口信给四姐，说是弟弟在追她，她才停下来。"

至于卞之琳离开成都的原因，有人推测说，1938年春夏间，张充和在成都青城山作《菩萨蛮》《鹧鸪天》《鹊桥仙》词三首，并给卞之琳看过初稿。其中《鹊桥仙》一词云："有些凉意，昨宵雨急，独上危岭伫立。轻云不解化龙蛇，只贴鬓凝成珠饰。连山千里，遥山一碧，空断凭虚双翼。盘老树历千年，凭问取个中消息。" 这首词显然含有激励亲近者，更奋发投身邦家大事的意味。而此时的卞之琳，也认为"大势所趋，由于爱国心、正义感的推动，我也想到延安去访问一次，特别是到敌后浴血奋战的部队去生活一番"。于是在1938年的夏天，他和好友何其芳、沙汀夫妇到了延安。此后，他们就断绝了往来。据张昌华透露，在20世纪80年年代，卞之琳赴美探亲，还专程到充和府上拜访，将他偶然得到的40年前沈尹默为张充和圈改的诗作手稿送上，还写了篇深情款款的散文《合璧记趣》。

在成都的文艺表演中，除了昆曲，还有一种川剧与昆曲的融

20世纪30年代，张充和与同学好友许文锦在苏州合影。

合——川昆。此时虽然是抗战时期，昆曲在张家生活中也多次出现。张充和在成都演出昆曲《刺虎》，轰动艺林。一日张充和与舞蹈家戴爱莲同去拜访张大千，在张大千家中（此时借住在藏书家严谷声的家里），戴爱莲跳了一个舞，张充和唱了一段昆曲《思凡》。演出完毕，张大千极为赞赏，遂画两幅小品为赠。一为仕女持扇立芭蕉下背影，暗寓张充和演戏时之神态。一为水仙花，象征张充和演《思凡》时之身段。均题上款曰"充和大家"。在第一张画作上的钤印为："张大千（白）蜀客（白）"。作者落下的款识是："充和大家清属。爰。"热衷于昆曲的张家二姐允和此时也参与到演出当中去。有一回，上演话剧《桃花扇》，秦怡饰演李香君，但她不会唱昆曲，导演就请张允和在幕后替唱，丁聪吹笛伴奏。张充和也应是参加了这样的昆曲演出。

1938年11月，张充和离开成都，去往昆明。在那里，张充和与许多学术界和文化界的名流交往密切。在昆明时期，与杨振声、沈从文、朱自清一起编选教科书，结识唐兰、马衡、闻一多等时贤俊彦。当然，在工作之余，她还忘不了昆曲表演。

张宗和手书鲁迅诗

戴明贤

  这本《鲁迅诗抄》我珍藏已经36年。它比手掌略小，字迹秀劲，书尾落款："一九七一年十一月三十日辛亥十月十三钞毕——应明贤弟之嘱"。下小连珠印"张""宗和"，是我专为此书刻的。

  宗和先生是贵阳师范学院（今贵州师大）历史系教授，终身站讲台，校园以外的知名度不及他的四个姐姐（元和、允和、兆和、充和"合肥四姐妹"），其实他在一切方面都同样优秀，毫无逊色。

  我不是宗和先生的学生。我妻龚兴群与他大女儿以靖从小是邻居玩伴，小学到初中的同窗友，两家父亲是老贵大的同事，通家之好。以靖又是我的低班学友。我就是以这个身份与宗和先生结识，跟着妻子叫张伯伯张伯母，与宗和先生建立了一种介乎长晚辈与忘年友之间的关系。进出他家的年轻人不少：三个女儿的同学、朋友、校园里的后辈等等，宗和先生就坐在他们中间，笑眯眯地听他们胡说八道，甚至用他们青涩的词汇与他们对话。有时他心情不佳或精神不济，就会提议：张以靖，请你们到里面房间去说好不好？宽厚，和蔼，幽默，似乎是合肥张家的基因。

我是1962年春夏之际第一次拜访宗和先生，但早几年已经知道沈从文是他的姐夫，家里有沈从文、徐迟、卞之琳在内的许多老照片。我首先就是为此而想去造访的。我在学校图书室已经读过沈从文早先出版的多种小说集；读过徐迟从香港回到重庆看话剧《屈原》后，彻夜难眠，写给郭沫若的长信；也读过卞之琳的诗（似懂非懂），对这些大作家满心崇拜之忱。但因怯场，虽然妻子一再说张伯伯"好玩得很"，我还是一再犹豫。

那时张家住教授享用的"小平房"，一共四幢，每幢住两户，中间隔断，各自出入。与张家紧邻的项英杰教授，他的夫人孙毓秀是我的历史老师，正好同时拜访。

初访的细节记不清了。闲谈中宗和先生说起当时风靡全国的长篇小说《红岩》，评价不是很高，觉得没有写出社会生活的复杂性。倒是引起了写一部长篇小说反映抗日战争生活的念头，而且已经实行，每天凌晨三点过起床，写到上班，已经写出两万来字了。那时我正是"文学青年"，天天听的是"文以载道"的导向，对《红岩》这样的鸿篇巨制当然佩服之至，但也不满足，觉得语言缺乏风格，没有笔调，读《青春之歌》也是这个感觉。比较喜欢《红旗谱》，除了内容厚重，也因为语言不错，不是学生腔或文艺腔。文学是"语言的艺术"，"怎么说"和"说什么"同样甚至更加重要。我只喜欢有语言风格有个性笔调的作家。小说没有笔调，好比只供白饭没有菜，更没有酒。那么，张宗和先生写出来的抗战，会是一种什么味道？当然很感兴趣。

张宗和与刘文思的婚纱照。

张宗和的书法作品曾得到四姐充和的称赞，两人多年通信交流习书心得。

但不久他就因为严重的神经衰弱而搁笔，并且需要进息烽温泉去疗养了。这部未完成的遗稿，后来以珉给我读过，3万来字，自传性很强，人物众多，描写很细致生动，我从张家姐妹续编的家刊《水》中读到过宗和先生中学时代的日记，把平常家居生活叙述得非常亲切生动，正是写长篇小说的好笔调。写自传性小说，会引起无穷无尽的回忆，洪水决堤一样不听控制，肯定睡不好觉，加之凌晨起来爬格子，年富力强者也难坚持，何况宗和先生早已因历次政治运动中的刺激而留下神经衰弱的症候。已写成的部分，叙述抗日战争初起，主人公辗转旅途的种种遭际和交会的亲旧新雨，预示出广阔多彩的社会生活视野，大器未竟，太可惜了！

趁我们闲聊，兴群和以靖从内室捧来一叠老相册。于是我看到了沈从文、徐迟、卞之琳，看到了张门济济一堂的全家福。宗和先生的三弟张定和我也不陌生。宗和提起定和先生在重庆参加话剧运动，为郭沫若的《棠棣之花》谱过曲，我就哼出来："在昔有豫让，本是侠义儿。"我还能唱定和先生的另一首歌："白云飘，青烟绕，绿林深处是我的家。小桥呵，流水呵，梦里的家园路迢迢呵……"是小时候听大姐唱听会了的。我这两下子很让宗和先生高兴。以靖则大讲长辈们的轶闻趣事。例如沈先生家里有一次闹贼，他爬起来顺手抄了件家伙冲出去助威，等到贼去人散，才发现手里抄的是一把牙刷。此类家庭经典，层出不穷，多属"幽他一默"类型，业绩成就之类是不谈的。记得宗和先生还说到徐迟年轻时写现代派诗，把数学方程式写进诗句里。相册中宗和先生和四姐充和一起上清华大学时的合影很多，看得出姐弟俩感情特别深厚。起身告辞时，兴群开口借《秋灯忆语》。宗和先生说那没有什么看头，兴群说最喜欢看，于是就叫以靖找出来。其实这正是兴群此来的主要目的。《秋灯忆语》是宗和先生悼念亡妻孙凤竹女士（即以靖生母）的回忆录，开笔于1944年11月，写竟于1945年5月，在立煌印刷。土色草纸，墨色不匀，字迹模糊，标准的"抗战版"，因书极少，到此时已成孤本。我妻子读过多次，一再念叨，定要让我也能读到。回家读了，果然感人至极。以朴质蕴藉的笔调，记述了在那个颠沛流离的战乱时代，一对年轻人相爱偕行，相濡以沫，终于天人永隔的凄美故事，真如秋雨青灯，娓娓竟夜，堪与巴金的《寒夜》相比。后来"文化大革命"中，以靖深恐这一孤本损失，曾托我秘藏过几年。2000年宗和先生的小女儿以珉由于偶然的机缘，与香港胡志伟先生相识通信，胡先生知道这部旧作后力荐在《香港笔荟》全文连载。这时距宗和先生去世已经23年，孙凤竹夫人去世更已56年了。

从这次初访开始，我们就三天两头地去张府玩上大半天，定要就着矮圆桌吃了晚饭才告辞。两位老人很愿意看到我们，叫我是"喝茶的朋友"，宗和先生沏好茶待我；叫兴群是"吃辣椒的朋友"，伯母做辣味的菜待她。碰上季节，还给做费工夫的荸荠园子之类特色菜。吃饭时我陪宗和先生喝一点酒，竹叶青、汾酒、五加皮之类。有一次他说，只有金奖白兰地，就喝它吧。我没喝过，正好尝尝新鲜，一喝怪怪的。宗和先生也不喜欢喝。

回想起来，这应当是宗和先生比较心情宁静少烦恼的一段日子。因为是两次政治运动之间的间隙，"大跃进"运动导致的大饥荒刚结束，元气尚待恢复，稍稍放松了的政治之弦还没重新拧紧。有一次兴群打趣张伯伯，小时候看他与贵大学生一起演《红鋈喜》，那么胖一个"穷书生"，还差点饿死，拜堂时还在脖子上骑一条红裤子，把贵大子（弟）小（学）的学生差点笑死。宗和先生认真地说，上台之前节食一周，当天还不吃晚饭，临了站台上肚子还是圆鼓鼓的，没有办法。但现在的他瘦掉了一大半，老了一大截，相册里有一张1961年以靖从都匀回来省亲时拍的全家福就是这形象。张家姐妹兄弟酷爱昆曲，影集中有许多演出照片。1963年1月尚小云来筑演出和讲学收徒，宗和先生以京华故人的身份与他欢晤，又写了好几篇评论文章，发表在省报上，内行说话，当然精当到位，尚先生看了非常高兴。有一次去看宗和先生，伯母说在礼堂教学生，我们就赶去看热闹，见他正在为省京剧团的张佩篯说《断桥》。前年偶遇张佩篯，提及此事，她说当年除了到省艺校听张先生的艺术史课，还每周去请张先生亲授。演员都很尊敬张先生，说他是大行家。

现在都知道合肥张家酷爱昆曲，与传字辈关系极深，宗和先生的大姐和四姐在耄耋之年还粉墨登场。我觉得虽然宗和先生是清华历史系毕业，但他对文艺的兴趣显然更大些。他相册中的青春友好，也尽是些作家艺术家。

"好景不长"是那个时代的规律。老百姓概括得好：饿肚子了就安静几天，吃上几天饱饭就又开始折腾。这回来的是"四清"运动。这时我正在乡下写公社史，回广播电台参加运动。去看宗和先生，他又犯神经衰弱了，而且相当重，经常心绪不宁，睡不好觉。这是吾国吾民特有的政治运动综合征，我这样年纪的尚且易患，何论老一代都是"惊弓之鸟"。在我初访宗和先生之前，就听见过在师院化学系念书的表妹说，在一次全校师生参加的大会上，一个老师上台揭批宗和先生的"资产阶级思想"，拿《秋灯忆语》说事，

张宗和一家与带他长大的干干一起合影,这位干干最后去世也是在张家,已经成为张家家人。

还装着不识"吻"字,说什么"这个口字旁加个勿,不知啥意思"云云,像个小丑似的,连学生都觉得不成体统,替他害臊。此公读过《秋灯忆语》,必为宗和先生故人,竟不惜污己辱人至此地步,对宗和先生刺激之深不难想象。这以后,"四清"运动越搞越恐怖,报纸广播动辄发布"某地区某单位的权力实际已掌握在敌人手中"之类天崩地裂的盛世危言,令人民心惊胆战。省市大干部一个个被点名扣帽子。一两个月后,电台的"面上四清"结束,把四十名职工分别下放到县里去。下放名义是"储备干部",摆酒设宴,隆重欢送。为我准备的是大方县。大家心里憋气,但知道可别敬酒不吃吃罚酒,能享受储备待遇,够宽大的了。我与妻子商量后,决定一起下去,用拜伦的豪情给自己壮行色:"不论头上是怎样的天空,我准备承受任何风暴。"去张家辞行,两老没有说什么诧异惜别的话。那时候人人都有承受风暴的思想准备。宗和先生带上夫人女儿,到新新餐厅为我们饯行,又去照相馆拍照留念。我们于1965年10月去到大方,我任百衲中学教师,星群在小学代课。刚教了一个学期,"文化大革命"又开场了。暑假回到贵阳,听说电台留下来的老同事一多半成了反革命,另一半成了造反派,两边反目成仇,势不两立。我们被驱逐在先反而值得庆幸了。当时社会上已无走亲访友一说,我们也不敢动念去叩张家的门,但"从心底里祷平安"。后来我们家也被红小兵抄了两次。小姑娘们笑纳了二姐收藏的几十块精美小手绢,踹死小弟养的十几条金鱼,尽兴而去。1972年暑假回筑,心血来潮,给张家打了个电话。接话者是从都匀来省亲的以靖。我说好下去看看张伯伯,又担心他怕烦谢客。以靖说她问问,很快就回答:爸爸欢迎你来,他说戴明贤不会讲那些打打杀杀的事。某天被告知永远健康的副统帅已从天上摔到地下，连带也摔破了一些政治神话。良民们暗暗不安分起来，自动恢复了若干被革了命的旧习惯，诸如串门留饭之类。所以我才想着给张家打电话。

此时他家已搬迁了，并且搬了不止一次，一再降格，现住到校园最高处的工人宿舍楼上去了。但照样收拾得窗明几净。宗和先生看上去又憔悴又疲惫，半躺在藤椅里和我们说话，声音很小。渐渐也就愉快起来。以靖多年都在都匀工作，难得见到我们，异想天开要唱《游园惊梦》，让我伴奏。宗和先生连声制止，我也连声说不会不会。以靖不停，跑去借了一把二胡塞给我，把谱子摆好。我只好勉为其难。唱了两句，宗和先生又开口劝阻，我见他真正提心吊胆的表情，就坚决作罢了。以靖是化工厂工人，生活在另一种圈子里，不知道校园这个圈子里水深得很。有个细节永记难忘。晚餐时，宗和先生不慎掉了一小团米饭在地板上，他拾起来看着，怔怔地不知道怎么办。伯母轻声道，丢了嘛丢了嘛，他才醒悟似的把饭团放在桌子上。我佯装不见，只想流泪。

此年初我调回贵阳，又可以随时去看宗和先生了。有一次我和兴群刚进门。宗和先生正要和以珉下山挑水，我挑起水桶，一鼓作气往坡上走，他在后面连声喊停，我想能让你替换我吗！咬牙一直挑到家。他好一会才走到家，夸我好体力。有一次兴群提建议重新买拖把架，说比老式圆头的好使，买了就由我蹬车送去张家，宗和先生一人在。他留我吃饭，说是正好杀了只病鸡。我还有事，就告辞走了。一路想着他落寞的神情。当时他虽然照样上班，却是身份不明者，天天等候规定自己是什么人（敌、我、友）的"组织结论"快下来。这好像头上总悬块石头，不知几时落下来，也不知会是多大一块，自然日夜不能安宁。有一次他问我能不能替他批改几本学生作文。这些作文竟看得他睡不着觉，头疼欲裂。还举了个几乎吓背气的例句："星期天，同学们上公园寻花问柳。"我说小事一桩，就把十来本未改的带走。其实我也最害怕批改学生作文，因为不像数学题有标准答案，而是篇篇不同，我教的农村娃娃，纯朴得不得了，却是一句话都写不顺畅，更别说什么立意谋篇等。对着这种作业只有一个感觉：狗咬刺猬，无从下口，只想仰天大吼一声。宗和先生的这些工农兵学员，水平还稍稍强一些。我尽力改了送去，宗和先生像得了什么好东西似的欢喜。

这时期我和宗和先生有一共同兴趣，就是书法。早在上清华时，他就跟着四姐充和写褚遂良楷书，不喜欢颜真卿的字，说它"笨头笨脑，抱手抱脚的"。我的兴趣则在行草。他有两册《集王盛教序》，一拓本，一影印本，把后者送给了我，还有一本日本影印本的孙过庭《书谱》，被抄走，现在党委办公室里放着，答应等还回来就借给我。这是我当时最盼一见的法帖，恨不能立刻看到。于是心急火燎地盼。但一天天一月月过去，始终杳无音信。倒是那"组织结论"等下来了："敌我矛盾按人民内部矛盾处理"。一个从学校到讲台、一辈子不沾政治的人摊上个"敌我矛盾"！我们从不讨论这类大事正事，只说些轻松有趣的话题。一次我得到一点旧宣纸，带着去求他写鲁迅的诗。于是就有了这本袖珍抄本。还写了两张小条幅"运交华盖"和"曾经秋肃"。

再后来呢？再后来，"文化大革命"终于收场了。再后来宗和先生突然辞世了。时在1977年5月15日，没有等到胡耀邦任中组部部长平反冤案。当时我出差到黔北去了，那天一回家就听母亲告诉，立即登车赶往殡仪馆，正好赶上最后的告别。宗和先生

411

得年63岁。他本该与他四位姐姐一样活到近百岁的，他家有此长寿的基因。以靖编了一本纪念册，我刻了两枚印："广陵散绝"和"高山流水"收入册子，寄托哀思。不意远在美国的充和先生见了，让以珉令我为她刻印，后来还得以亲见这位"合肥四女"中才华和成就最出色的人物。

张伯母刘文思是一位真正关心他人胜过关心她自己的女性，善良厚道到极点。他的大姑子们在家刊《水》中称她是"张家最好的大嫂"。以珉在一篇文章中说，小时候他和以端认为妈妈偏心，喜欢大姐超过她们，长大才知道大姐从小没有了孙妈妈，母亲才这样处处以大姐优先。以靖一直在剑江化工厂工作，以端在安阳当老师，以珉在师大中文系资料室，先后都退休了。以珉与母亲一道，整理《秋灯忆语》发表，选录日记给《水》刊出，退休后，更把精力用在整理数量巨大的遗著上，令人欣慰之至。

2009 年 7 月 20 日写竟

送寰和先生远行

张昌华

合肥张家十姐弟的前生今世，已成当代文坛一则脍炙人口的佳话。四个姐姐元和、允和、兆和、充和分别嫁给四位风雅名士：昆曲家顾传玠、语言学家周有光、文学家沈从文和美籍德裔汉学家傅汉思。

或许是姐姐、姐夫们名气太盛，六个弟弟显得有点落寞。其实文学家宗和、诗人寅和、作曲家定和、植物学家宇和、音乐家宁和等在各自领域均富不凡的建树，都有著述传世。最"籍籍无名"的要数寰和了。他就像苏州九如巷张氏老宅中那口老井，默默无闻。其实寰和是潜沉井底的一片青瓷，一个只讲耕耘不问收获的"无为"人。

他们的椿庭张冀牖（吉友）先生本是民国著名的教育家，晚清名将张树声的孙子。20世纪初张冀牖由皖迁沪，在苏州创办私立乐益女中，邀聘革命者侯绍裘为教务主任，张闻天、叶天底和匡亚明等革命志士在此躬耕杏坛，中共苏州支部即创建于该校。

413

战火摧毁张家的教育梦。抗战胜利后，父亲张冀牖于1948年去世，适寰和由西南联大毕业，从长兄宗和的手中接过校旗。1956年"乐益"由私立改为公办，校长张寰和一直执教于此，栽桃种李直至归隐。仅从这个角度来说，窃以为寰和倒是张氏教育世家的真正薪传者，一个终身从教的实至名归的教育家。

饮九如巷老井水的九个张氏姐弟们，个个负雅志于高云，长大后背井离乡为各自的事业星散各地，以至海外，唯寰和坚守故土以造福桑梓为乐。他是小院内那口百年老井的忠实守卫者。近70年来，当年偌大的乐益校园，或因旧城改造，或被政府征用，今仅剩当年家佣住屋和厨房两排平房，构成一座花木扶疏的长方形小院。百年不变的是那口老井和一棵无花果树。现今房产权证上次第列着十姐弟的名字。寰和说他命名为"和居"，取"和以致福"之意，拟做一块匾悬于堂前。小院门扉坦敞，随时欢迎离枝的姐兄们归来，在无花果树下，重温儿时快乐时光。

白云苍狗，人生如寄。大自然的铁律，已令张家这株枝繁叶茂的大树日渐凋零：仅存的旅美的103岁的四姐充和，及时年九十有六的守井人寰和了。站在无花果树下沉思，颇有"庭树不知人去尽"之慨。那棵无花果树、那口老井见证了小院的百年春秋和岁月的变迁。

笔者因工作关系，有幸结识小院当年的九位少主或其后裔，20年来，为编书、写书之需，先后在京华允和宅第欣赏张家老照片，在金陵宇和家览读张氏家庭杂志《水》，在姑苏九如巷研读肥西张氏家谱，亦在此听充和拍曲，为他们姐弟合影，品过老井水泡碧螺春，以及聆听寰和述往……但从未听过寰和说星点自己的故事。

张家五子张寰和先生一生投身教育事业，平时最喜欢摄影，拍下了很多珍贵照片。

20世纪90年代，张寰和与夫人周孝华在北京骑三哥的三轮车合影。

2013年夏，著名作家徐城北先生到苏州九如巷与张寰和先生相谈甚欢。

415

甲午孟夏，我六访寰和。记得十多年前，我与先生交谈时他戴助听器，交流自如；前年我去时，他听力已明显下降，除助听器外，还配有一只小话筒，与我对谈时，他把小话筒递向我嘴边，活像他采访我似的。今年他卸下助听器"赤膊上阵"，十分有趣，小茶几前备有三个铁夹子，夹着一叠小白纸，夹子一端系上绳子，另一端拴着一支笔，他、夫人周孝华女士和我各拿一个，你问我答，全部笔谈。寰和思维清晰，记忆力很强，只是写字有点手抖，但一笔一画十分工整，绝无错字。从我问他答交谈中，孝华女士时作补述，辅以相关资料，我为寰和的百年人生梳理如下：寰和，姐兄大排行位九。男系列五。自幼受姐兄们疼爱，在上海读的中学。1932年14岁的寰和回苏州度暑假，在家门口"偶遇"前来求亲问路的沈从文。寰和很友善。沈从文给他讲故事，送他雅号"小五哥"，并写《寻女》《扇陀》和《一个农夫的故事》给他看，文尾特别注明："为张家小五哥集自某某经"。在四位姐夫中，寰和与沈从文接触最多，感情最深。抗战前寰和一度就读武汉大学。沈从文是教师，他是学生。与沈云麓（从文兄）、萧乾、杨文衡（杨振声长子）同居黄兴故居，故有"五福堂"一说。战火蔓延到武汉，寰和又随沈从文到昆明入西南联大，他选修过闻一多、朱自清、叶公超、刘文典等名师的课，与赵瑞蕻、萧珊（巴金夫人）同学，后又与旅美剧作家黎锦扬成为睡上下铺的弟兄。他受沈从文的影响爱好写作，重庆岁月，他写的《山居杂忆》《集训杂忆》《昆明湖畔》等发表在《中央日报》《国民日报》上，小有影响。三哥定和那时风华正茂，曾为郭沫若的《棠棣之花》、田汉的《复活》、梁实秋的《奥赛罗》、吴祖光的《凤凰城》等剧本谱曲，名噪剧坛。寰和便向三哥学歌词创作，与其合作的《风萧萧》《江南梦》《抗战建国歌》等四首歌曲入选1940年教育部出版的《抗战歌曲新集》。寰和多才，最拿手的是摄影，自摄自冲自印。他曾为蔡元培、马相伯、巴金、沈从文、萧乾等留影，也为四位姐姐当年的昆曲活动，为当年乐益女中师生校园活动留下许多珍贵史料。遗憾的是有诸多珍贵的历史照片毁于那劫难年代。

寰和动情地对我说，1976年总理逝世，他恰在北京，在天安门前他拍了多卷胶片，记录了历史的瞬间。那时他住在二姐允和家。不日，两位居委会老大妈上门宣传，要上交天安门前相关资料，寰和舍不得，又不敢告诉二姐，把胶片偷偷塞在周有光的厚厚的外文大百科全书中，第二天又有人上门索交违法宣传品，形势更紧张，风声鹤唳，寰和想想太怕，害怕万一牵累二姐一家，夜半醒来用剪刀将胶片剪碎，扔入阴沟。连他最心爱的火柴盒大的高级进口相机，也以白菜价处理了。我问为什么，他说那是进口的，怕万一人家追起来，被人栽为"里通外国"……

寰和一生低调，不党不派。人缘奇好，乐成人之美。他说这样"和以致福"，"文化大革命"中他曾被审查，但没吃皮肉苦。

夫人孝华女士，是他晚年的全职"保姆"。谈起他们的婚姻很有趣。他们是盛族联姻。我问孝华，始知她是淮将周盛波的曾孙女，算起来是寰和的表妹。更有趣的是她们亲三姐妹，全都嫁给了张家三兄弟［宇和、寰和、中和（堂弟）］。

寰和虽九十有六，然记忆力惊人。我们谈西南联大时说到狂人刘文典。寰和轻言慢语说，刘文典曾说过瞧不起沈从文的话，后来四姐充和对他说，我们两家是亲戚呢（宗和太太刘文思是刘文典堂妹，都是首任台湾巡抚刘铭传之后），刘文典听罢满脸通红，十分尴尬，有点大水冲掉龙王庙的味道。

聊到南京的杨苡时，寰和很动情，他说他们是联大同学，而且杨苡的先生赵瑞蕻与他同一宿舍。寰和回忆说，当年杨苡送他一块国外带回来的白色巧克力，他第一次见到那白色小方块玩意，还以为是"象牙肥皂"，真好吃，七十年过去了，想起来嘴里还有甜味。寰和念旧，眼力不济手又抖，还是拿起那夹子，在小方块纸上给杨苡写了一短笺，托我代交。当我告辞时，寰和大声说："别忘了向杨苡问好，说当年的小五哥，现在的老五哥向她问好。"

我每次来九如巷都要拍好多照片，而这次只拍两张：一帧是院内那口老井，一帧是老井的卫士张寰和与夫人周孝华笔谈。孰料，这是为寰和先生最后一次留影，2014年11月21日，寰和先生走了，然而九如巷张氏的故事远远没完。

且以此文作心香一瓣，祭于先生灵前。

2014年12月1日

记两位恩师

陈安娜

1967年7月我研究生毕业，得到威斯康辛大学的助教奖学金，8月底来美读博士学位。到威斯康辛注册之前，我先到纽约，与分别一年、在哥大读博士的丈夫团聚。一个星期后，只身飞往麦迪逊城。威大的校园美丽非常，秋天更美若画境。对着如梦似幻，满山满谷的红叶，我心中只是思念丈夫，想到要长期两地分离，不禁悲从中来，读博士当教授的壮志都抛入九霄云外，在威大只待了一天半，就买了飞机票，回到纽约的小公寓。放下行李，看到桌上丈夫写给我的还未封口的信，眼泪扑簌簌地流下。丈夫下课回来，一开门，看见我端坐屋里，吓了一跳，以为我出了意外。我告诉他我不读书了，不要再跟他分开了。他说："好啊！"因为他早就说我是"中了琼瑶小说的毒了"。

"失之东隅，收之桑榆"，我放弃学业，回到纽约，没想到却因此有缘结识在耶鲁大学任教的张充和老师和她的夫婿傅汉思教授。自此我虽身居"蛮夷之邦"，也能生活在中国文化的天地里。

张充和女士与一众曲友团聚,这是充和最喜欢的事情。

张元和、张充和、俞振飞、陈安娜合影。

2002年第21期复刊的《水》为纪念张允和女士专题，图为封面。

1967年11月，住在对面，丈夫也在哥大读书的邻居王渝（诗人、作家），听我说喜欢昆曲，就说："我认识一位喜欢昆曲的朋友，我带你到她家唱昆曲。"王渝的朋友是当时在市立大学任教的杜天艻教授，夫婿是伍承祖教授，两人都是雅集曲社的票友。杜天艻曾跟雅集创办人之一的前辈曲家项馨吾学过"藏舟""寄子"。到杜天艻家，认识了她约来唱曲的两位朋友，一位是画家朱家骅，另一位就是张充和。那天她们都和丈夫一起来，大家热热闹闹。诸位前辈唱了曲，叫我也唱一曲。我唱了一段"游园"。充和说："你的声音小得像蚊子叫。以后有空到我家来唱曲。"

从1967年年底直到现在，四十多年了，我一有空就到充和家唱曲。以前经常是充和吹笛，现在多半是我吹笛，充和唱曲。因为她年龄越大，手越小，已经按不住笛孔了。

不认识充和，不知道什么叫真性情，不知道什么叫自然美。充和是我所认识的人中最自然、最美的。就像昆曲，蕴含了文学、音乐、舞蹈和表演之美，充和是外在的、内在的、文学的、文化的、艺术的美的总和。

她和她的三姐夫沈从文都是陶渊明一类的自然人，不为俗务所役，身处人间世，却能保住心中的净土。"结庐在人境，而无车马喧。问君何能尔？心远地自偏。"只是沈从文经常身不由己，没有多少选择权。充和得天独厚，能始终如一做自己喜欢的事。16岁以前她有养祖母疼爱，以后有父亲姐弟照应，八年抗战，尽管物质缺乏，但与曲友、诗友、琴友、书友往来，精神生活十分充裕。1948年结婚后，与夫婿傅汉思相依相守55年，直到2003年汉思病故。2004年，她到北京、苏州参加为她举办的个人书法展，并在苏州录制了16首昆曲唱腔。今年5月，充和满97岁，每日仍然勤于练字，并忙着为各方求书的人书写大字小字，横幅直幅，闲时最喜欢看书唱曲。

充和说她最喜欢的就是和三五好友唱曲子，唱曲带给她的快乐远胜于登台表演。她的曲子唱得圆润自然，就像说话一样。在舞台上她常演闺门旦，不过凡是好听的曲子，她都喜欢唱。我最爱听她唱"絮阁""描容""刺虎"和"折柳·阳关"。她有一些小腔是别人没有的，非常动听，不过很不容易学。小生的精美唱腔她也很熟悉，因为她年轻时经常为她大弟宗和、好友陶光吹笛子。抗战时期她就开始教曲子，教身段。婚后，她与夫婿在美国、加拿大、德国许多著名大学演讲表演，宣扬昆曲。她自己做头面、戏服、小道具，还会制作笛子。她教过的学生不计其数，其中包括她的女儿和好几位洋人。我是跟她学曲时间最久的学生。近几年她又收了一名新徒弟，那就是她的管家小吴。原来不知昆曲是何物的小吴，在她的影响下也成了昆曲迷，已经学了许多小生唱段，并开始学吹笛了。

谈到看戏，她津津乐道的是在北大念书时看侯永奎、侯玉山、韩世昌的昆曲表演，特别爱看"夜奔""嫁妹"和"蝴蝶梦·劈棺"。这一代的演员她喜欢上昆的岳美缇、蔡正仁、梁谷音、计镇华、王芝泉，说他们的表演在某些方面已经超越了传字辈老师。她也喜欢裴艳玲的"夜奔"。时下流行的大戏，她看过几次后，就再也不要看，她认为演员的唱念太随意，而身段动作毫无必要地繁琐。她说"动作多了，意思就少了"。所谓"无动不舞"，并不是不断地跳舞，因为"一举手，一投足，一个眼神都可以含有舞的韵律"。

充老回苏唱曲忙

余心正

中国昆博小舞台

2004年10月2日，秋风送爽，碧空万里。苏州中国昆曲博物馆大厅前石殿上，花篮锦簇，"热烈祝贺张充和先生书画展开幕"的横幅高悬。苏州市文联（张澄国）、文广局（高福民）、昆博（顾克仁、易小珠）、艺指委、市书协、传习所等领导与六大曲社的曲友、书画家二百余人济济一堂，出席开幕盛会。苏州曲会献书一幅："万马齐喑一声思凡惊四海　域外幽兰册幅墨宝回九州"引来满场赞叹掌声。

大厅内小舞台上悬挂着"苏州曲友唱曲联谊——欢迎张先生"的横幅，10点半，联谊会举行。嘉宾有艺指委会钱璎、传习所顾笃璜、继字辈联谊会章继娟、"吴继月曲会"柳继雁、苏昆剧社张国芬、苏州曲社金家昆、保存会蔡希杰、东吴曲社周秦，还有戏剧家曹孟浪，书法家瓦翁、华人德、白谦镇，昆曲艺术家尹继芳、尹继梅、凌继勤、朱继勇、赵义林等。

昆笛鼓板响起，孙艳红唱《白罗衫·看状》，蔡滨秋唱《紫钗记·折柳》，周南唱《长生殿·惊变》，王华唱《惊梦·绵搭絮》，金继家唱《佳期·彩云开》，梁晶晶唱《痴诉》，上海孙天申唱《阳告》……

在一阵掌声中，请出身穿紫酱色旗袍、外罩绣花马甲的张老充和，她一开口字正腔圆，曲惊四座。"没乱里春情难遣……"丝丝入扣。再唱《琴挑朝元歌》"你是个风流俊生……"，童颜鹤发，声情并茂，斜倚在台前栏杆上，掌声、彩声不断，令人遐想。

充老唱曲80年，教曲60年，在海外30多所名牌大学教过昆曲，带过博士生，对抢救传承中国昆曲起了巨大作用，可以载入史册。

她却说，今天非常高兴，能够回家唱曲，谢谢大家。

怡园丹桂香

10月14日。秋光明媚，丹桂飘香。张老充和在连着几天，日以继夜忙着录制昆曲唱段后，应谢冠宇父女盛情邀请，一早偕文思、愈合、孝棣、寰和、孝华等一行，在纽约曲社陈安娜、尹继芳，苏州曲社余心正、金家昆陪同下，畅游江南三大中心（中国书法、昆曲、古琴）的名园——顾氏怡园。

怡园张灯结彩，游人如织。充老一到大门就说，小时候到苏州第一次唱曲就在这里。女子慢亭曲社成立于此，她属后来人。当时苏州唱曲的地方有：拙政园、沧浪亭、鹤园、怡园等。昆曲

20世纪30年代,张元和(左)与许振寰在苏州九如巷拍曲《牡丹亭》。

2004年,张充和回到苏州在园林唱昆曲。

2004年,张充和回到苏州在昆曲博物馆唱昆曲。

史载，怡园是曲家大本营，每年中秋的虎丘曲会，评委都从这里坐船出发。

琴室对联："室雅何须大，花香不在多。"谢老介绍，苏州园林特色，"以小胜大，以少胜多。"充老曰："中国人聪明，园林可将时空倒转，古今并存，寓理想在滚滚红尘中。见室内空心大琴砖，引人入胜。"谢老说原本古代空心烧制，充当古琴共鸣箱。全国共四块，怡园独占其二。余心正说虎丘千人石西北角的剑池绝壁，乃一天然大共鸣箱，歌者效果特好，所以"四方歌者皆宗吴门"。听者大笑。

怡园的书法长廊，三千年的选品。充老走走看看，看得很仔细。说以前的字没有这样白，刻工很精妙，二维空间有三维的效果。看到怡园一绝，鲁司寇孔子的字，询其真伪，充老说，这里不是博物馆，2500年前竹简拓片的字，已十分难得，还有大禹、仓颉的字呢！自己去想吧！听者会心一笑。

一行人避开假山，过藕香榭、梅花厅、面壁厅、石舫、九曲桥，在阵阵沁人心脾的桂香中，突然听见笛声，原来是新曲友李镇在吹。到茶室坐定，时令瓜果，八宝茶放满茶桌。金家昆唱《西厢·佳期》中的张君瑞，充老唱《玉簪记》中的陈妙常，陈安娜笛伴奏。词美曲佳，掌声四起，游人围观，引得闪光一片。大家兴犹未尽，相约星期天再唱，并把全市曲社的女社员都请来，在时令的丹桂香中，品赏高雅的幽兰。

大家往外走，姑苏晚报摄影记者郑红堵住不让，猛拍不止。充老"火冒三丈"，举起拐杖就打，第二天晚报登出此照，只见充老高举手杖，却笑容满面，让人虚惊一场。真乃91岁的年纪，19岁的少女心态啊！

2004年，张充和回到苏州家中，坚持每天早起练习书法。

山塘雕花楼古戏台

10月17日清晨，晓雾未尽，充和、安娜、长岛及曲友一行人来到上塘街古戏台。七里山塘河静静地躺在晨光里，这里原是曹雪芹感叹的"红尘中第一二等风流富贵之地"，唐伯虎描写的"翠袖三千楼上下，黄金百万水西南"，也是昆曲兴起从而走向全国的地方。

充老还在寻找她当年清晨骑马从王府基到虎丘的山塘小路和桥边的老虎灶呢！文思、孝华即告辞大家去虎丘看充老题的匾。

坐了半天才发现此戏台不是今天要找的那戏台。一行人急忙忙穿过闹嚷嚷的新民桥菜场，七弯八拐才从别有洞天的汽车库进入雕花大楼金碧辉煌的大戏台。哎呀，茶楼全满，十几张八仙桌，座无虚席。

一见充老来，大家不约而同鼓起掌来。余心正致欢迎辞，把莅会的曲社负责人一一给充老介绍。一共来了八位，还有昆博的易小珠、古琴社的杨晴。海外纽约曲社陈安娜介绍该社16年来的活动情况：办初级班，高级班，华人一半，洋人一半。近年已有20多位艺术家驻社指导，并每年从大陆请一台戏去演出。她说，苏州曲友水平高，热情高，明年还要来！

充老说，迟到了，不讲话了，专门听曲子。于是开唱，薛年春的伍子胥。秦文熙的费宫娥。一个碰头彩。陈安娜、金家昆、叶和珍三位社长唱《断桥》，虽相隔万里，但不差一拍。充老的《朝元歌》，徐玮接唱，均原汁原味，醇极了！尹继梅的《卖子》，声泪俱下。周宁生的唐明皇，很有帝王气。高潮在合唱《小宴·粉蝶儿》"天淡云闲列长空数行新雁……"由苏大女生、曲社男士环绕充老同唱，陈安娜主笛，闪光频频，掌声、彩声雷动。接下来张国芬社长的《痴梦》和余燕敏的《寻梦》，连比带做，抒情气氛特强。最后是92岁的莱滨秋老曲家和24岁的孙艳红新曲友的《折柳》，一吹一唱。压台戏是汪彩音、贝律城、张玉三代人唱《思凡》。汪老与充老70年后重逢，格外开心！

大家到古色古香的大戏台上拍照留念。背幕屏风上有一幅古代宫廷游乐图，三名女乐或横琴琵琶，或手执檀板，或屈一指橛笛。充老说，吹笛的吹的是凡字调。后面二宫女搀扶一王者，充老说那是梨园首领唐明皇游月宫，中秋节从此由来。但愿人长久，千里共婵娟。

我为他们拍过照片
——"张家小五哥"讲述摄影故事

张寰和口述，王道记录

苏州九如巷三号有位"不著名"的摄影家，他的作品被很多出版物使用，其中不乏蔡元培、周有光、沈从文、巴金、匡亚明、卞之琳、张充和等名家。他就是原苏州乐益中学校长张寰和。他是沈从文口中的"小五哥"，也是合肥四姊妹的小五弟，他行事低调，默默无闻，但桃李满天下，并为史志和档案部门贡献了大量的珍贵照片。他有着怎样的摄影之路？他为何会迷上了摄影？时年96岁高龄的张寰和先生回忆起那些片段，仍觉得历历在目……

问：张先生，你是从什么时候开始喜欢摄影的？和家里有没有关系？

张：我玩摄影是从抗日战争前就开始了，这和家里关系是很大的。我小时候有两张在原来家（寿宁弄）里拍的照片都丢失了，很可惜，就是在寿宁弄花园里，一张是穿开裆裤坐在大厅门上；一张

受沈从文委托，张寰和常去上海探望巴金，1981年3月，张寰和拍摄了几幅巴金个人照。

是二岁时后与大大（指母亲）、姐姐、姑姑在一起的照片，当时拍摄合影，大大看我乱动，就一手拎着我的耳朵，一手拿个大树叶引我向前看，可惜这两张照片都在"文化大革命"中毁掉了，大大的照片也就剩下了一张，这是我最初接触摄影的故事。

问：听说你玩摄影与父亲、哥哥也有点关系，他们会教你摄影技术吗？

张：父亲不会摄影，但他喜欢新奇的设备，如留声机、放映机、照相机买了好多，但摄影他从来不玩，我们要喜欢，他就给我们玩了，因此这对我影响很大。

还有一个，我三哥定和，他喜欢摄影，他本身是学美术的，所以构图、角度都很好。我记得当时家里有事，父亲请个叫甘登龙的人来拍照，结果一无所成，后来是三哥上去拍的，拍了不少好作品，有的还发表了，我看着就很感兴趣，后来他去作曲了。我学摄影完全是自学，自己买书，看当时报刊上的作品，当时郎静山、林泽苍等人的作品，《时报》《申报》我都看的。家里的照相机也多，柯达、爱克发、勃朗尼、莱卡等等，我记得还买过一台大镜头的，F1的，名字不记得了，光圈很大，是F1，我曾经用它拍摄电影，《春残梦断》，嘉宝演的，我就拍银幕上的嘉宝，很清楚。

问：你是自己冲洗照片吗？拍摄照片后是否出去投稿交流？

张：我在家里做了暗房，自己冲洗放大，后来不少人知道我会摄影就喊我去帮忙拍照，我是有求必应，还有人借用我的暗房。我记得有一次做个政府的宣传活动，做农业中学的活动。我在暗房把放大机吊起来，把几张纸放大拼起来，把专区文教主任陈光放了一张和本人大小的照片，放在入口处，他觉得很有意思，就赞成以后可以这么做。我喜欢创新。我拍照后不大投稿，但江苏摄影协会、《新苏州报》都来要照片发表，当时主编陆文夫、顾东升还向我约稿。

我还欢喜改装照相机，有一款"禄来科得"，本来只能拍12张，我改造后能拍36张，节省胶片嘛。

问：我们知道你为很多名人拍过照片，譬如蔡元培、马相伯等，还有在抗战时也拍了不少名人照，其中工程肯定很有趣吧？

张：我父亲最早喜欢拜访教育界人士，他办学校嘛，当时就去上海拜访了蔡元培，就在中央研究院驻沪办事处拍了合影。后来又去拜访马相伯，马老已经年纪大了，当时躺在床上，不可能让他起来拍照，我父亲就在马老院子里的圣玛丽像前留影，还让我单膝跪地做祷告的样子，很有趣的。说起父亲拍照也很有趣，不是耳朵听不见嘛，重听，所以他从来不打电话，但他让我给他拍摄装作打电话的照片，说是过过瘾，有一次他还要扮演昆曲的小丑拍照，但妆化好了，又反悔了，哈哈。

抗战的时候，我是跟着沈从文走的，我记得到了珞珈山，就是武汉大学的东湖，拍摄过好几对夫妻，譬如萧乾和王树藏，我记得就在黄兴故居前。说到萧乾我记得，有一次叶圣陶、沈从文、巴金、萧乾同游灵岩山，当时不是有妇女抬轿子揽客嘛！那些女的都是穿着背心，看上倒潮流的，她们看一群人来了就去揽客，但是我们都不要坐的，于是她们就缠着追，尤其是沈二哥跑得很快的，很好玩，我当时为他们拍了不少照片。

后来还拍摄过俞珊，就是演《莎乐美》的，赵太侔的夫人。就是1938年的样子，我们在去昆明的路上，住在沈从文的家乡沅陵，沈的大哥盖的是意大利式的楼房，栏杆很漂亮，就在栏杆前拍的。杨振声的女儿杨蔚也拍过，当时还看了一场昆曲。可惜那些照片我都找不到了。

哦，我还记得给方令孺拍过，她是散文家，还有高植夫妇，高植是翻译家，翻译托尔斯泰的，譬如《战争与和平》。

问：听说你为曹禺、巴金、匡亚明、钱伟长也都拍摄过照片？

张：是的，曹禺我喊万家宝，当时是在重庆后方，就在荫庐，章乃器的寓所前，胡子婴也在，我给曹禺和他夫人郑秀拍了几张。后来钱伟长夫人孔祥英和郑秀到杭州去玩，路过苏州，就住在我家，孔祥英和郑秀是同学，孔祥英和我们都很熟悉的。有一次钱伟长和孔祥英回到苏州，参加在东吴大学举行的清华同学会，不少人围着钱伟长要拍照，工作人员就喊着要开会了，因为时间很紧嘛，孔祥英就喊我"小五哥你先来"，就是让我赶紧拍，我位置很好，就拍了几张，效果很好。

为巴金拍照是因为沈二哥，当然我和萧珊也很熟的，在昆明时就熟悉，同在昆明西南联大读书，她那时叫陈蕴珍。巴金后来还到苏州东吴大学看过他哥哥。

有段时间，沈从文在北京喊我去上海看看巴金，他就住在上海作协附近，那条路叫什么忘记了，我给他拍了几张照片，后来还让侄女李道给我们俩拍了合影。

匡亚明在20年代在乐益女中教书，教语文，但他古文不太好，每天晚上我父亲都为他补习古文课，后来他有危险，父亲还帮过他。所以他后来说，乐益女中是他的家，现在他每次到苏州总要到九如巷做客。他为苏州提过不少好的建议，他是教育家嘛。他来家里，我们就拍照合影，他还和二姐允和在扇子上题名留念。

问：我们知道，你是四姐妹的弟弟，也是沈从文、周有光的弟弟，你为他们拍照有没有什么深刻的印象，他们拍照有要求吗？

张：我的四个姐姐的不少照片确实是我拍的，她们虽然都出去了，但也常常回来。譬如大姐的照片，昆曲的多一些，在家排练什么的；二姐允和，有段时间受打击，就回苏州来了，有时周有光也来，我为他们在大公园、人民桥、南园等地拍了不少照片，她的书里也用了不少，有一张是她牙齿拔了，当时不是批她是"大老虎"嘛，她戏称是"拔了牙的老虎"，还取名"掩口葫芦"。还有一张是在南园拍的，她打着油纸伞，很是蕴藉，其实脚下就是化粪池，但是看不出来，哈哈。再后来，我们带孙子住在北京很长时间，就在二姐家里，所以常常为他们拍照片，譬如"举杯齐眉"什么的。我记得周有光有一次出院的照片也是我拍的。

三姐和沈从文的照片我也拍得很多，在苏州家里、园林，还有去黄山、北京陶然亭等等。沈从文本身也会摄影，但他没有时

435

苏州乐益女中重视实践课，图为早期开设的裁缝课场景。

间拍，所以他能看出照片的好坏。他们拍照都比较自然，反正都听我的指挥。

四姐充和的照片也有不少，虎丘、盘门、沧浪亭，还有去演昆曲、办画展什么的，有时他还为我拍几张，效果挺好的。一般都是我选好景，然后让她站过去，效果很好。有一次她在沧浪亭和文徵明的像对视，很有意境。

后来我还为几个哥哥拍照，大哥宗和带家人回到苏州，我就给他们拍合影。二哥寅和、三哥定和、四哥宇和都拍过。还有弟弟宁和，他和家人从比利时回国，我让他们骑着三哥改装的三轮车，在中国歌舞剧院前拍照。

问：听说你拍照不单单拍家人、朋友，也拍摄社会活动和政治运动？

张：是的，50年代我们不是和苏联好嘛，有个航空战斗英雄叫阔日杜布，航空飞行员，苏联卫国战争中，他一个人打掉了十几架敌机，成为了英雄，那时候非常红。来中国访问，在苏州车站只停留20分钟，我被拉过去帮忙拍照。

欢迎人群很疯狂，把英雄高高举起来，人挤人，我怎么办呢？这个时候他们把我也举起来，就拍到了几张。可惜到"文化大革命"时，因为拍的是外国人，还是撕掉了。

还有抗美援朝、土改、镇压大地主、枪毙人，我都去拍了。解放初参加教师暑期学习，江苏省军委会文教组领导人刘季平、马寅初等都来讲话，我都为他们拍了照片，登载在解放初期江苏省文教月刊上。一直拍到"交心运动"，即忠心于党。还有治螟运动，好多学生出去，一出去就是十几天，我都记录下来。后来这些照片有的给了地方志，有的给了档案馆，还有的被借走展览，也要不回来了。

问：在你从事摄影的过程中，印象最深刻的事情是什么，你的那些老相机还在吗？

张：那就是纪念周恩来的时候。那时候我们住在北京二姐家，就是周有光家。周恩来逝世后，很多人去天安门纪念，我看到周恩来的灵车从长安街经过往八宝山去，我还拍了几张。天安门广场上有好多纪念他的花圈，还有写的诗歌，那个时候不允许的，诗歌都要查抄没收的，好多居委会老太太管这个事。但当时我把拍的很多胶卷剪成好多片，夹在了周有光的大百科全书里，因为那书很厚的，一般人不会翻的，就想着保留下来。结果有一天晚上，居委会老太太就闯进来了，把我们吓了一跳，因为之前她们就催着我们要上交什么什么的，后来才知道不是那回事，是我们的房门忘关了，她们就说现在很乱的，督促我们关门。但这样还是把我弄紧张了，我想别连累了周有光，还是把那些胶片取出来，趁着天黑剪碎了扔进了下水道里。

还有就是"文化大革命"的时候，把一些涉"黄"（如赤血盐染黄的照片，年久变黄的照片，穿西服打领带的照片、穿泳衣的照片等等）的照片都烧掉了，很多家人的照片，那个时候真是没有办法，现在想想真是后悔。

我的相机也是那个时候处理的。周有光有一次从国外给我带一个微型相机，法国百代的，拍出来照片有指甲盖大小，但是放大后非常清晰，我还做了改造，为家人拍了不少珍贵的照片，但是"文化大革命"的时候，担心人家说搞特务、间谍活动，就找人帮忙处理了。这些都是我印象很深刻的。

张充和的少作与张定和的绝唱

张昌华

张定和的人生，充满艰辛坎坷，备尝荣辱。1996年他患病住院，久卧病榻，怀旧情绪越发浓烈，回首往事，追忆"m妈"对他的关爱、温暖，深切感受到高干干是他"终生难忘的人"。想到高干干给他的母爱，思念之情油然而生。他让家里人找出他60年前为充和四姐少年时期的诗作《趁着这黄昏》作谱的原稿，在医院病床上加工整理。定和生日那天，他的在京的第二代、第三代到病房与他欢聚，为他庆生。定和讲述了高干干关爱他的往事，又唱这支新谱的歌给他们听，边唱边流泪。家人都很感动。定和是把这支歌，当做心香一炷献给他的"m妈"的……

趁着这黄昏，我悄悄地行，行到那薄暮的苍冥。一弓月，一粒星，似乎是她的离魂。她太乖巧，她太聪明，她照透了我的心灵。

趁着这黄昏，我悄悄地行，行到那衰草的孤坟。一炷

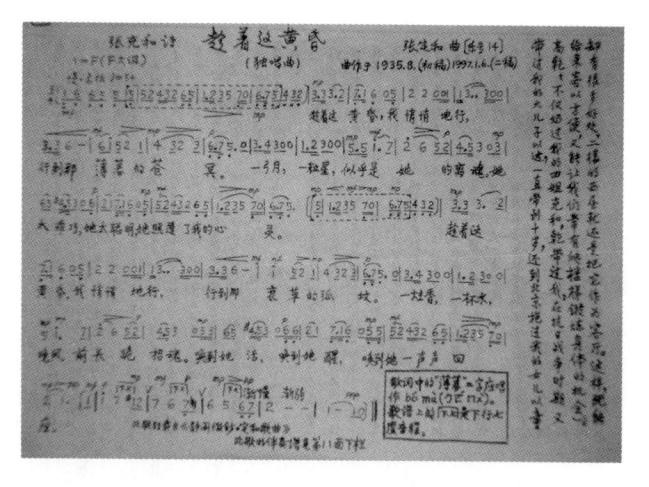

张充和的诗词，张定和谱曲，《趁着这黄昏》献给带他们长大的高干干。

香，一杯水，晚风前长跪招魂。唤到她活，唤到她醒，唤到她一声声回应。

这首题为《趁着这黄昏》的温馨、凄婉的小诗，是张充和闺阁时代的少作。谁能想到竟是她献给一位殇逝的保姆的。

张氏十姐弟出生在合肥的名门望族。父张冀牖给孩子们起名都有一个"和"字，取"和以致福，善可钟祥"之意。每个孩子都有自己的保姆。这些保姆多为乡下年轻的寡妇，只有姓，没有名字。张家人一律称她们为"干干"，区别于"奶妈"（湿），也有干妈这层意思。2000年，我访允和先生时，她说她动员姐弟们写一组"保姆列传"系列，刊在家庭杂志《水》上。元和、兆和都写了，响应最积极的当属宇和，还写了篇《门房列传》。我读过宇和的《我的汪干干：老妈》，十分感人。2004年秋末，我拜访与我同居金陵的宇和先生。那时他已是86高龄的老人了，是张家十姐弟中唯一一个学自然科学的，但不乏文学的才情。宇和在回忆稚童时代时兴奋地对我说，那时人家说我们家三声不断：笑声、哭声、打闹声。十个孩子，十个保姆，跑进跑出像走马灯。说到保姆，我接过话题："听说你们家的人对保姆的感情都很深？"宇和先生颔首称是，说着转身走进书房拿出一封信（手写复印）来说："三哥在这封信中有一段就写他的保姆。"这封名为《定和自叙》的家书，密密麻麻的蝇头小楷，长达6万字。《自叙》中第二部分《童年》中有一半文字是专写他的保姆高干干的。定和五岁丧母，全靠高干干在继奶妈之后带大的，她后来又带过他的儿子和女儿。抗战岁月，定和到重庆，高干干在安徽农村。当她听说定和的婚姻出了问题，儿子无人照料时放心不下，历经千辛万苦赶到重庆，照顾定和生活并带孩子。定和当时生活十分清苦，无法付给高干干工钱。高干干从未讨要过。解放后高干干随定和到北京，又帮他带女儿。高干干与定和一家相濡以沫共同生活了四十多年。

张定和在自述中说，高干干从来未正式读过书。但天生颖慧，记忆力极强，心算快。虽没有学过算术，但"鸡兔同笼"之类的算学，她算得既快又准。高干干主要的职责是带定和（也带过充和），兼当定和生母的佣人，为太太梳头。在梳头的时候，要太太教她认方块字，这样又成为太太的学生。她手脚勤快，记忆力特别好。"她能清楚地记得久远以前事情的细节，什么人、什么时辰、在什么地方、什么数目字等，就连我们家从我的祖父母起的所有人的生辰八字，和已故的人的忌日也都记得……"

最令定和感念的是，生母去世以后，高干干像母亲一样关爱他，不仅在冷暖食宿上无微不至地关怀，重要的是在做人的品德上对他的熏陶。她常在定和面前讲述定和生母"待人宽厚"的故事。高干干在烧火做饭时总把定和搂在怀里，常对他说"火要空心，人要忠心（要做有诚信的人）"的道理。定和说"她的艰苦朴素熏陶了我"，以至到市场经济时代，定和对高消费还不适应，他觉得，自己身上的一些传统美德，都是受高干干的影响。定和说，直至1965年高干干去世，他与她的关系一直未断。"她与我情同母子，我一直叫她'm妈'"（这是苏州的叫法，但却用合肥的方言。笔者也是皖人，深感这种'm妈'的亲昵）。

既写到张定和，笔者忍不住要附上一笔。

张家十姊弟多才多艺，琴棋书画都有一手，都为日后的文化或科技精英，其声名以四姊妹著称，这或许多少与她们夫君的声名显赫不无关系：元和嫁给了昆曲大王顾传玠，允和的丈夫是语言学家周有光，兆和的夫君是文学家沈从文，充和的爱人是美籍汉学家傅汉思。其实，六个弟弟也都有可圈可点之处。张定和在音乐上的成就颇令人称羡。定和生于1916年，适蔡锷云南起义一周年，父为其取名"定和"，意为"重定共和"之意。1937年毕业于上海音专，师从黄自教授，受益终身。抗战爆发流浪至重庆，执教于国立戏专。其时风华正茂，才情横溢，为唤起民众抗战，曾为郭沫若的《棠棣之花》、田汉的《复活》（译本）、梁实秋的《奥赛罗》（译本）、顾毓琇的《岳飞》、余上沅的《募寒衣》、吴祖光的《凤凰城》等剧本谱曲，引起强烈反响。1946年8月，"张定和音乐作品演奏会"在上海隆重举行，节目都为抗战之声：《抗战建国歌》《江南梦》《流亡之歌》《嘉陵江水静静流》《艺术战壕颂》等。上海《大公报》出了一期"定和特刊"，张充和刊头题字，沈从文撰《张定和是个音乐迷》。吴祖

张定和、王令诲一家人都很尊敬高干干，待若至亲。

光在《写在演出之前》称："许多艺术家在这次抗战里展露他们的天才，定和先生该是其中值得骄傲的一个……"由此奠定了定和在乐坛的地位。

解放后，张定和在中央戏剧学院、中央实验歌剧院执教、工作，先后为田汉《十三陵水库畅想曲》、欧阳予倩的《桃花扇》以及陈白尘的《大风歌》等21部话剧、歌剧、舞剧、电影谱写音乐。2002年定和获中国音乐"金钟奖"终身奖。

张定和先生为人低调。笔者写过张氏四姊妹，与张家人较熟。出于定和业绩世人知之甚少，我托宇和代信，想去采访他。定和给我一长函，谦云："回忆我自己走过的路、做过的事，无非是风云际会，多出自偶然。早年曾在戏剧学校工作，写了一些话剧插曲。曲随戏定，戏不演了，曲遂无用。自忖并无建树。"又引沈从文的"我和我的读者行将老去"，以乏善可陈、"静"度晚年而婉拒。

张定和的人生，充满艰辛坎坷，备尝荣辱。2011年春，他以九五高龄谢世。定和走了，曲终韵自存。他留下的那些难忘的旋律将在历史的册页中回响。

张冀牖抱着三子定和合影，当时应该是在上海。

图书在版编目（CIP）数据

似水华年：《水》与一个家族的精神传奇 / 王道编 . —北京：新星出版社，2016.11
ISBN 978-7-5133-2338-3
Ⅰ . ①似… Ⅱ . ①王… Ⅲ . ①家族－介绍－中国 Ⅳ . ① K820.9
中国版本图书馆 CIP 数据核字（2016）第 236738 号

似水华年：《水》与一个家族的精神传奇
王道 编

责任编辑：秦千里
特约编辑：闫 妮
责任印制：李珊珊
封面设计：零创意文化

出版发行：新星出版社
出 版 人：谢 刚
社　　址：北京市西城区车公庄大街丙3号楼　　100044
网　　址：www.newstarpress.com
电　　话：010-88310888
传　　真：010-65270449
法律顾问：北京市大成律师事务所

读者服务：010-88310811　　service@newstarpress.com
邮购地址：北京市西城区车公庄大街丙3号楼　　100044

印　　刷：北京鹏润伟业印刷有限公司
开　　本：660mm×970mm　1/16
印　　张：28.25
字　　数：278千字
版　　次：2016年11月第一版　2016年11月第一次印刷
书　　号：ISBN 978-7-5133-2338-3
定　　价：68.00元

版权专有，侵权必究；如有质量问题，请与印刷厂联系调换。